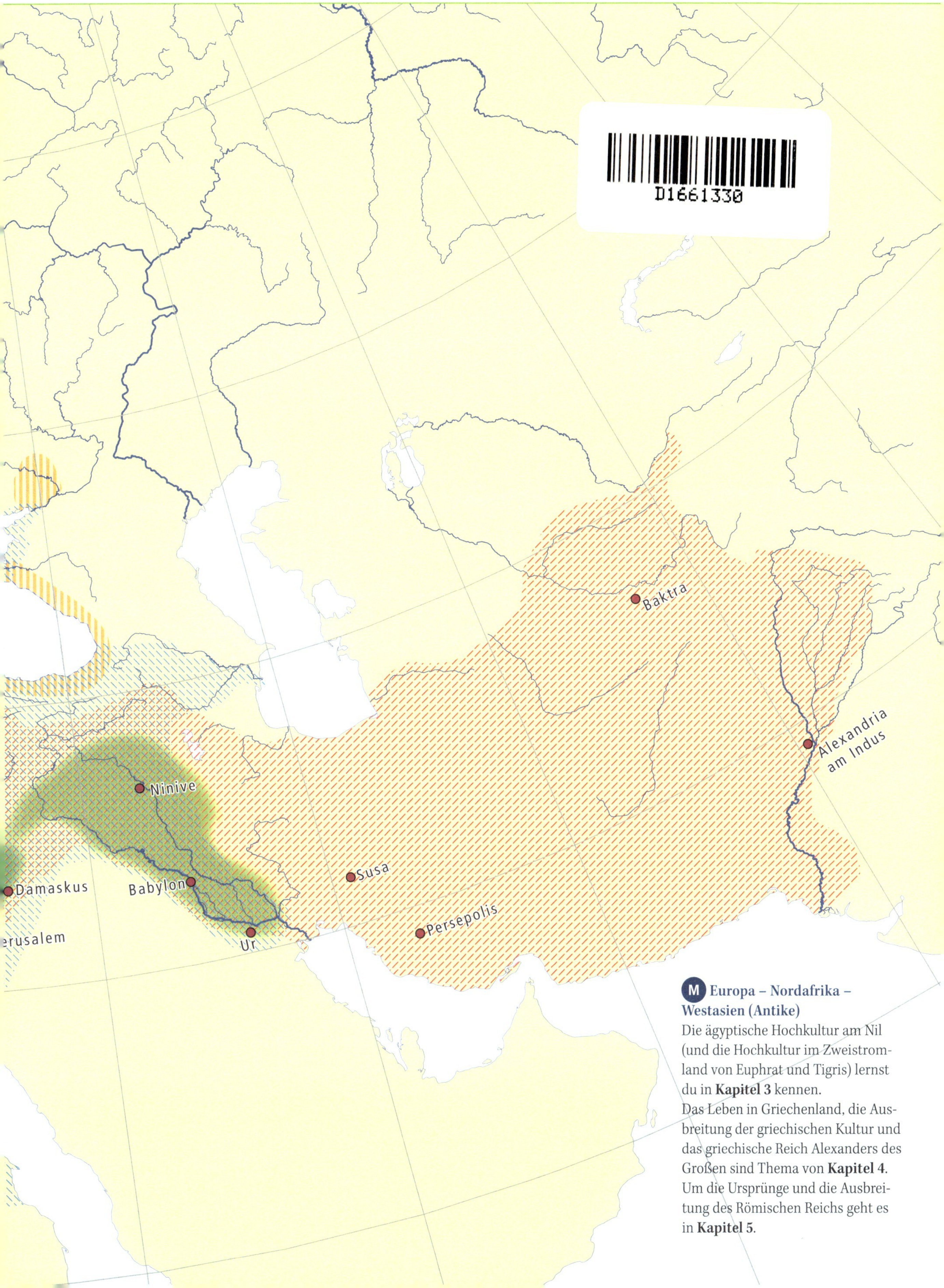

Europa und seine Nachbarn – in der Antike

Baktra

Alexandria am Indus

Ninive

Damaskus   Babylon
Jerusalem   Ur
                     Susa
                          Persepolis

M Europa – Nordafrika – Westasien (Antike)
Die ägyptische Hochkultur am Nil (und die Hochkultur im Zweistromland von Euphrat und Tigris) lernst du in **Kapitel 3** kennen.
Das Leben in Griechenland, die Ausbreitung der griechischen Kultur und das griechische Reich Alexanders des Großen sind Thema von **Kapitel 4**.
Um die Ursprünge und die Ausbreitung des Römischen Reichs geht es in **Kapitel 5**.

DAS WAREN ZEITEN

1

herausgegeben von
Nicola Brauch
und Harald Focke

C.C. Buchner

Das waren Zeiten – Niedersachsen

Unterrichtswerk für Geschichte an Gymnasien

Herausgegeben von Nicola Brauch und Harald Focke

Bearbeitet von Nicola Brauch, Nadja Braun, Jana Bretschneider, Dieter Brückner, Harald Focke, Klaus Gast, Ingo Kitzel, Gerlind Kramer, Markus Sanke und Miriam Sénécheau

1. Auflage, 1. Druck 2015
Alle Drucke dieser Auflage sind, weil untereinander unverändert, nebeneinander benutzbar.

Dieser Titel ist auch als digitale Ausgabe unter *www.ccbuchner.de* (Eingabe im Suchfeld: 31051) erhältlich.

Das Werk folgt der reformierten Rechtschreibung und Zeichensetzung. Ausnahmen bilden Texte, bei denen künstlerische, philologische und lizenzrechtliche Gründe einer Änderung entgegenstehen.

Auf verschiedenen Seiten dieses Buches finden sich Mediencodes. Sie verweisen auf optionale Unterrichtsmaterialien und Internetadressen (Links). Haftungshinweis: Trotz sorgfältiger inhaltlicher Kontrolle wird die Haftung für die Inhalte externer Seiten ausgeschlossen.

© 2015 C.C.Buchner Verlag, Bamberg
Das Werk und seine Teile sind urheberrechtlich geschützt. Jede Nutzung in anderen als den gesetzlich zugelassenen Fällen bedarf der vorherigen schriftlichen Einwilligung des Verlages. Das gilt insbesondere auch für Vervielfältigungen, Übersetzungen und Mikroverfilmungen. Hinweis zu § 52a UrhG: Weder das Werk noch seine Teile dürfen ohne eine solche Einwilligung eingescannt und in ein Netzwerk eingestellt werden. Dies gilt auch für Intranets von Schulen und sonstigen Bildungseinrichtungen.

Redaktion: Markus Sanke
Korrektorat: Kerstin Schulbert
Layout, Satz, Grafik und Karten: ARTBOX Grafik & Satz GmbH, Bremen
Umschlag: ideen.manufaktur, Dortmund
Druck und Bindearbeiten: PHOENIX PRINT GmbH

www.ccbuchner.de

ISBN: 978-3-661-**31051**-0

Inhalt

So findet ihr euch im Buch zurecht. 6
Vorwort der Herausgeber. 8

1 Wir begegnen der Vergangenheit

Einstieg: Museumsbesuch 10
Fragen an … die Geschichte 12
Alles hat Geschichte. 14
Meine Familie, meine Region – in Niedersachsen 16
Methode: Ereignisse ordnen mit dem Zeitstrahl 18
Das weiß ich – das kann ich! 20

2 Menschen der Ur- und Frühgeschichte

Einstieg: Probewohnen im Steinzeitdorf 22
Fragen an … Menschen der Ur- und Frühgeschichte 24
* Auf dem Weg zum Menschen 26
Leben in der Altsteinzeit. 28
* Vom Neandertaler zum Jetztmenschen. 30
Kunst in Höhlen. 32
Das Leben ändert sich 34
Hart verdientes Brot? Alltag in der Jungsteinzeit. 36
„Ötzi" – Mord im Eis? 38
Metalle machen reich – und mächtig? 40
Jetzt forschen wir selbst: Salzbergbau in der Eisenzeit 42
Methode: Archäologische Ergebnisse verstehen 44
Das weiß ich – das kann ich! 46

* mögliches Ergänzungsthema des Kerncurriculums

3 Ägypten – eine frühe Hochkultur

Einstieg: Ägypten – Land der Unsterblichkeit 48
Fragen an … das alte Ägypten 50
Ein Fluss prägt das Land 52
Wie Pharaonen herrschen 54
Schreiben und Lesen – wem nützt das? 56
Gottesdienst in der Tempelstadt 58
Die Angst vor dem Tod 60
Methode: Bilder zum Sprechen bringen 62
Gräber für die Ewigkeit 64
Ackern, töpfern und verwalten 66
Jetzt forschen wir selbst: Die Arbeiter des Pharaos 68
Die Menschen und ihr Staat 70
Noch mehr Hochkulturen 72
Das weiß ich – das kann ich! 74

4 Leben im antiken Griechenland

Einstieg: Olympia heute 76
Fragen an … das antike Griechenland 78
Aus Dörfern werden Stadtstaaten 80
Methode: Geschichtskarten lesen 82
Was Griechen einte: Götter, Helden und Orakel 84
Feste für die Götter 86
Griechen siedeln in „Übersee" 88
Das Meer verbindet Menschen 90
Zwei Kriege verändern Hellas 92
Herrscht in Athen das Volk? 94
Jetzt forschen wir selbst: Wer ist das Volk? 96
Spartaner machen vieles anders 98
Methode: Textquellen verstehen, einordnen und auswerten 100
Familienleben in Athen 102
Eine ungleiche Gesellschaft 104
Die Kunst blüht auf 106
Philosophen erklären die Welt 108
* Alexander erobert ein Weltreich 110
* Die Kultur des Hellenismus 112
Das weiß ich – das kann ich! 114

* mögliches Ergänzungsthema des Kerncurriculums

5 Rom – vom Dorf zum Weltreich

Einstieg: Roms Legionen marschieren 116
Fragen an … das Römische Reich 118
Mord am Tiber 120
Rom wird Republik 122
Wer regiert in Rom? 124
Der „Pater familias" 126
Ein Leben in Ketten? 128
Ein Stadtstaat wird zum Weltreich 130
* Jetzt forschen wir selbst: Hannibal vor den Toren 132
Rom in der Krise 134
Methode: Botschaften auf Münzen entschlüsseln 136
Warum musste Caesar sterben? 138
Rettet Augustus die Republik? 140
Das weiß ich – das kann ich! 142

6 Längsschnitt: Von der Keilschrift zum Internet

Einstieg: Zukunftsträume 1900 144
Vom Höhlenbild zur mittelalterlichen Handschrift 146
Vom Holzschnitt zur Zeitung 148
Vom Telegrafen zum Web 2.0 150

Lexikon zur Geschichte

Begriffe 152
Namen 159
Daten 160

Register

Sachregister 161
Personenregister 165

* mögliches Ergänzungsthema des Kerncurriculums

So findet ihr euch im Buch zurecht

Der „Einstieg" – damit ihr wisst, worum es geht
Jedes Hauptkapitel beginnt mit einem großen Bild. Zu ihm geben wir kurze Hinweise. Der Leitgedanke dieser Seiten lautet: „Wo kann ich dem Thema des Kapitels heute noch begegnen?"
Unten rechts findet ihr einen Vorschlag, wie ihr das Bild selbst befragen könnt. Vielleicht wollt ihr in der Klasse darüber sprechen?

„Fragen an …" – euer Informationszentrum
Sie ist euer *Informationszentrum* für das folgende Kapitel. Sie gibt euch Erklärungen, warum wir uns heute mit diesem Teil der Vergangenheit befassen. Die *Karte* zeigt, wo die Ereignisse stattfanden, die ihr kennenlernen werdet. Sie enthält alle Orte, die im Kapitel vorkommen. Die *Zeitleiste* hilft dabei, euch den Zeitraum vorzustellen und mit der Zeit der vorigen Kapitel zu vergleichen.
In jedem Kapitel haben wir das Thema übersichtlich in fünf wichtige Bereiche (*Kategorien*) gegliedert und mit einem Zeichen (Symbol) gekennzeichnet. Dazu könnt ihr wiederum Fragen stellen. Wichtig ist die *Leitfrage:* Sie soll euch durch das Kapitel begleiten und am Ende beantwortet werden.

Teilkapitel – das Wichtige, übersichtlich geordnet
Auf der linken Seite haben die Verfasser aufgeschrieben, was sie für wichtig halten. Hier erfahrt ihr das Wesentliche zum Thema. Das euch schon bekannte *Symbol* oben zeigt, welche *Kategorie* vor allem behandelt wird. Neue *Lernbegriffe* sind fett gedruckt und werden unten wiederholt.
Außerdem enthält das Buch viele *Materialien*. Diese Texte, Bilder und Zeichnungen sind mit **M** gekennzeichnet und nummeriert. Mit ihnen könnt ihr eigenständig arbeiten.
Die *Zeitleiste* enthält die Daten der Doppelseite – findet mit der *Fragen an… - Seite* heraus, welche Zeit ihr gerade bearbeitet. *Arbeitsvorschläge* stehen unten rechts. Zu kniffligen Fragen geben wir Hilfen.

So findet ihr euch im Buch zurecht

Ihr lernt, Aufgaben schrittweise zu lösen

Wer die Geschichte verstehen will, muss die richtigen Fragen stellen und zu ihrer Beantwortung schrittweise vorgehen. Dafür braucht ihr *Methoden*. Wir zeigen euch an Beispielen, wie ihr Material auswertet. Auf den *Methodenseiten* könnt ihr das gleich selbst erproben:

M 1 bearbeiten wir mit euch gemeinsam. *Jetzt bist du dran:* Zu M 2 machen wir keine Vorschläge. Mit den *Hilfen zur Formulierung* könnt ihr diese und kommende Aufgaben sicher allein lösen!

„Jetzt forschen wir selbst!"

Solche Doppelseiten findet ihr in fast jedem Großkapitel. Die Materialien, die wir zusammengestellt haben, gehören *zu einem Thema* des Kapitels. Wir machen euch *Vorschläge*, welche Fragen ihr an die Bilder und Texte stellen könnt.
Um mehr über das Leben in der Vergangenheit herauszufinden, geht ihr am besten *schrittweise* vor – unsere Aufgaben helfen euch dabei.
So übt ihr nach und nach, Zeugnisse aus der Vergangenheit zu *beschreiben*, zu *untersuchen*, *einzuordnen* und eure Ergebnisse zu *präsentieren*.

„Das weiß ich, das kann ich!" – Testet euch selbst

Am Ende des Kapitels seid ihr Experten für die behandelte Zeit!
„Das weiß ich – das kann ich!" kommt auf die *Leitfrage* von der „Fragen an ..."-Seite zurück: Links machen wir Vorschläge, wie ihr die Fragen zu den *Kategorien* beantworten könntet. Rechts findet ihr neues Material und passende Aufgaben. Damit könnt ihr prüfen, wie gut ihr euch jetzt auskennt und wie sicher ihr die Methoden anwenden könnt. Noch unsicher? Besucht die Seite *Kompetenz-Test*! Hier könnt ihr checken, was ihr schon gut erklären könnt und was ihr noch üben solltet.

Zu allen Zusatzangeboten kommst du, wenn du auf *www.ccbuchner.de* den **Code** ins Suchfeld eingibst.

Vorwort der Herausgeber

Liebe Schülerinnen und Schüler,

vielleicht habt ihr schon einmal davon gehört, dass alte Seeleute und auch der Fernsehheld Käpt´n Blaubär „Seemannsgarn spinnen". Damit ist gemeint, dass sie Geschichten übertrieben und ohne Beweise erzählen – es war ja keiner von uns dabei.

Was unterscheidet diese Geschichten von solchen, die Wissenschaftler erzählen, die Geschichte erforschen? Im Unterschied zum Seemannsgarn können sie Belege für ihre Aussagen nennen. Wie Geschichtsforscher, die wir „Historiker" nennen, die Vergangenheit erkunden, erfahrt ihr in diesem Buch.

Wir, die Herausgeber und Autoren dieses Buches, möchten euch zeigen, dass das Erforschen von Geschichte eine spannende Sache ist.

Dazu werden wir mit euch eine Reise in ferne Gegenden und lange untergegangene Reiche unternehmen. Im Laufe der Zeit werdet ihr euch im Umgang mit der Vergangenheit immer besser auskennen und herausfinden, wie wir Behauptungen in Geschichten daraufhin prüfen, ob es stimmt, was da berichtet wird. Und ihr werdet selber eigene Geschichten erzählen können, die ihr anders als Käpt´n Blaubär wirklich belegen könnt. Das ist gar nicht so schwer. Wir zeigen euch, wie ihr die Methoden der Historiker und ihre Fachbegriffe anwenden könnt, um belegbare Erzählungen über die Vergangenheit zu verfassen.

Dabei sollten wir nicht vergessen, dass die Menschen Käpt´n Blaubär deshalb so gerne zuhören, weil es interessant ist, was er erzählt. Er lädt uns alle dazu ein, selber zu erzählen und mit ihm darüber zu diskutieren, was „wirklich Sache" war.

Wir glauben fest daran, dass ihr schon bald selbst spannende und belegbare Geschichten über die Ägypter, Griechen und Römer erzählen könnt. Ihr werdet herausfinden, dass diese Geschichten zwar lange her sind, sie aber häufig an Zustände und Entwicklungen in der Gegenwart erinnern. Wie haben die Menschen das alles damals eigentlich gemacht? Können wir daraus lernen?

Manchmal werdet ihr feststellen, dass es in der Klasse unterschiedliche Sichtweisen auf die Dinge geben kann, und dann wird es erst recht spannend – wer hat die besseren Gründe für seine Art, die Geschichte zu erzählen?!

Gleich geht es los mit eurer eigenen Geschichte als Schülerin und Schüler in Niedersachsen. Dann seid ihr gut vorbereitet zur Erkundung der Geschichte von den ersten Tagen des aufrecht gehenden Menschen bis zum römischen Kaiser Augustus.

Viel Freude an der Arbeit im Geschichtsunterricht wünschen euch im Namen des ganzen Autorenteams

Nicola Brauch aus Bochum
und
Harald Focke aus Bassum

„Käpt'n Blaubärs Seemannsgarn"
Standbild aus einer Kinderserie des WDR, 1990 - 1996
„Dort, wo das Meer dem Land am nächsten ist, auf einer schroffen Felsklippe, haust Käpt'n Blaubär, Seebär im Ruhestand, in seinem ausgedienten Schiff. Es ist gemütlich eingerichtet mit allerlei Erinnerungsstücken an Käpt'n Blaubärs wilde Zeit: Ein Zacken, den er mal Neptun aus der Krone gefahren hat. Ein Flaschengeist, der nicht aus seiner Flasche raus, sondern drin bleiben will (sehr selten). Eine Dose Piratencreme (noch seltener). Lauter Trophäen, die er im Laufe der Zeit gesammelt hat. Sie dienen ihm zu gerne als Anlass, sein Seemannsgarn zu spinnen."

Wahrheit oder Lüge – vor über 2 000 Jahren
Der berühmte Römer Gaius Julius Caesar – bald wirst du ihn kennenlernen – will mit seinen Soldaten ein fernes, unbekanntes Land erobern. Zurück in Rom erzählt er diese Geschichten:

Es gibt dort Stiere, die aussehen wie Hirsche. Mitten auf der Stirn, zwischen den Ohren, haben sie ein einziges Horn. An der Spitze verzweigt es sich in die Breite wie eine Palme.
5 Dann gibt es die Alke. In Form und Farbe ähneln sie Ziegen. Ihre Beine haben weder Knie noch Gelenke. Zum Schlafen legen sie sich daher nicht hin. Wenn sie einmal umfallen, können sie sich nie wieder aufrichten! Zum Schlafen lehnen sie sich an
10 Bäume. Wenn Jäger sie gefunden haben, untergraben sie die Wurzeln aller Bäume oder schneiden sie an. Wenn sich die Alke nun an die wackligen Bäume lehnen, werfen sie sie um – und fallen mit ihnen zu Boden.

15 Eine dritte Art sind die Ure. Sie sind etwas kleiner als Elefanten und gleichen in Farbe und Gestalt den Stieren. Die Germanen fangen sie in Gruben. Bei dieser mühsamen Jagd härten sich die jungen Leute ab und üben ihre Kräfte. Wer die meisten
20 Ure erlegt hat und als Beweis ihre Hörner vorzeigt, erntet großes Lob. Die Hörner sind bei den Germanen sehr beliebt: Sie belegen sie am Rand mit Silber und benutzen sie bei Feiern als Trinkgefäße.
Caesar, De bello gallico VI.26 - 28, übers. Markus Sanke (gekürzt)

Caesar und der Alk
So stellt ein Zeichner sich vor, wie Caesar einem Alk begegnet.

Trinkhorn
Aus einem germanischen Grab, etwa aus der Zeit Caesars.

1. *Es gibt nicht nur „Seemannsgarn", sondern auch „Jägerlatein". Kläre den Begriff und beziehe ihn auf Caesars Bericht.*
2. *Eine von Caesars Geschichten könnte wahr sein – welche? Und wie kannst du das beweisen?*

1 Wir begegnen der Vergangenheit

Überall begegnen wir Gegenständen und Ereignissen aus der Vergangenheit – oft zufällig auf der Straße, in Gesprächen oder im Fernsehen. Manchmal suchen wir auch gezielt Auskünfte über die vergangene Zeit. Dann lesen wir in Büchern oder im Internet nach oder gehen in Museen. Dort kümmern sich Fachleute darum, uns Geschichte anschaulich zu machen.

M **Museumsbesuch**
Fotomontage von 2013
Das Bild wirbt für den Besuch eines Museums. Beschreibe die Ausstellungsstücke. Warum werden heute solche Gegenstände in Museen gezeigt?

Fragen an … die Geschichte

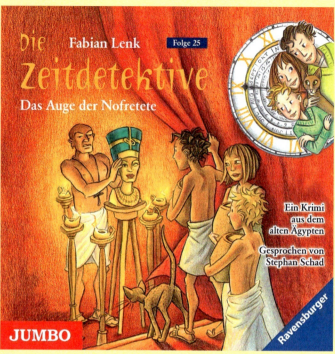

M 1 Zeitdetektive
Cover einer Hörbuch-CD, 2012
Der Schriftsteller Fabian Lenk aus Salzgitter hat sich Geschichten ausgedacht: Ein rätselhaftes Zimmer hat Türen in die Vergangenheit. Drei Kinder und eine Katze können durch sie in vergangene Zeiten und an ferne Orte reisen. Als „Zeitdetektive" lösen sie spannende Kriminalfälle – und lernen nebenbei viel über Menschen von früher.

Zeitreisen in die Vergangenheit

Wäre es nicht toll, eine Zeitmaschine zu haben? Wohin würdet ihr mit ihr reisen – vielleicht in die Zeit der Ritter? In das alte Rom? Zu Menschen der Steinzeit? Oder etwa in den „Wilden Westen"?
Zeitmaschinen gibt es leider nicht – die Vergangenheit ist und bleibt vergangen! Und trotzdem wissen wir eine Menge über alte Zeiten.
Da wir nicht „zurück" reisen können, bleibt uns nur ein Weg, etwas über früher zu erfahren: Wir müssen uns Dinge ansehen, die aus den alten Zeiten erhalten sind. Das heißt: *Wir erforschen und erzählen Geschichte!* Die Geschichtsstunde wird eure „Zeitmaschine" sein.

Was ist eigentlich „Geschichte"?

Eine Bedeutung von „Geschichte" kennt ihr alle: Wir alle hören uns gerne Geschichten an. Im Geschichtsunterricht werdet ihr lernen, Geschichten von früher selbst zu entwickeln. Die Regeln für solche Geschichtserzählungen werdet ihr nach und nach lernen.
Im Wort „Geschichte" steckt aber noch ein anderer Sinn: Etwas ist *geschehen*. Darum erzählen wir im Fach Geschichte nicht einfach Fantasiegeschichten: Wir versuchen erst herauszufinden, was in der Vergangenheit geschehen ist, und nur das erzählen wir. Auch dafür gibt es Regeln, die man lernen kann.

„Das alte, verstaubte Zeug hat doch nichts mit mir zu tun!"

Wer das sagt, hat nicht richtig nachgedacht! Alles, was heute ist, hat doch eine Vergangenheit. Irgendwann hat jemand damit angefangen. Wer in die Vergangenheit schaut, sieht, was früher anders war und was schon so ähnlich wie heute. So lernen wir unsere Gegenwart viel besser kennen.

Leitfrage *Was bedeutet es, Geschichte wissenschaftlich zu erforschen?*

Deutsches Schiffahrtsmuseum Bremerhaven

Ostfriesisches Schulmuseum Folmhusen

Landesmuseum in Schloss Oldenburg

M 3 Fragen an die Vergangenheit – gut sortiert ist gut gefragt!
An vergangene Zeiten können wir unzählig viele Fragen zu allen nur denkbaren Themen stellen. Um den Überblick zu behalten, sollten wir unsere Fragen an die Vergangenheit sortieren. Dabei helfen uns fünf „Frage-Bereiche". Wir nennen sie „Kategorien". Um sie zu erklären, gehen wir von unserer heutigen Zeit aus:

Fragen an ... die Geschichte

M 2 Orte für Geschichte in Niedersachsen und Bremen

Manche sagen: Geschichte ist für's Museum! Das stimmt, aber nur zum Teil. In unserem Bundesland gibt es Museen für die Geschichte von fast allem. Aber Geschichte kann man nicht nur da, sondern auf Schritt und Tritt erleben!

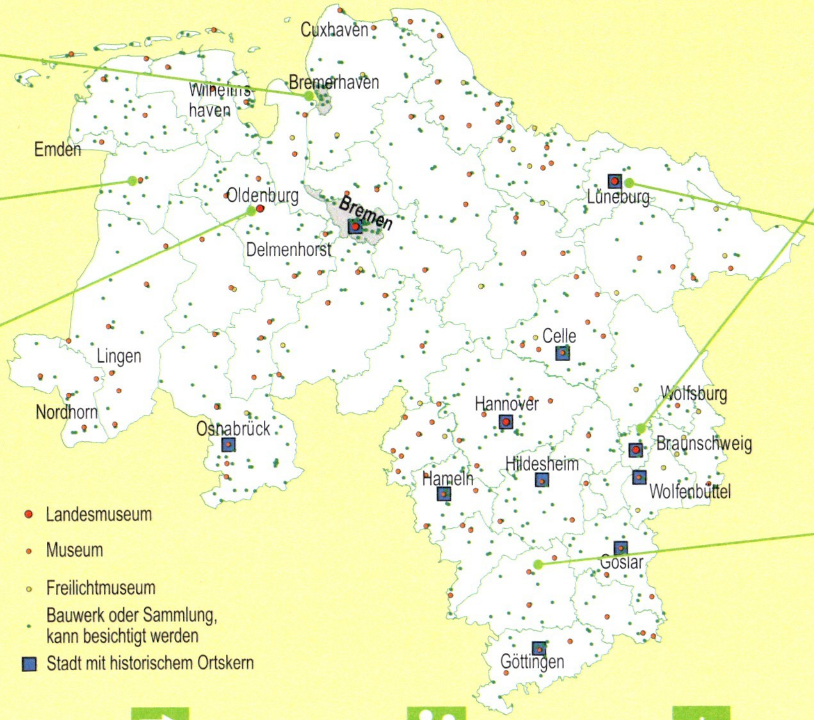

Jüdisches Museum Braunschweig

Salzmuseum Lüneburg

PS.SPEICHER Einbeck

- Landesmuseum
- Museum
- Freilichtmuseum
- Bauwerk oder Sammlung, kann besichtigt werden
- Stadt mit historischem Ortskern

Wirtschaft und Umwelt

NDR, 27.1.2015: Die Umweltministerin sagt: „Die Ems ist ein toter Fluss. Da schwimmt kein Fisch mehr drin!" Menschen baggern den Fluss ständig aus, damit größere Schiffe darauf fahren können. Das tun sie, weil sie Geld verdienen möchten. Für die Umwelt, in diesem Fall die Fische in der Ems, hat dieses Eingreifen Folgen – heute wie früher.

Begegnung

Cellesche Zeitung, 18.6.2015: Am Sonntag gab es im Rathaus ein großes Kaffeetrinken für Asylbewerber, die aus Afghanistan, Iran, Irak, Serbien und Palästina geflohen waren.
Mal begegnen sich Menschen gerne, mal haben sie Angst voreinander oder stehen sich sogar als Feinde gegenüber. Aber wir Menschen sind immer auf Kontakte angewiesen.

Gesellschaft

Hannoversche Allgemeine Zeitung, 17.3.2015: Die Zahl der Pflegebedürftigen in Hannover ist seit 2001 von 27 600 auf 39 100 Menschen gestiegen. Wie kam es dazu? Was folgt daraus für die Zukunft? Dies sind „gesellschaftliche Fragen". Gesellschaft sind wir alle. Gesellschaftliche Fragen betreffen auch Familie, Bildung, Verkehr, Medien, Jugend usw.

Herrschaft

Goslarsche Zeitung, 7.4.2015: Die Wählerinnen und Wähler von Clausthal-Zellerfeld wählten die parteilose Kandidatin zur Bürgermeisterin.
Die Bürgermeisterin muss mit dem Stadtrat zusammenarbeiten, in dem Mitglieder verschiedener Parteien sitzen. Es gibt und gab auch andere Arten von Herrschaft. Eine kennt ihr sicher: Königsherrschaft.

Weltdeutung und Religion

Neue Presse, 23.5.2015: Vor zehn Jahren öffnete das „Haus der Religionen". Hier treffen sich regelmäßig Menschen mit unterschiedlichem Glauben. Der Glaube an Gott hat für das Zusammenleben der Menschen immer große Bedeutung gehabt. Je nachdem, woran wir glauben, gestalten wir unsere Wirklichkeit – und irgendwann wird das zur Geschichte.

Bildet fünf Gruppen. Jede untersucht eine der Kategorien. Stellt folgende Fragen:
1. Welche Abbildungen (oben) passen zu eurer Kategorie? Begründet eure Entscheidung.
2. Erklärt euch, zu welcher Auswahl ihr gekommen seid. Diskutiert Überschneidungen.
3. Findet weitere Beispiele zu eurer Kategorie. Formuliert dazu Fragen an die Vergangenheit.

Alles hat Geschichte

M 1 Straßenschild
Foto von 2015
An manche Ereignisse oder Personen der Vergangenheit wollen sich die Menschen lange erinnern. Ein Weg dafür ist es, Straßen danach zu benennen.
Sucht in eurem Schulort Straßennamen, die nach Ereignissen und Personen der Geschichte benannt sind. Findet heraus, warum man daran erinnern möchte.

Geschichte umgibt uns

Sicher hast du im Fernsehen einmal einen ägyptischen Pharao oder römische Soldaten gesehen. Vielleicht hast du schon etwas über Kolumbus oder den Zweiten Weltkrieg gelesen. Bestimmt hast du zugehört, wenn Ältere von „früher" erzählten.

Auch in deinem Wohnort erinnert mehr an die Vergangenheit, als du glaubst: Kirche und Rathaus, Bahnhof und Fachwerkhäuser sind Überreste aus der Vergangenheit. Straßennamen erinnern an Menschen der Geschichte („Goethestraße"), an etwas, was früher dort war („Mühlenweg") oder an Ereignisse der Vergangenheit („Straße der Einheit"). Das alles macht deutlich: *Geschichte ist überall.*

Du selbst, deine Familie, deine Heimat und das Land, in dem wir leben, sind Teile der Geschichte. Und in ein paar Jahren wird das, was heute um dich herum geschieht, Geschichte sein. Vielleicht wird es sogar einmal in einem Geschichtsbuch nachzulesen sein.

Geschichte vor Ort erforschen

Du kannst die Geschichte deines Ortes, seiner Gebäude oder seiner berühmten Einwohner erforschen. Auch deine Schule, euer Sportverein oder die Fabrik in der Nähe haben Geschichte. Informationen findest du in Büchern zur Stadt- und Heimatgeschichte und auf Internetseiten. Hilfen zur Forschung bekommst du auch im Rathaus, im Stadtarchiv, im Museum oder beim Geschichtsverein.

Aus Quellen sprudelt Wasser – und Wissen

Autoren von Büchern und Mitarbeiter im Museum waren doch gar nicht dabei, als die Dinge geschahen, die dich interessieren. Wieso können sie dir überhaupt etwas von früher erzählen?

Ganz einfach: Sie kennen Spuren aus der Vergangenheit und wissen, wie man sie deutet. Stell dir einen Detektiv vor: Er sucht Spuren, um herauszufinden: „Wer war der Täter?" Ein Geschichtsforscher macht das gleiche: Er sammelt Spuren, die ihm sagen: „Was ist damals geschehen und warum? Und was folgt daraus?"

Solche Infos zur Vergangenheit nennen Geschichtsforscher **Quellen** – kannst du dir denken, warum?

Eine wichtige Unterscheidung

Fast alles, was alt ist, kann Quelle sein: Werkzeuge, Häuser, Briefe, Tagebücher, Gemälde, Reden, Filme … Sie können Antworten geben auf Fragen nach der Vergangenheit. Für jede Quellenart brauchen wir eigene Methoden, um sie zu befragen. Du wirst sie im Geschichtsunterricht lernen und anwenden.

Wenn jemand Quellen zu einer bestimmten Fragestellung ausgewertet hat, kann er eine begründete Antwort auf seine Frage aufschreiben. Eine solche Aussage über die Vergangenheit, die sich auf Quellen stützt, nennen wir **Darstellung**. Das spannende dabei ist: Auch wenn zwei Geschichtsforscher die gleichen Quellen auswerten, können sich ihre Darstellungen unterscheiden! Geschichte ist eben keine Mathematik, die eine eindeutige Lösung hat. Immer sind es Menschen, die Geschichte schreiben.

In deinem Geschichtsbuch stehen auf den linken Seiten Darstellungstexte, die Autoren aus Quellen und anderen Darstellungen für euch geschrieben haben. Rechts stehen oft Quellen, aber auch weitere Darstellungen – achtet einmal darauf!

1. *Sammelt Beispiele dafür, wo uns Geschichte begegnet. Gestaltet ein Plakat mit Bildern zu euren Ideen. Ordnet sie Lebensbereichen zu (auf der Straße, in der Schule, im Urlaub …).*
2. *Findet in drei Gruppen heraus, wann euer Schulhaus, die nächstgelegene Kirche und der Bahnhof in Hannover (M2-3) gebaut wurden.*
3. *Im Archiv findet ihr Material zur Geschichte eurer Schule: a) alte Schulhefte, b) ein gedrucktes Heft über die Gründung, c) Foto einer Schulklasse im Unterricht, d) alte Geschichtsschulbücher. Unterscheidet Quellen und Darstellungen.*

Wir begegnen der Vergangenheit

M 2 Hannover, Bahnhofstraße
Postkarte, um 1900

M 3 Hannover, Bahnhofstraße
Foto von 2012

M 4 Leuchtmittel mit langer und kurzer Geschichte
Fotomontage von 2015
Auch ganz einfache Gegenstände aus unserem Alltag haben ihre Geschichten. Manchmal ist die Geschichte der Dinge sogar sehr spannend: Sie handelt von Schwierigkeiten und ihrer Lösung, von genialen Erfindern und erfolgreichen Unternehmern.

1. *Untersuche die beiden Fotos M2 und M3. Beschreibe, welche Veränderungen auf den Bildern deutlich werden. Kannst du Gründe nennen?*
2. *Erörtert in der Klasse, welches der abgebildeten Leuchtmittel (M4) die längste und welches die kürzeste Geschichte hat. Erörtert, zu welcher Kategorie (vgl. S. 13) die Zusammenstellung M4 passt. Recherchiert, ob es bei Leuchtmitteln Neuigkeiten gibt, die in M4 fehlen.*
3. *Mit den sechs Quellen vom Sammelbild M4 kannst du eine kurze Darstellung „Die Geschichte der Beleuchtung" schreiben.*
   Langweilig: „Erst kam …, dann gab es …, später erfand man …"
   Spannend: „Die erste Lichtquelle war … Sie hatte den großen Nachteil … Um ihn zu umgehen erfand man … Aber ein neues Problem entstand: …"
4. *Suche Ansichten von früher aus deinem Schul- oder Wohnort. Mache ein Foto mit möglichst gleicher Perspektive. Stelle in einer Tabelle alle Unterschiede zwischen der alten und der neuen Ansicht zusammen.*
   Achte z. B. auf Bauwerke, Personen, Verkehrsmittel, Schilder, Lampen.

1 Meine Familie, meine Region – in Niedersachsen

M 1 Aus Niedersachsen!
Foto von 2014
Solche Plaketten haben alle Autos, die hier zugelassen werden. Das „Sachsenross" ist das Landeswappen von Niedersachsen.
Sammelt Wissen über die Herkunft des Wappens (Link-Tipp!). Findet heraus, aus welcher Zeit es stammt und zu welcher Familie es ursprünglich gehörte. Dazu gibt es auch im Darstellungstext ein paar Hinweise.

Link-Tipp:
Wie das Pferd auf das Wappen von Niedersachsen kam, erfahrt ihr unter:
31051-01

Menschen haben und machen Geschichte
Menschen sind tief verwurzelt in ihrer Geschichte. Du auch! Deine Geschichte ist ganz anders als diejenige deiner Freunde.
Jetzt könntest du einwenden, dass das nicht stimmt. Denn ihr alle seid etwa gleich alt, wohnt in der gleichen Gegend und geht in eine Klasse. Das ist natürlich richtig, aber jeder von euch kommt aus einer Familie, deren Geschichte einzigartig ist.
Auf ihre Geschichte können viele Familien sehr stolz sein. Manche sind so stolz, dass sie sogar ein Wappen haben. Eine solche Familie hat das Land Niedersachsen in der Vergangenheit stark geprägt: die Familie der Welfen. Ernst August, Prinz von Hannover und Herzog zu Braunschweig und Lüneburg (geboren 1954), kann stolz von sich sagen, dass er der Nachkomme von berühmten Welfen ist. Und ein Teil des uralten Wappens seiner Familie kam sogar in das Landeswappen von Niedersachsen.

Ich, wir – und die anderen
Über die Frage, was sie einzigartig macht und was sie voneinander unterscheidet, machen sich die Menschen häufig Gedanken. Nicht selten kommt es darüber auch zum Streit. Eines steht fest: Ihr seid in derselben Klasse und geht in Niedersachsen zur Schule. Aber eure Vorgeschichten werden sich alle voneinander unterscheiden. Wodurch man sich von anderen unterscheidet, kann man selbst entscheiden. Wir können also die Geschichte und wie es mit ihr weitergeht aktiv mitgestalten.

Ein Land – viele Regionen
Wenn du in eine andere Gegend Deutschlands kommst, kannst du sagen: „Ich bin aus *Niedersachsen*." Das geht aber erst seit 1946, als unser Land gegründet wurde. Vor hundert Jahren hättest du vielleicht gesagt: „Ich bin aus der *Provinz Hannover*" oder „aus dem *Großherzogtum Oldenburg*". Fünfhundert Jahre zuvor sagte man: „Ich bin Untertan des *Grafen von Hoya*" oder „*des Bischofs von Minden*". Noch ältere Eingrenzungen stecken in den Namen „*Land Hadeln*" und „*Eichsfeld*", denn das sind uralte „Gaue".
Solche Herrschaftsgebiete sind eine wichtige Ordnung des Lebensraums, aber nicht die einzige. Auch die Natur prägt das Land: Eine Gegend am Fluss oder am Berg ist oft nach diesen benannt („*Emsland*", „*Harz*"). In manchen Gegenden wohnten Menschen, die sich von ihren Nachbarn unterschieden, etwa in Sprache, Kleidung oder Berufen. „*Ostfriesland*" ist Teil des Siedlungsraums der Friesen, im „*Wendland*" lebte der Volksstamm der Wenden.
In der Einteilung des Landes steckt also viel „Geschichte". Die **Regionen** bewahren in *Kleidung* und *Dialekt*, typischen *Speisen* und *Festen*, *Bräuchen* und *Sagen* etwas vom Leben in vergangener Zeit. Heute werben viele Landschaften mit ihren regionalen Besonderheiten. Ist es nicht gut, dass es nicht überall „gleich" ist?

1. *Wappen sind so etwas wie „Logos" für Familien. Stelle die Logos zusammen, die du aus dem Alltag kennst (Kindergarten, Grundschule, Gymnasium, Sportverein …) und erkläre sie. Haben sie etwas mit Geschichte zu tun?*
2. *Veranstaltet in der Klasse einen Wettbewerb für die Entwicklung eines Logos für eure Klassengemeinschaft. Berücksichtigt dabei auch gemeinsame Erlebnisse aus der Vergangenheit, auf die ihr stolz seid. Versucht das, worauf ihr gemeinsam stolz seid, durch ein Bild auszudrücken. Wenn das gelingt, könnt ihr es im Klassenzimmer oder draußen vor der Türe aufhängen.*

Wir begegnen der Vergangenheit

M 2 Kreise und Landschaften
Heute ist Niedersachsen in Kreise und kreisfreie Städte eingeteilt. Landschaftsnamen spiegeln oft ältere Einteilungen wider. Manche Regionen haben eigene Dialekte, Bauformen, Bräuche und Speisen.

M 3 Typisch für
… das Wendland: Runddorf mit zentralem Platz (Schreyahn, Lkr. Lüchow-Dannenberg, erstmals erwähnt 1360)
… die Lüneburger Heide: Schäfer mit Heidschnuckenherde
… das Schaumburger Land: Brautjungferntracht
… den Harz: Harzer Handkäse
… das Emsland: Torfabbau im Moor

1. In M2 fehlen die Namen der (Land-)Kreise. Ermittelt, in welchem ihr lebt und wie eure Nachbarkreise heißen. Zu welcher Region gehört ihr?
2. Ordne die Erläuterungen den Bildern zu (M3). Schreibe in dein Heft zu jedem Bild einen Satz wie: „Für die Geschichte von … ist … typisch." Sprecht in der Klasse zu Fragen, die ihr zu diesen Aussagen habt.
3. Diskutiert, was ganz besonders typisch für eure Region ist. Was gibt es nur bei euch? Seit wann gibt es das? Warum hier und nirgends sonst? Denkt an die Bereiche, die typisch für Regionen sind. Ihr könntet aber auch Anderes nennen: besondere Bauwerke, seltsame Ausdrücke …
4. Entwerft einen Flyer für euren Schulort: „Mein Wohnort X in der Region Y – Gegenwart und Vergangenheit!" Was muss unbedingt hinein?

Methode

Im Laufe der Zeit …

Jeder Mensch hat eine unverwechselbare Geschichte. Auch Familien, Regionen und Länder haben einzigartige Geschichten. Es ist spannend, sie zu erforschen, denn dabei findest du immer wieder Neues heraus.
Wenn du viele Ereignisse der Vergangenheit ermittelt hast, musst du den Überblick behalten.
Am besten ist es, die Informationen *zeitlich* zu ordnen. Dann kannst du gleich erkennen, was früher war und was später.
Ein *Hilfsmittel* für die chronologische Ordnung von Ereignissen ist es, sich die Zeit als Pfeil vorzustellen: Die ältesten Ereignisse stehen links, am Beginn des Pfeils. Je mehr wir uns der Gegenwart nähern, desto weiter kommen wir nach rechts, zur Pfeilspitze. Solche „Zeitpfeile" nennen wir *Zeitstrahl* oder *Zeitleiste*.

Einen eigenen Zeitstrahl kannst du so anlegen:

1. Vorbereitung
- Sammle die Ereignisse, die du darstellen möchtest. Stelle ihre Zeit fest (Jahr, Datum).
- Ermittle das *älteste* und das *jüngste* Ereignis. Ihr Zeitabstand soll durch den Zeitstrahl ausgedrückt werden. Zeichne eine entsprechend lange Linie.
- Teile die Linie mit Strichen in gleich lange Abschnitte. Beschrifte sie mit „glatten" Zahlen (z. B. Fünf-Jahres-Schritte, Jahrzehnte oder Jahrhunderte).

2. Eintragung
- Finde für jedes Ereignis die Stelle auf dem Strahl.
- Trage ein geeignetes Symbol ein und beschrifte es.
- Für zusammengehörende Ereignisse kannst du gleiche Symbole verwenden. Unterscheide auch kurze „Ereignisse" und längere „Entwicklungen".

3. Deutung
- Durch die chronologische Ordnung kannst du entscheiden, ob ein vergangenes Ereignis ein anderes bewirkt hat. So stellst du *Ursachen* und *Folgen* fest.

M 1 Das Spiegel-Experiment
Der Kunsthistoriker Ernst H. Gombrich hat in seiner „Weltgeschichte für junge Leser" (1935) ein Experiment erfunden. Er erläutert es so:
Hast du schon einmal zwischen zwei Spiegeln gestanden? Das musst du versuchen! Da siehst du immer weiter und weiter lauter Spiegel und Spiegel, immer kleiner und immer undeutlicher und noch und noch, aber keiner ist der letzte. Grad so ist es mit dem „Es war einmal": An den Anfang kommt man nie. Hinter jedem Anfang steht ja immer noch ein „Es war einmal". Das ist wie ein Loch, das keinen Boden hat! Darum wollen wir ein brennendes Papier in dieses tiefe Brunnenloch werfen. Langsam wird es hinunterfallen, tiefer und tiefer. Und im Fallen wird es die Brunnenwand erhellen. Jetzt ist es schon so weit, dass es ausschaut wie ein winziger Stern in der dunklen Tiefe, und jetzt sehen wir es nicht mehr. So ist es mit der Erinnerung. Mit ihr leuchten wir hinunter in die Vergangenheit. Zuerst in unsere eigene, dann fragen wir alte Leute, dann suchen wir Briefe von Leuten, die schon gestorben sind. So leuchten wir immer weiter rückwärts.

Nach: Ernst H. Gombrich, Eine kurze Weltgeschichte für junge Leser. Von der Urzeit bis zur Gegenwart, Köln 1985, S. 14 f. (gekürzt)

M 2 Unser „Nullpunkt"
Wer messen will, wie warm oder kalt etwas ist, braucht einen Wert, auf den er sich bezieht. Bei uns ist das der Gefrierpunkt von Wasser, 0 °C. In der Chronologie ist es ebenso: Wir brauchen einen festen „Nullpunkt".
In Europa ist es üblich, die Zeitrechnung an der Geburt Jesu Christi zu orientieren: Wenn vom Jahr 2015 die Rede ist, wissen die Menschen, dass 2015 Jahre vergangen sind, seit Jesus Christus geboren wurde. Auch wenn die Berechnung des Geburtstages Jesu nicht ganz richtig ist, hat
5 man sich irgendwann darauf festgelegt.
Natürlich gab es auch Zeiten vor diesem Nullpunkt. Wenn wir solche Jahre angeben wollen, fügen wir der Jahreszahl „vor Christus" (v. Chr.) hinzu. Dies bedeutet, dass ein Ereignis so viele Jahre vor Christi Geburt stattfand. Bei den Jahren „nach Christus" (n. Chr.) lässt man den Zusatz
10 meist weg.
In anderen Gesellschaften hat man andere Fixpunkte der Zeitmessung ausgewählt. Im Laufe des Geschichts- und Religionsunterrichts wirst du sie noch kennenlernen.

Eigenbeitrag Nicola Brauch

Ereignisse ordnen mit dem Zeitstrahl

M 3 Ereignisse sortieren

Wir haben fünf Zeugnisse der Vergangenheit aus deinem Geschichtsbuch ausgewählt. Auf einem Zeitstrahl stellen wir sie dar:

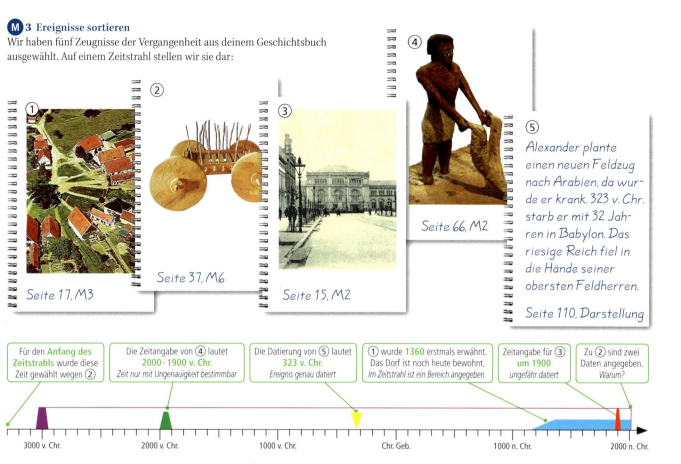

Tipps für die Anlage eines Zeitstrahls:
- *Kurze Ereignisse kannst du mit Punkten oder Pfeilen angeben.*
- *Für längere Zeitspannen verwende Linien oder Balken.*
- *Wenn sich etwas langsam entwickelte, kannst du einen Balken zeichnen, der immer dicker (oder dünner) wird.*
- *Zusammengehörige Eintragungen kannst du durch gleiche Farben kennzeichnen oder miteinander verbinden.*

Info: Zeitleiste
Linie, die für einen bestimmten Zeitraum steht. Gleiche Längen auf der Linie bedeuten gleiche Zeitabstände. So können Ereignisse, Personen oder Epochen einem Zeitpunkt oder Zeitraum zugeordnet werden. Wir erkennen auf einen Blick, in welcher Reihenfolge die Ereignisse geschahen. Eine Zeitleiste dient der Orientierung in der Zeit.

Jetzt bist du dran: Einen eigenen Zeitstrahl entwerfen und ergänzen

1. *Zeichne in dein Heft einen Zeitstrahl mit dem Titel „Meine Geschichte in der Weltgeschichte" von 2000 bis 2020. Trage dort deine Geburt, deine Grundschulzeit und das aktuelle Jahr ein.*
2. *Befrage deine Lehrerin/deinen Lehrer, Familienmitglieder und ältere Freunde, an welche wichtigen Ereignisse in Niedersachsen, Deutschland und der Welt seit dem Jahr 2000 sie sich erinnern. Trage auch diese Ereignisse in deinen Zeitstrahl ein.*
3. *Prüft in der Klasse, welche Ereignisse bei den Befragungen immer wieder genannt wurden und welche seltener vorkommen. Diskutiert, welche dieser Ereignisse auf euer Leben und das Leben in unserem Land den größten Einfluss hatten und welche nur wenige Folgen hatten.*
4. *Lege mit einer guten Freundin/einem guten Freund einen Zeitstrahl zum Thema „Die Geschichte unserer Freundschaft" an. Tragt die wichtigsten Daten und dazugehörige Orte ein (z. B. Tag des Kennenlernens in Hannover, gemeinsame Erlebnisse im Landesmuseum). Schreibt eine Erzählung über die Geschichte eurer Freundschaft. Wenn möglich, belegt eure Darstellung mit Quellen (Postkarten, E-Mails, Fotos …).*
5. *Erläutert, warum Historiker Probleme haben, den frühesten Zeitpunkt der Weltgeschichte festzustellen (M1).*

1 Das weiß ich – das kann ich!

Wieso, weshalb, warum? – Wer nicht fragt, bleibt dumm!

Diesen Song aus der Fernsehsendung „Sesamstraße" kennst du sicher. Das ist zwar eine Sendung für Kinder, aber die Aussage gilt für alle Menschen. Oder kennst du Leute, die keine Fragen stellen, sondern nur Antworten haben?
Am Anfang dieses Kapitels steht die Leitfrage:
Was bedeutet es, Geschichte wissenschaftlich zu erforschen?

Fragen stellen – das ist der erste Schritt, die Vergangenheit nicht als erfundene Geschichte, sondern als wissenschaftliche Erklärung zu erzählen. Menschen, die das beruflich machen, nennen sich „Historiker" (*historia*: lat. „Geschichte"). Sie haben Geschichte studiert und sind Experten darin, wissenschaftlich abgesicherte Antworten auf Fragen an die Vergangenheit zu finden. Historiker brauchen vier Dinge:

1. Quellen – so nennt man alle Überbleibsel („Überreste") aus der Vergangenheit (vgl. S. 14)
2. Darstellungen – so heißen alle wissenschaftlichen Erzählungen über die Vergangenheit (vgl. S. 14)
3. Orientierung im Raum (S. 16f.) und in der Zeit (S. 18f.)
4. Eine gute Kombinationsgabe

Link-Tipp:
Eine Erklärung zu den Figuren, die sich auf der „Straße der Geschichte" begegnen, erhältst du unter:
31051-02

Mit *Quellen* und *Darstellungen* entwickeln Historiker Erklärungen und Antworten auf folgende Fragen:
A Wie ist es zu einem Ereignis gekommen?
B Warum ist es zu einem Ereignis gekommen?
C Welche Folgen stellten sich nach einem Ereignis ein?
D Wie haben Menschen, die ein Ereignis gemeinsam erlebt haben, es wahrgenommen?

Die Straße der Geschichte – Wissenschaft oder Seemannsgarn?

Links und rechts von unserer „Straße der Geschichte" (M) sind Bauwerke abgebildet. In der Mitte begegnen sich Personen. Sie sind entweder typisch für eine Zeit oder stellen berühmte Persönlichkeiten dar, zum Beispiel Martin Luther. Diese von Spielfiguren dargestellten Menschen „auf dem Weg durch die Zeit" haben mal mehr mit der „Welt"-Geschichte zu tun (linke Seite), mal mehr mit der Geschichte Deutschlands oder gar Niedersachsens (rechte Seite).
Aus dieser Mischung aus Realität und Nachbildung (Spielfiguren) ergeben sich so manche Fragen.

---

1. *Erzählt mithilfe des Bildes M die Rolle Niedersachsens in der (Welt-)Geschichte.*
Berücksichtigt die Dinge, die Historiker für ihre wissenschaftlichen Erklärungen brauchen (siehe oben).
2. *Wodurch unterscheidet sich die Erzählung eines Historikers von „Seemannsgarn" und „Jägerlatein" (vgl. S. 9)? Gibt es auch Gemeinsamkeiten?*
3. *Wähle eine Figur aus M, die dir bekannt vorkommt. Schreibe zu dieser Figur eine historische Erzählung. Besonders raffiniert wird die Erzählung, wenn du deine Figur mit einer oder sogar beiden Seiten (Welt und Deutschland / Niedersachsen) in Verbindung bringst.*
Du kannst dafür auch den Link-Tipp nutzen!
4. *„Die Geschichte ist doch keine Einbahnstraße!" – so könnte manch ein Historiker sehr kritisch über unser Bild M urteilen. Bilde dir selbst ein Urteil und schreibe es in dein Heft.*
Für Geschichte als „Einbahnstraße" spricht: Jedes Ereignis ruft das nächste Ereignis hervor. Dagegen spricht: Manchmal ist es ganz zufällig, wie sich eine Sache weiterentwickelt.
5. *Vergleicht eure Ergebnisse. Fasst noch einmal die Antwort auf die Leitfrage dieses Kapitels zusammen.*

Wir begegnen der Vergangenheit

M Die Straße der Geschichte
Nach einer Idee der Zeitschrift „Skalk"

In der Welt:
① Pyramiden in Gizeh, Gräber ägyptischer Könige, um 2600 v. Chr.
② Athena-Tempel in Athen (Parthenon), 447 - 433 v. Chr.
③ Größtes Amphitheater in Rom (Kolosseum), 72 - 80 n. Chr.
④ Glockenturm am Dom von Pisa („Schiefer Turm"), 1173 - 1372
⑤ Schloss Versailles, Hauptschloss französischer Könige, 1668 - 89
⑥ Eiffelturm Paris, Wahrzeichen der Weltausstellung 1889, gebaut 1887

Bei uns in Niedersachsen:
Ⓐ Nach Ende der letzten Eiszeit breiteten sich dichte Wälder aus.
Ⓑ In einem Abschnitt der Jungsteinzeit lebten hier Menschen, die ihre Toten in Kammern aus großen Felssteinen bestatteten.
Ⓒ Auf einem Hügel im Watt stand bis zum 5. Jh. n. Chr. ein Dorf. Hier lebten Viehzüchter. Sie waren vielleicht Vorfahren der Sachsen.
Ⓓ Bischof Bernward schenkte Hildesheim die Kirche St. Michael. Sie wurde ab 1011 gebaut und war Vorbild vieler Kirchen Europas.
Ⓔ Schloss Bückeburg, Wohnsitz der Fürsten von Schaumburg-Lippe. Das Schloss wurde 1560 erbaut und bis ins 18. Jh. erweitert.
Ⓕ Die Firma Hanomag (Hannoversche Maschinenbau AG) wurde 1871 als Stahlwerk gegründet. Die älteste Fabrik steht in Hannover.

2 Menschen der Ur- und Frühgeschichte

Im Sommer 2006 begann für dreizehn Personen ein Abenteuer: Sie lebten zwei Monate wie in der Steinzeit. Heute sind die Beteiligten stolz, es geschafft zu haben. Die Zeitreisenden wohnten in einem nachgebauten Dorf, wie es vor etwa 5000 Jahren gestanden haben könnte. Alle halfen im Alltag mit: beim Fischen, Ernten, Mahlen, Feuermachen, Kochen in Keramikgefäßen und bei vielem mehr.

M Abenteuer Steinzeit
Bild aus einer Fernsehdokumentation von 2007
Häuser, Kleidung, Werkzeuge und Speisen im Dorf sollten genau dem Alltag vor 5000 Jahren entsprechen.

Für eure Schülerzeitung wollt ihr über das Steinzeit-Experiment berichten. Entwerft ein Interview mit drei bis fünf Fragen an die Teilnehmer. Was wollt ihr über deren Erfahrungen im täglichen Leben des Steinzeitdorfes wissen?

2 Fragen an ... Menschen der Ur- und Frühgeschichte

M 1 Nahrung für die Weltbevölkerung
Milchgewinnung im Melkkarussell.
Foto aus Wedemark (Region Hannover), 2014
Fast alle Lebensmittel werden heute von Bauern erzeugt. Sie bauen Pflanzen an und halten Vieh. Durch jahrtausendelange Züchtung wurden Wildpflanzen und -tiere zu Nutzpflanzen und Haustieren.

Das Leben in einem Dorf vor 5000 Jahren kommt uns fremd und „altmodisch" vor. Dabei war diese Lebensweise einmal modern. Sie war das Ergebnis einer langen Entwicklung vom Leben der Menschen als Jäger und Sammler zu Bauern und Viehhaltern.

In diesem Kapitel erfährst du, was die Unterschiede zwischen beiden Lebensweisen sind, wie die frühen Menschen ihr Leben gestalteten, für Nahrung sorgten, woran sie möglicherweise glaubten, welche Tätigkeiten sie untereinander aufteilten und wie neue Werkstoffe den Alltag veränderten.

Aus den ältesten Zeiten der Geschichte haben wir keine schriftlichen Aufzeichnungen – die Schrift wurde erst später erfunden. Unser Wissen über die Frühzeit stammt von den Sachen der Menschen: Werkzeuge und Waffen, Töpfe und Schmuck, Häuser und Gräber. Überall, wo Menschen sich länger aufhielten, hinterließen sie solche Überreste. Sie liegen heute im Erdboden. Auf ihre Erforschung haben sich *Archäologen* spezialisiert. Das Wort „Archäologie" kommt aus der griechischen Sprache und bedeutet „Lehre von den Altertümern". Archäologen erschließen die Vergangenheit aus Spuren im Boden.

Die Archäologen stellen fest: In der Ur[1]- und Frühgeschichte, dem längsten Abschnitt der Menschheitsgeschichte, gab es Veränderungen, die unser Leben bis heute prägen.

[1] **Ur-:** ursprünglich, zuerst

Leitfrage
Wie veränderte sich das Leben der Menschen im Verlauf der Ur- und Frühgeschichte?

 Wirtschaft und Umwelt
Anfangs lebten die Menschen von Jagd, Fischfang und Wildpflanzen. Später bauten sie Getreide an und hielten Tiere.
Wie bestimmte die Natur das Leben der Menschen?
Wann begannen sie, ihre Umwelt zu ändern?

 Herrschaft
Für den Bau eines Großsteingrabs mussten viele Menschen zusammenarbeiten. Ob sie von jemandem dazu gezwungen wurden oder es freiwillig taten, ist bis heute ein Rätsel.
Wann entstanden Formen von Herrschaft und Macht?

 Begegnung
Eines Tages trafen letzte Jäger auf erste Bauern. Wie mag ihre Begegnung verlaufen sein?
Wann begegneten sich Menschen unterschiedlicher Kulturen?
Was lernten sie voneinander?

 Weltdeutung und Religion
Zu den ältesten Kunstwerken der Menschheit gehören Tier-Mensch-Mischwesen. Stellen sie Götter dar?
Was dachten die Menschen über das Leben und den Tod?

 Gesellschaft
Als die Menschen lernten, Metall zu verarbeiten, legten sie manchen Toten kostbare Dinge ins Grab. Wir erkennen darin erste Unterschiede zwischen Arm und Reich.
Wie lebten die Menschen miteinander?
Wie teilten sie Aufgaben unter sich auf?

Altsteinzeit

2,5 Mio. Jahre v. Chr. | 10000 v. Chr. | 9000 v. Chr. | 8000 v. Chr.

Fragen an … Menschen der Ur- und Frühgeschichte

Angelhaken aus Knochen, Länge: 4 cm, Mittelsteinzeit.

Großsteingrab von Lehmsiek (Schleswig-Holstein), erbaut um 3500 v. Chr., Jungsteinzeit.

Begegnung von letzten Jägern und ersten Bauern. Bild aus einem Jugendbuch. Jungsteinzeit.

„Löwenmensch" aus Mammut-Stoßzahn (Nahaufnahme des Kopfes). Altsteinzeit.

Schatz von Gessel (Lkr. Diepholz), reichster Schatzfund der Bronzezeit: 117 Schmuckstücke (1,7 kg Gold).

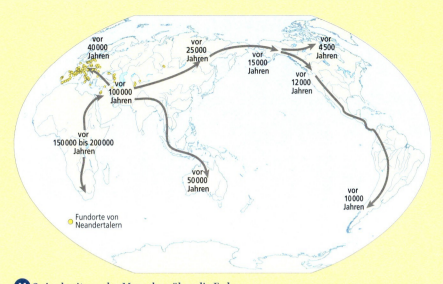

M 2 Ausbreitung des Menschen über die Erde
Der Mensch traf bei seiner Ausbreitung auf einen älteren Verwandten: den Neandertaler. Die Neandertaler starben aus, die Jetztmenschen setzten sich durch.

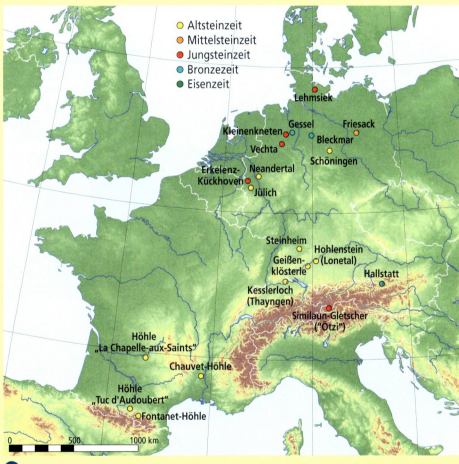

M 3 Wichtige Fundorte der Ur- und Frühgeschichte, die du in diesem Kapitel kennenlernst

Auf dem Weg zum Menschen

M 1 Menschen und Tiere
Menschen und Menschenaffen gehören wie andere Primaten zu den Säugetieren. Sie teilen eine lange gemeinsame Entwicklungsgeschichte.
Diskutiert, was wir Menschen mit den Menschenaffen gemeinsam haben.

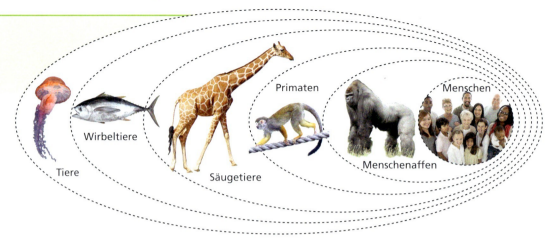

Die Menschheitsgeschichte erforschen
Geschichtsforscher, die sich mit dem Ursprung des Menschen befassen, untersuchen versteinerte Knochen (Fossilien) und ordnen sie den Schritten auf dem Weg zum Menschen zu. Das gleicht einem Puzzle, bei dem die allermeisten Stücke fehlen – denn dass sich Millionen Jahre alte Knochen erhalten, ist sehr selten. Daher gibt es noch viele offene Fragen. Jeder neue Fund kann die Geschichte des Menschen, wie sie jetzt erzählt wird, verändern.

Was verbindet Affen und Menschen?
Aus Fossilfunden erarbeiten Forscher den Stammbaum des Menschen. Sie nutzen Begriffe aus der Biologie. Die ersten affenähnlichen Lebewesen gab es vor über 60 Millionen Jahren. Vor 18 Millionen Jahren entstand der Zweig der Menschenaffen (**Hominiden**). Vor etwa 7 Millionen Jahren teilte sich dieser nochmals auf: in die heutigen Menschenaffen und die Menschen. Bis dahin hatten Schimpanse und Mensch gemeinsame Vorfahren.

Auf dem Weg zum heutigen Menschen
Auf den Körperbau bezogen beginnt die Geschichte des Menschen vor etwa 6 Millionen Jahren mit dem aufrechten Gang (**Vormenschen**). Doch zum Menschsein gehört noch mehr, beispielsweise Werkzeuge herstellen zu können. Die ältesten sind etwa 2,6 Millionen Jahre alt. Zugleich vergrößerte sich nach und nach das Gehirn. Forscher erkennen dies an erhaltenen Schädeln und ordnen die Funde ab diesem Zeitpunkt der Gattung Homo zu (**Urmenschen**). Erste Angehörige der Art Homo sapiens lebten vor etwa 100 000 Jahren (**Jetztmenschen**). Sie sind unsere direkten Vorfahren und unterscheiden sich im Körperbau nicht von uns. Die Jetztmenschen schufen vor etwa 40 000 Jahren die ältesten Kunstwerke. Vom Homo sapiens stammen auch die ersten eindeutigen Begräbnisse.

M 2 Auf der Suche nach unseren Vorfahren
Foto von 2006
Die Forscher Friedemann Schrenk und Ottmar Kullmer begutachten auf einer Expedition in Afrika Fossilienfunde, um die Ursprünge des Menschen zu erforschen.

Erstelle mit den im Text genannten Daten eine Zeitleiste und trage die zugehörigen Ergebnisse ein.
Bsp.: vor 60 Mio. Jahren: erste affenähnliche Tiere …

Menschen der Ur- und Frühgeschichte

M 3 Fundorte der Hominiden aus M6 (rot) und des Steinwerkzeugs aus M4 (blau)

M 4 Werkzeug aus Geröllgestein
Fundort Hadar (Äthiopien)
Alter: 1,7 Millionen Jahre
Beim Aneinanderschlagen von Steinen können Teile abspringen. So entstehen einfache Werkzeuge mit scharfen Kanten.

M 5 Der Urmensch verlässt Afrika
Der Forscher Friedemann Schrenk (M2) schreibt:
Es ist wahrscheinlich, dass es dem frühen *Homo erectus* gelang, Feuer nutzbar zu machen. Feuer entsteht oft natürlich, etwa durch Blitzschlag. [...] Auch erste Hinweise auf gezielte Jagd stammen
5 von *Homo erectus*. Aus Funden von Steinwerkzeugen und Tierknochen mit Schnittspuren [...] ist zu schließen, dass eine Zerlegungstechnik entwickelt war. So konnte Jagdbeute [...] systematisch ausgeschlachtet werden. [...] Die Fähigkeit, das Feuer zu
10 nutzen, und die Jagdtechniken waren wichtige Voraussetzungen, um Afrika zu verlassen. Möglicherweise war die Jagd eine entscheidende Triebkraft, um in entfernten Gebieten nach Beute zu suchen.
Friedemann Schrenk, Die Frühzeit des Menschen: Der Weg zum Homo sapiens, München ⁵2008, S. 99-101

M 6 Der Mensch entwickelt sich
Forscher erschließen die Entwicklung des Menschen aus vielen einzelnen Funden. Selten handelt es sich dabei um vollständige Skelette. Schädel sind u. a. deshalb aussagekräftig, weil sie die Gehirngröße erkennen lassen.

Fundbezeichnung: Qafzeh IX entdeckt 1969
Gattung/Art: *Homo sapiens* (vernunftbegabter Mensch)
Fund: Schädel einer Frau aus der Qafzeh-Höhle bei Nazareth (Israel)
Alter: ca. 100 000 - 90 000 Jahre
Gehirngröße: 1554 cm³
Starb mit 20-25 Jahren, wurde bestattet, neben ihr fand sich das Skelett eines Kleinkindes.

Spitzname: „Steinheimerin" entdeckt 1933
Gattung/Art: *Homo heidelbergensis*
(Heidelberg-Mensch, nach einem Fund bei Heidelberg)
Fund: Schädel einer Frau aus Steinheim an der Murr, Deutschland
Alter: ca. 250 000 Jahre
Gehirngröße: ca. 1100 cm³
Im Schädel fand sich der Abdruck eines Hirntumors.

Fundbezeichnung: Sangiran 17 entdeckt 1969
Gattung/Art: *Homo erectus* (aufgerichteter Mensch)
Sangiran, Insel Java (Indonesien)
Alter: 800 000 Jahre
Körpergröße: ca. 1,60 m
Gehirngröße: ca. 1000 cm³
Zur Art Homo erectus gehören die ältesten außerhalb Afrikas gefundenen Fossilien von Urmenschen.

Spitzname: „Mrs. Ples" entdeckt 1947
Gattung/Art: *Australopithecus africanus* (Südaffe aus Afrika)
Fund: Schädel aus Sterkfontein (Südafrika)
Alter: ca. 2,1 Millionen Jahre
Körpergröße: 1,05 m
Gehirngröße: 485 cm³
Schädel einer Frau oder eines männlichen Jugendlichen.

1. Ordne den Fossilien in M6 die Begriffe Vormensch, Urmensch und Jetztmensch zu. Begründe deine Entscheidung.
   Achte dabei auf das Alter des Fundes und den Namen der Gattung.
2. Erarbeite mit deinen Sitznachbarn Fragen, die Schrenk und Kullmer (M2) stellen müssen, um Hominidenfunde (M6) richtig einzuordnen.
3. Forscher sagen: „Der Mensch stammt aus Afrika". Erkläre mit M3-6.
4. Erläutere, welcher Vorteil für die Urmenschen mit der Nutzung einfacher Werkzeuge und des Feuers verbunden war (M4-5).
5. 2015 wurde in Afrika ein Unterkiefer gefunden. In Zeitungen stand: „Die Geschichte der Menschwerdung muss neu geschrieben werden". Begründe, warum ein einzelner Fund solche Auswirkungen haben kann.
6. Erzähle, wie sich der Mensch entwickelt hat.
   Nutze die Materialien und Aussagen dieser Seiten und verwende die Fachbegriffe. Gliedere deine Erzählung in die Abschnitte Vormensch, Urmensch und Jetztmensch.

2 Leben in der Altsteinzeit

M 1 Holzspeer aus Schöningen
Alter: 300 000 Jahre
Länge: 2,30 m
Das Foto zeigt den Speer (rote Linie) zusammen mit Knochen von Wildpferden (blaue Linie).
Was könnte es bedeuten, dass der Speer und die Knochen von Wildpferden so nah beisammen aufgefunden wurden?

Eine außergewöhnliche Entdeckung

1995 machten Archäologen bei Grabungen in der Nähe von Schöningen eine einzigartige Entdeckung: Zwischen Tierknochen und Steinwerkzeugen fanden sie einen hölzernen Speer, der sich im feuchten Boden erhalten hatte. Bei späteren Untersuchungen fanden sie sechs weitere Wurfspeere. Mit einem Alter von 300 000 Jahren sind es die bislang ältesten Speere der Menschheit.

Was geschah in Schöningen?

Als Ergebnis halten die Wissenschaftler fest: Wo heute Braunkohle abgebaut wird, befand sich damals in einer offenen Steppenlandschaft ein See. Eine Gruppe von Menschen, Angehörige der Art Homo erectus, hatte in der Uferzone Wildpferden aufgelauert. Mindestens 15 Tiere wurden erlegt und vor Ort zerteilt. Feuerstellen zeigen, dass die Jäger sich dort mehrere Tage aufgehalten haben. Etwa 30 Personen konnten zwei Monate lang von der Jagdbeute leben. Die Funde von Schöningen erstaunen die Forscher, weil sie vermuten lassen: Hier haben Menschen bereits vor 300 000 Jahren mit sehr guten Jagdwaffen gemeinsam große Tiere erlegt. Das erfordert besondere Kenntnisse, Planung, Absprachen und Arbeitsteilung in der Gruppe.

Altsteinzeit

Die Schöninger Jäger lebten in der **Altsteinzeit**. In den etwa 2,6 Millionen Jahren, die diese älteste und längste Epoche der Menschheit dauerte, veränderte sich in kleinen Schritten nicht nur das Aussehen der Menschen. Werkzeuge wurden erfunden und verfeinert, die Sprache entwickelte sich. Als Nahrung jagten die Menschen der Altsteinzeit Tiere und sammelten Pflanzen. Sie zogen als **Jäger und Sammler** umher und bauten keine festen Häuser. Menschen, die so leben, nennt man bis heute Nomaden.

Warmzeiten, Kaltzeiten

Im Verlauf ihrer Geschichte war die Erde starken Klimaschwankungen ausgesetzt. Mit ihnen veränderte sich die Tier- und Pflanzenwelt. Forscher gehen davon aus, dass die Anpassung des Menschen an neue Lebensbedingungen mitverantwortlich ist für seine körperliche und kulturelle Entwicklung.

Das letzte Eiszeitalter begann vor 2,6 Millionen Jahren. In ihm wechselten sich **Warm- und Kaltzeiten** ab. Die Schöninger Jäger lebten in einem Zeitabschnitt, in dem es sogar etwas trockener und wärmer war als heute. Biber, Hirsch, Bär, Wolf, Nashorn und Auerochse waren ihre Zeitgenossen. Aus Pflanzenresten an der Fundstelle schlossen die Forscher auf eine offene Landschaft mit Laubbäumen.

M 2 Schaber aus Schöningen, Zeichnung
Werkzeug aus behauenem, scharfkantigem Feuerstein
Alter: ca. 300 000 Jahre
Vergleiche dieses Werkzeug mit M4 auf S. 27.
In Schöningen fanden Forscher auch Holzstäbe, die als Griffe für solche Schaber gedient haben könnten.

Info: Nomaden
Nomaden sind Menschen, die nicht sesshaft leben. Zu ihnen zählen *Jäger und Sammler* sowie *Wanderhirten*, die keinen Feldbau betreiben. Sie sind abhängig vom Nahrungsangebot für sich oder ihre Tiere. Daher wechseln sie häufig ihren Standort und bauen keine Dörfer.

1. *Fasse zusammen, was Archäologen in Schöningen fanden und wie sie die Funde deuteten.*
2. *Warum beweisen die Funde von Schöningen nach Meinung der Forscher, dass die Menschen ihr Handeln planten?*

Menschen der Ur- und Frühgeschichte

M 3 Vorratshaltung und Rohstoffversorgung
Der Archäologe Hartmut Thieme überlegt auf der Grundlage der Funde von Schöningen:

Die gesamte erbeutete Fleischmenge dürfte viel zu groß für einen baldigen Verzehr durch eine Urmenschengruppe gewesen sein. Wenn dennoch mehr Tiere zur Strecke gebracht wurden, als man tatsächlich in relativ kurzer Zeit zur Ernährung der Gemeinschaft verbrauchen konnte, liegt der Schluss nahe, dass einfache Konservierungsverfahren[1] genutzt wurden. So könnten z. B. Fleischstücke oder in Streifen geschnittenes Fleisch an der Luft getrocknet oder über dem Feuer geröstet/geräuchert worden sein. Daraus ließe sich ableiten, dass schon in der frühen Altsteinzeit Vorratswirtschaft betrieben wurde.

Neben dem Fleisch zur Nahrungssicherung werden auch die erbeuteten Felle zum Bau von Zelten oder für die Anfertigung von Kleidung begehrte Rohstoffe gewesen sein, vielleicht sogar die Sehnen (z. B. zum Nähen oder zum festen Verbinden verschiedener Werkstoffe). Die Gewinnung von Knochenmark hat wegen seines hohen Fettgehaltes ebenfalls zur Ernährung der Gruppe beigetragen.

Hartmut Thieme, Die Zerlegung und Nutzung der Jagdbeute, in: Ders. (Hrsg.), Die Schöninger Speere. Mensch und Jagd vor 400 000 Jahren, Stuttgart 2008, S. 182–186, hier S. 182 f.

[1] konservieren: haltbar machen

M 4 Wer ging auf die Jagd?
Der Entdecker der Schöninger Speere, Hartmut Thieme, schreibt 2008:

Wie die Gruppe im Einzelnen zusammengesetzt war, ob neben Männern sich auch Frauen darin fanden, darüber kann nur spekuliert werden. Wichtig scheint mir jedoch die Beobachtung zu sein, dass der zum Jagdeinsatz gekommene Speer III mit seinen im Vergleich zu den anderen Jagdwaffen geringen Ausmaßen von 1,82 m Länge möglicherweise von einem noch jugendlichen Angehörigen der Gruppe (oder einer Frau?) genutzt wurde.

Hartmut Thieme, Überlegungen zum Gesamtbefund des Wildpferd-Jagdlagers, in: Ders., a. a. O., S. 177–190, hier S. 179

M 5 Rekonstruktion eines Schöninger Jägers
Am Fundort der Schöninger Speere wurde 2013 ein Museum und Forschungszentrum eröffnet, das *paläon*. Für das Museum hat Elisabeth Daynès die Rekonstruktion eines *Homo erectus* angefertigt – eine lebensechte Figur nach wissenschaftlichen Erkenntnissen und ihren Vorstellungen.

M 6 Speere im Vergleich

	Länge	Gewicht
Schöningen, vor 300 000 Jahren	1,80 bis 2,50 m	ca. 500 g
Olympische Spiele[2] heute (Frauen)	2,20 bis 2,30 m	ca. 600 g
Olympische Spiele[2] heute (Männer)	2,60 bis 2,70 m	ca. 800 g

[2] Über den Ursprung der Olympischen Spiele erfährst du mehr in Kapitel 3, S. 86 f.

Nach: Jordi Serangeli und Utz Böhner, Die Artefakte von Schöningen und deren zeitliche Einordnung. Forschungen zur Urgeschichte aus dem Tagebau Schöningen, Bd. 1, Mainz 2012, S. 23

---

1. Nenne die Merkmale im Leben der Menschen von Schöningen, die typisch für die Altsteinzeit sind.
   Benutze folgende Begriffe: Nahrung, Wohnen, Tiere, Pflanzen.
2. Erläutere, warum der Verfasser von Vorratswirtschaft spricht (M3).
3. Vergleiche den Homo erectus (M5) mit heutigen erwachsenen Männern. Benenne, welche Gemeinsamkeiten und Unterschiede die Künstlerin hervorhebt.
   Schreibe auf: „Der Körperbau …", „Die Behaarung …", „Die Gesichtsmerkmale …".
4. Du sollst für eine Ausstellung ein Bild von der Wildpferdjagd in Schöningen malen. Erkläre, welche Informationen aus der Darstellung und aus M5 du nutzen kannst. Welche Einzelheiten musst du dir ausdenken?
5. Versetze dich mithilfe der Rekonstruktion M5, der Abbildung des Speeres mit dem Wildpferdknochen (M1) und den weiteren Informationen in den Träger oder die Trägerin von Speer III (M4) hinein. Erzähle eine spannende Geschichte: „Leben mit altsteinzeitlichen Wildpferdjägern".

2 Vom Neandertaler zum Jetztmenschen

M 1 Ausdehnung des Eises während der letzten Eiszeit
Die letzte Kaltzeit (auch Eiszeit genannt) dauerte von 115 000 bis 10 000 Jahren vor heute. Wo heute Meer ist, gab es aufgrund des niedrigeren Meeresspiegels an vielen Stellen Festland.
Benenne mithilfe der Karte hinten im Buch Länder, die damals unter Eis lagen.

Info: Neandertaler
Auch: *Homo neanderthalensis*, ausgestorbene Menschenform, benannt nach einem Fund im Neandertal bei Düsseldorf. Er lebte in Europa und Westasien (siehe Karte M2, S. 25).

Info: Jetztmensch
Auch: *Homo sapiens*, Mensch mit einem Körperbau wie wir heute. Die Jetztmenschen der Altsteinzeit sind unsere direkten Vorfahren.

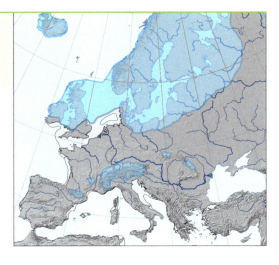

Neandertaler
Vor etwa 100 000 bis 30 000 Jahren lebten in Europa die **Neandertaler**. Sie waren im Vergleich zu heutigen Menschen kleiner und deutlich schwerer. Ihre Knochen waren dickwandiger, ihre Kiefer kräftiger. In ihren Körpermerkmalen sehen Wissenschaftler die optimale Anpassung an das Leben in einer Kaltzeit: Als Jäger, die sich überwiegend von Fleisch ernährten, trotzten die Neandertaler der Kälte und der Knappheit an nährstoffreicher pflanzlicher Nahrung.

Heute sind Archäologen aufgrund von Funden der Meinung, dass die Neandertaler sich mit einer gut entwickelten Sprache verständigten, für Alte, Kranke und Verletzte sorgten und vielleicht auch um ihre Toten trauerten. Sie trugen Kleidung und Schmuck.

Jetztmenschen
Zeitgleich lebten in Afrika Menschen, die körperlich von uns nicht zu unterscheiden sind, die Jetztmenschen. Über den Vorderen Orient gelangten sie im Lauf vieler Jahrtausende in alle Teile der Welt.[1] Seit 40 000 Jahren leben die Jetztmenschen auch in Europa. Bis zum Ende der Altsteinzeit vor 12 000 Jahren erfanden sie zahlreiche neue Werkzeuge, darunter Speerschleudern, Harpunen, Angelhaken und Nähnadeln aus Knochen.

Leben in der Eiszeit
Im letzten Abschnitt der Kaltzeit vor 40 000 bis 10 000 Jahren lagen die Durchschnittstemperaturen in Mitteleuropa etwa 10 °C niedriger als heute. Am meisten regnete es im Frühjahr, während es sonst eher trocken blieb. Es wuchsen Gräser, Sträucher, Kräuter, Moose und andere niedrige Pflanzen. Sie waren die Nahrung für Wildrinder, Wildpferde, Mammute, Wollnashörner, Rentiere und Riesenhirsche. Die Menschen folgten ihnen bei ihren jahreszeitlichen Wanderungen. Kleintiere wie Schneehasen, Vögel und Fische waren den Menschen willkommene Beute neben dem Sammeln von Beeren, Pilzen, Wurzeln und Eiern. Felsvorsprünge, Höhleneingänge und Zelte boten Schutz vor Kälte, Regen und wahrscheinlich auch Tieren.

M 2 Faustkeil aus Feuerstein
Fundort: Jülich (Rheinland)
Höhe: 14 cm, Alter: ca. 70 000 Jahre
Typisches Arbeitsgerät der Neandertaler.

M 3 Harpunenspitze aus Knochen
Fundort: Kesslerloch bei Thayngen (Schweiz)
Länge: 15 cm, Alter: ca. 12 000 Jahre
Eine Erfindung der Jetztmenschen.

Begründe, warum der Körperbau von Neandertalern eine gute Anpassung an das Leben in der Kälte bedeutete.

[1] Siehe M2 auf S. 25.

Menschen der Ur- und Frühgeschichte

M 4 Rekonstruktion eines Neandertalers, 1909
Zeichnung aus der Zeitung „The Illustrated London News"
Der Zeichner setzte um, wie sich der Entdecker des Skeletts von La Chapelle-aux-Saints, Frankreich, einen Neandertaler vorstellte. Heute weiß man, dass dieser Neandertaler alt war und aufgrund von körperlichen Beschwerden nur gebückt stehen konnte.

M 5 Rekonstruktion von zwei Neandertalern
Lebensgroße Figuren im Neanderthal Museum, Mettmann von Elisabeth Daynès, 1996

M 6 Der Neandertaler „Shanidar I"
1957 wird in der Shanidar-Höhle (Irak) ein Neandertaler-Skelett gefunden. Eine Forscherin schreibt:
Der Neandertaler-Mann mit der Fundbezeichnung Shanidar I hatte es nicht leicht im Leben: Sein rechter Arm war vermutlich bereits aufgrund eines Geburtsfehlers unterentwickelt, und infolge einer
5 späteren Verletzung verlor er dann einen großen Teil dieses Armes ab dem Ellenbogengelenk. Die stark beanspruchten Zähne von Shanidar I zeigen, dass er sein Handicap dadurch ausglich, dass er den Mund als zusätzliche Hand benutzte.
10 Als ob dies nicht schon genug wäre, erblindete er außerdem ebenfalls aufgrund einer vorangegangenen Verletzung auf dem linken Auge. Er starb im vergleichsweise hohen Alter von 40 Jahren, aber nicht aufgrund einer seiner vielen körperlichen
15 Einschränkungen, sondern weil die Höhle über ihm einstürzte und die Felsbrocken ihn unter sich begruben.
Die Tatsache, dass Shanidar I mit seinen Behinderungen in einer Gemeinschaft integriert war, die
20 wahrscheinlich sogar Aufgabenteilung entsprechend der Fähigkeiten ihrer Mitglieder praktizierte, änderte das Bild vom brutalen, dummen Neandertaler fast über Nacht.
Nach: Marie Rahn und Daniela Szymanski, Mosaik Menschwerdung, Frankfurt 2009, S. 26 (gekürzt und verändert)

Link-Tipp:
Warum starb der Neandertaler aus? Und steckt etwas von ihm auch in uns? Nur zwei Minuten dauert dieser etwas spielerische Trickfilm:
31051-03

1. Affe oder Mensch? Vergleiche die Darstellungen M4 und M5. Beschreibe, welche Eigenschaften die Künstler den Neandertalern zuschreiben.
2. Erkläre, weshalb der Fund von Shanidar (M6) frühere Vorstellungen über die Neandertaler stark veränderte.
   Bedenke, dass viele Menschen sie sich bis heute wie in M4 vorstellen.
3. Vor etwa 30 000 Jahren starben die Neandertaler aus. Sucht im Internet (Link-Tipp!) nach möglichen Erklärungen dafür.

Kunst in Höhlen

M 1 Der Mensch hält seine Umwelt fest
An den Wänden der Chauvet-Höhle in Südfrankreich haben Menschen vor über 30 000 Jahren mit Holzkohle und farbiger Erde Bilder gemalt. Über 400 Tiere konnten die Forscher erkennen.
Welche Tiere erkennst du?

Kunstwerke in Höhlen

Vor etwa 35 000 Jahren entstanden die ersten Kunstwerke der Menschheit: Tierbilder auf Höhlenwänden. Sie wurden eingeritzt oder mit Farbpulver aufgetragen, das aus Ocker (gelb), Rötel (rot), Mangan und Kohle (schwarz), Kalzit oder Kaolin (weiß) bestand. Mit roter Farbe gesprühte Handumrisse in Bilderhöhlen Südfrankreichs und Spaniens sind die ersten bekannten Zeugnisse, mit denen Menschen bewusst Abbilder von sich selbst hinterlassen haben.

M 2 Bison-Figuren aus Lehm
Männliches und weibliches Tier in der Höhle Tuc d'Audoubert in Frankreich, Alter: ca. 17 000 Jahre
Für die 63 und 61 cm langen Tierdarstellungen benötigten die Künstler etwa 90 kg Lehm.

Bitte um Beute?

Früher haben Forscher die Tierbilder in Höhlen als Ausdruck eines Jagdkultes gedeutet: Haben Menschen dort vor einer Jagd die Tiergeister beschworen? Aber: Selten sind die Tierarten dargestellt, die die Menschen gejagt haben. Auch gibt es auf Höhlenbildern dieser Zeit keine Jagdszenen und nur wenige Menschen. Wenn, dann handelt es sich um Tier-Mensch-Mischwesen, die vielleicht als Tiere verkleidete Menschen zeigen.

Höhlenmalereien finden sich oft an schwer zugänglichen Stellen tief in den Höhlen. Archäologen konnten anhand von Funden feststellen, dass diese Orte immer nur kurz aufgesucht wurden. Gewohnt haben die Menschen dort nicht.

Spuren deuten

In manchen Höhlen haben sich im Lehmboden Fußabdrücke von Menschen erhalten. Aus ihnen haben Forscher geschlossen, dass Jugendliche mit Erwachsenen in die Höhlen kamen, um zu feiern, beispielsweise den Übergang in die Welt der Erwachsenen. Für die Höhle Tuc d'Audoubert in Südfrankreich äußerten Spezialisten neuerdings eine andere Vermutung: Die etwa 300 Fußabdrücke seien nicht durch tanzende Menschen entstanden. Sie könnten von einem Erwachsenen und einem Jugendlichen stammen, die Lehm aus einer Grube in der Höhle geholt haben, um in der Nähe zwei Bisonfiguren zu schaffen. In der Fontanet-Höhle, in der sich ebenfalls Malereien befinden, könnten Fußspuren bezeugen, dass Kinder, Frauen und Männer zwischen drei und 60 Jahren in die Höhle gingen.

Hervorragende Beobachter

Warum haben Menschen in der Altsteinzeit Kunstwerke geschaffen? Waren Frauen, Männer oder Kinder die Künstler? Ganz genau werden wir das wohl nie wissen. Eines aber ist sicher: Die Höhlenbilder verraten uns, dass die Menschen die Tiere im Jahreslauf genau beobachteten und sie mit vielen Einzelheiten in lebendig wirkenden Bildern wiedergeben konnten. Die Mühe, die sich die Menschen machten, zeigt, dass die Kunstwerke für sie von großer Bedeutung waren.

Menschen der Ur- und Frühgeschichte

M 3 Tanz mit dem Löwenmann

Die Kunst der Altsteinzeit weckt unsere Fantasie. Die Schriftstellerin Gabriele Beyerlein hat sich folgende Geschichte ausgedacht:

„Tanzt!", forderte der Löwenmann sie auf, nahm eine Trommel und begann zu singen. Hundertfach warfen die Tiergeister seine Stimme zurück. Der Rhythmus der Trommel erfüllte die Höhle, fuhr den
5 Jungen in die Glieder. Sie tanzten. Und je länger sie tanzten, desto lebendiger wurden ihnen die Bilder an den Wänden, desto mehr erfüllte sie die Schönheit, die Kraft und die Weisheit der Tiere, desto vollständiger ergriff sie deren Geist.
10 Eins fühlten sie sich mit der gesamten Natur. Eins fühlten sie sich mit der unsichtbaren Welt der Geister. Eins fühlten sie sich mit sich selbst. Sie tanzten, bis sie in einen tiefen Schlaf fielen. Die Trommel verstummte. Der Stammesälteste nahm
15 Löwenmaske und Löwenfell ab und bettete beides in eine Nische der Höhle, bis er sie wieder brauchen würde für eine Einweihungsfeier von anderen Jungen. Für diese hier war seine Aufgabe vollbracht. Sie würden Männer werden, die nie die
20 Ehrfurcht verlören vor den Tieren, den Geistern und der Größe der Natur. So etwa könnte es gewesen sein.

Gabriele Beyerlein und James Field, Steinzeit. Die Welt unserer Vorfahren, Würzburg 2008, S. 41

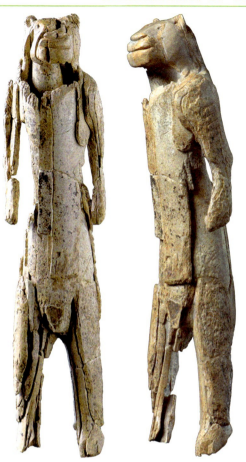

Internet-Tipp:
Mehr Informationen zum „Löwenmenschen" findest du unter **31051-04**

M 5 „Löwenmensch"
Mammutelfenbein, Höhe: 28 cm, Alter: 35 000 - 40 000 Jahre
Figur aus der Höhle „Hohlenstein" bei Ulm. Forscher streiten, ob hier ein Mann, eine Frau oder ein geschlechtsloses Wesen dargestellt ist.

M 4 Flöte aus einem Vogelknochen
Aus dem Knochen eines Schwans, Länge: 12,6 cm
Diese Flöte aus der Geißenklösterle-Höhle bei Blaubeuren ist fast 40 000 Jahre alt. Sie zählt zu den ältesten entdeckten Musikinstrumenten der Welt. Welche Musik mag man wohl mit ihr gemacht haben?

1. *Wählt eines der abgebildeten Kunstwerke (M1, M2, M5). Bildet anschließend Gruppen und beschreibt die Gegenstände genau.*
   Ihr könnt folgende Fragen stellen: Woher stammt das Kunstwerk? – Was ist dargestellt? – Welches Material wurde verwendet, welche Technik angewandt? – Welche Bedeutung könnte das Kunstwerk gehabt haben?

2. *Arbeite heraus, welche Bestandteile der Geschichte M3 auf Forschungen beruhen und welche erfunden sind.*
   Aus den Steinzeiten haben wir keine schriftlichen Zeugnisse, sondern nur Sachquellen. Achte also auf die Nennung von Gegenständen.

3. *Schreibe eine eigene Geschichte über die Entstehung der Lehm-Bisons in Tuc d'Audoubert (M2).*
   Lies dazu noch einmal die Bildunterschrift zu M2 sowie die Abschnitte „Spuren deuten" und „Hervorragende Beobachter" auf S. 32.
   Vergleicht eure Geschichten. Diskutiert, wie die Unterschiede zustande kommen.

2 Das Leben ändert sich

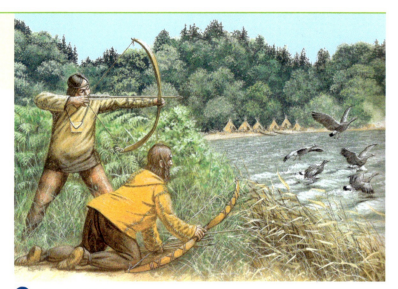

M 1 Vogeljagd beim Lagerplatz am See
Zeichnung für ein Jugendbuch, 2008
So stellte sich der Zeichner James Field das Leben der letzten Wildbeuter vor.
Überlege, wie du heute in der Natur überleben könntest und was du dazu benötigen würdest.

Es wird wärmer

Vor etwa 12 000 Jahren begann eine Erwärmung des Klimas in Europa. Die Pflanzenwelt veränderte sich, kälteliebende Tiere zogen fort. Die Menschen stellten sich darauf ein, indem sie am Rande der Wälder, an Flüssen und Seen ihre Lagerplätze errichteten. Fischfang und das Sammeln von Früchten gewannen gegenüber der Altsteinzeit an Bedeutung. Pfeil und Bogen, Werkzeuge mit kleinen bearbeiteten Feuersteinen, erste Boote aus ausgehöhlten Baumstämmen und die ersten Beile aus zugeschlagenem Stein für die Holzbearbeitung zeugen von dieser Umstellung. Archäologen nennen diesen Abschnitt der Ur- und Frühgeschichte **Mittelsteinzeit**.

Info: Wildbeuter
Menschen, die sich von Sammeln, Fischfang und Jagd ernähren. Archäologen benutzen den Begriff für die Jäger und Sammler der Mittelsteinzeit.

Eine neue Lebensweise aus dem Osten

Während in Mitteleuropa die Menschen in einer veränderten Umwelt weiter als Wildbeuter lebten, gingen im Nahen Osten und im Nildelta Menschen dazu über, Getreide anzubauen und Tiere zu halten, um Fleisch und Milch zu gewinnen (**Ackerbau und Viehhaltung**). Sie bauten Dörfer, in denen sie dauerhaft wohnten. Im Verlauf vieler Jahrhunderte breitete sich die sesshafte Lebensweise auch bis Süd- und Norddeutschland aus. Eine Zeit lang lebten Wildbeuter und erste Bauern nebeneinander, bis sich die neue Lebensform durchsetzte. Mit ihr begann ein neuer Abschnitt der Geschichte: die **Jungsteinzeit**, auch *Neolithikum* genannt. Die Veränderungen waren für das Leben der Menschen so tief greifend, dass Forscher sie schon als „neolithische Revolution" bezeichnet haben.

Erste Bauern in Mitteleuropa

Die ersten Bauern der Jungsteinzeit besiedelten ab 5500 v. Chr. in Mitteleuropa zunächst besonders fruchtbare Gebiete. Ihre Keramikgefäße waren mit bandförmigen Linien verziert. Ihre Häuser waren über weite Gebiete ähnlich gebaut. Die Toten begruben die ersten Bauern ebenfalls einheitlich auf der Seite liegend. Archäologen fassen die Hinterlassenschaften der ersten Bauern in Mitteleuropa als Kultur zusammen: die Kultur der „Linienbandkeramik". In den nördlichen Gebieten Europas lebten ab etwa 4200 v. Chr. erste Bauern. Deren Überreste werden zur „Trichterbecherkultur" gezählt.

M 2 Netz aus Pflanzenfasern
Fund aus Friesack (Brandenburg), um 7000 v. Chr., und Rekonstruktion einer Knüpftechnik
Das etwa 40 cm lange Netz ist ohne Knoten geknüpft. Es könnte zum Tragen oder Fischen benutzt worden sein.

M 3 Tongefäße der ersten Bauern
Links: Topf aus der Linienbandkeramik, um 5000 v. Chr.
Rechts: Becher aus der Trichterbecherkultur, um 4200 v. Chr.

In der Jungsteinzeit bauten die Menschen Dörfer und brannten Gefäße aus Ton. Begründe dies mit der neuen Lebensweise.

Mittelsteinzeit Ackerbau und Viehhaltung Jungsteinzeit „neolithische Revolution"

Menschen der Ur- und Frühgeschichte

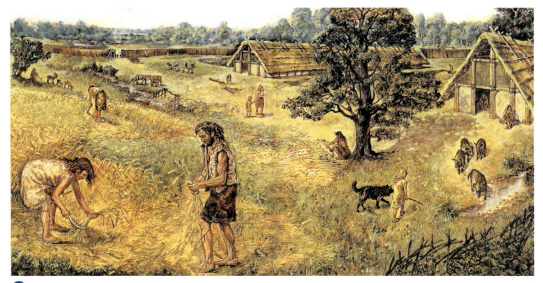

Lese-Tipp
Gabriele Beyerlein und Herbert Lorenz, Die Sonne bleibt nicht stehen. Eine Erzählung aus der Jungsteinzeit, Würzburg 2014

M 4 Leben in einem Dorf um 5000 v. Chr.
So zeichnete der Künstler Fritz Wendler um 1990 ein Dorf der Linienbandkeramik.

M 5 Wildbeuter und Bauern begegnen sich
Die Schriftstellerin Gabriele Beyerlein hat sich folgende Geschichte ausgedacht:

Aus dem Wald heraus sahen sie, wofür sie keine Worte kannten. Da standen riesige Häuser mit schilfgedeckten Dächern. Schweine wühlten im Dreck, und Menschen gingen einer seltsamen Tä-
5 tigkeit nach: Sie traten und schlugen Körner aus Unmengen vertrockneter Halme, welche die Kinder nicht kannten. Ein Mädchen der Bauern kam vom Fluss her und trug ein großes Ding auf dem Kopf. Die Kinder starrten. Ein Junge unter ihnen
10 fasste sich ein Herz und lief zu dem Mädchen, fragte: „Was machst du da?" Es lachte: „Ich hole Wasser!" und setzte das Tongefäß ab. Neugierig sah es den Jungen an. „Du kommst aus dem Wald?" Er nickte. „Ich heiße Rikut", sagte er. „Und ich Mire",
15 erwiderte das Mädchen. Sie schwiegen und sahen sich an. „Willst du?", fragte Rikut und hielt Mire seinen Beutel Haselnüsse hin. Mire nahm den Beutel und lächelte. „Warte!", sagte sie, rannte ins Haus und kam mit einem Beutel zurück. „Das ist Brot!",
20 erklärte sie. Er bedankte sich. „Abends bin ich immer am Fluss!", sagte sie und ging. Das Brot teilte Rikut mit den anderen. Doch nach dem Nüsse-Sammeln lief er nicht mit zurück zum Lager. Er lief zum Fluss. So etwa könnte es gewesen sein.
Gabriele Beyerlein und James Field, a.a.O., S. 45 (gekürzt)

Info: Steinzeiten
Archäologen unterscheiden drei Abschnitte:
In der Altsteinzeit lebten die Menschen als Jäger und Sammler. Sie waren nicht sesshaft.
In der Jungsteinzeit betrieben sie Ackerbau und Viehhaltung. Sie wohnten in Dörfern.
Die Mittelsteinzeit ist die Zeit des Übergangs zwischen beiden Lebensweisen.

M 6 Beil aus Holz und Feuerstein
Nachbau eines jungsteinzeitlichen Beiles; Fotos, 2012
Mit diesen Werkzeugen konnten die Menschen Bäume fällen und Holzbalken zurichten.

1. Wie hat sich das Leben verändert? Untersuche das mit der Darstellung, den Funden M2-3 und den Rekonstruktionen M1 und M4-6. Trage Gegenstände und Tätigkeiten in eine Tabelle ein: Spalte 1 „Letzte Wildbeuter: Mittelsteinzeit", Spalte 2 „Erste Bauern: Jungsteinzeit".
2. Erkläre, warum Forscher einen Klimawandel für die Veränderungen verantwortlich machen.
   Stelle diese Überlegungen an: 1. Wie änderte sich das Klima? – 2. Welche Folgen hatte das für die Umwelt? – 3. Wie reagierte der Mensch?
3. Erzähle deinem Sitznachbarn, was du alles tun musst, um ein Beil (M3.7) herzustellen.
4. Schreibe eine Fortsetzung der Geschichte M5: Rikut nimmt Mire mit in sein Lager und zeigt ihr, wie er lebt.

Hart verdientes Brot? Alltag in der Jungsteinzeit

M 1 Brunnen aus Eichenbohlen
Rekonstruktion nach Funden aus der jungsteinzeitlichen Siedlung von Erkelenz-Kückhoven (Rheinland), 5090 v. Chr.
Überlege, warum solche Brunnen erst in der Jungsteinzeit gebaut wurden.

Fortschritt oder Rückschritt?
Wissenschaftler streiten, ob das Leben in der Jungsteinzeit für die Menschen einen Fortschritt oder einen Rückschritt bedeutete. Zwar konnten mit Ackerbau und Viehhaltung mehr Menschen ernährt werden. Gleichzeitig war aber die Abhängigkeit von einer guten Ernte und einer erfolgreichen **Vorratshaltung** groß. Spuren von Verletzungen an Skeletten zeigen, dass Menschen in dieser Zeit Streit manchmal auch gewaltsam austrugen.

M 2 Mädchen beim Mahlen von Getreide
Rekonstruktion aus dem Museum für Urgeschichte(n) Zug (Schweiz), 2003
Das Getreide wurde in der Jungsteinzeit auf Mahlsteinen zu Mehl zerrieben.

Viel zu tun
Einige Forscher gehen von einer hohen Arbeitsbelastung in jungsteinzeitlichen Dörfern aus. Die Menschen hatten immer etwas zu tun: Sie mussten Tiere hüten und melken, Getreide ernten, entspelzen und mahlen, Brot backen, Wasser holen, Kleidung herstellen, Vorräte trocknen und einlagern, den Wald roden, Häuser bauen, Keramik brennen, Werkzeuge herstellen … Anhand von Knochen fanden Wissenschaftler heraus: Erwachsene wie Kinder haben körperlich hart gearbeitet. Kinder halfen spätestens ab 6 Jahren mit, auch bei anstrengenden Tätigkeiten.

Erfindungen erleichtern das Leben
Erfindungen werden gemacht, um Schwierigkeiten des Alltages zu meistern. Seit die Menschen in Niedersachsen Dörfer anlegten, standen sie vor der Frage, wie sie durch die vielen Feuchtgebiete kommen und dabei noch schwere Lasten transportieren konnten. Sie bauten über das Moor Bohlenwege aus Holz und nutzten Wagen mit Holzrädern. Die Wagen wurden von Rindern gezogen, ebenso wie die ersten Pflüge. Mit ihnen konnte mehr Land in kürzerer Zeit für die Aussaat vorbereitet werden. Aus der Jungsteinzeit stammen auch die ältesten Nachweise für Webstühle, auf denen Stoffe für Kleidung hergestellt wurden.

Jungsteinzeit in Nordwestdeutschland
Ganz besondere archäologische Denkmäler der Jungsteinzeit prägen die Landschaft bis heute: die Großsteingräber. Ab etwa 3500 v. Chr. bestatteten die Einwohner der Dörfer in diesen Gemeinschaftsgräbern aus großen Findlingen ihre Toten. Gegen Ende der Jungsteinzeit wurden sie für einzelne Personen genutzt.

1. *Brot war ein Grundnahrungsmittel der Jungsteinzeit. Erkläre, was die Bauern tun mussten, bis sie Brot essen konnten.*
2. *Fasse die Vor- und Nachteile der bäuerlichen Lebensweise zusammen.*

Vorratshaltung

Menschen der Ur- und Frühgeschichte

M 3 Bau eines Großsteingrabes
Rekonstruktion von Flemming Bau, 2002
Großsteingräber wurden aus Findlingen errichtet, die teilweise von weit her geholt wurden.

M 4 Ein Archäologe berichtet über das Großsteingrab „Kleinenkneten I"

Die Arbeitsleistung [...] wird deutlich, wenn man sich vor Augen hält, dass das Gesamtgewicht der 90 Findlinge auf 300 Tonnen veranschlagt wird (das entspricht in etwa 19 Eisenbahnwaggons). Der
5 Erdhügel umfasst 700 m³, was in etwa 45 Eisenbahnwaggons entspricht. Nach Hochrechnungen benötigen 100 Arbeiter bei einem 10-Stunden-Tag etwa dreieinhalb Monate für ein solches Großsteingrab.

Nach: Stefan Hesse, Theiss Archäologieführer Niedersachsen, Stuttgart 2003, S. 95

M 6 Wagen mit Scheibenrädern aus Holz
Nachbau von 2004 im Museum für Natur und Mensch, Oldenburg, nach Moorfunden der Zeit um 3000 v. Chr. aus Niedersachsen
Länge mit Deichsel: 4 m, Breite: 1,50 m, Durchmesser der Räder: 90 cm. Solche Wagen waren eine Hilfe zum Befördern von Lasten. Aber sie waren schwer zu lenken und anfällig für Rad- und Achsenbrüche.

M 5 Moorweg aus Kiefernhölzern
Landkreis Vechta, um 4680 v. Chr.
Foto während der Ausgrabung, 1997
Wege über das Moor konnten mehrere Kilometer lang sein. Für sie wurden 10-15 cm dicke Kiefern gefällt und von Ästen befreit. Die Hölzer lagen quer zur Fahrtrichtung auf dem schwankenden Moorboden und waren an den Rändern mit Pfählen gesichert.

1. *Berichte über den Tagesablauf eines Jugendlichen in deinem Alter in der Jungsteinzeit.*
2. *Erkläre, was die Erfindungen M1-3 und M5-6 mit der Lebensweise in der Jungsteinzeit zu tun haben. Warum hätten sie den Menschen der Altsteinzeit wenig genutzt?*
3. *Archäologen schließen: „Die Menschen in der Jungsteinzeit teilten sich ihre Arbeit. Einige planten und organisierten die Gemeinschaftsarbeiten." Überprüfe diese Behauptungen anhand von M3-M5.*
Berücksichtige die Beschaffung des Baumaterials, den Aufwand und die Dauer der Arbeiten sowie die nötigen Vorüberlegungen.
4. *Bildet euch ein eigenes Urteil: Diskutiert, ob das Leben in der Jungsteinzeit gegenüber der Mittelsteinzeit ein Fortschritt oder Rückschritt war.*
Nutzt zur Diskussion alle Materialien und Aussagen der Seiten 34 bis 37.

2 „Ötzi" – Mord im Eis?

M 1 Leiche im Eis
Foto vom 21. September 1991
Das Bild zeigt den ersten Bergungsversuch. Fundort: Ötztaler Alpen.
Suche den Fundort der Leiche auf einer Karte. Was stellst du fest?

M 2 Der Fundort am Similaun-Gletscher

Ein besonderer Fund

Stell dir vor, du wanderst in den Bergen und findest im Eis die Leiche eines Mannes, dazu Gegenstände aus Holz, Feuerstein und Pflanzenfasern ... Genau dies ist 1991 einem Ehepaar aus Nürnberg passiert: in 3 200 m Höhe in den Ötztaler Alpen, an der Grenze zwischen Österreich und Italien. Wo durch die inzwischen milderen Temperaturen das Gletschereis schmilzt, kamen Funde zu Tage, die sich als außerordentlicher Glücksfall für die Archäologie herausstellen sollten: Durch die Konservierung im Eis ist der Körper so gut erhalten, dass Mediziner ihn untersuchen können. Auch Teile seiner Ausrüstung und Kleidung konnten geborgen werden.

M 3 Ötzis Beil
Beilklinge aus Kupfer, Schaft aus Eibenholz
Die 9,5 cm lange Beilklinge wurde mit Teer und Lederriemen im Schaft befestigt.

Wann lebte Ötzi?

„Ötzi" – so wurde der Mann aus dem Eis bald genannt – besaß ein für seine Zeit besonderes Beil: Es hatte eine Klinge aus **Kupfer**. Die Spitzen seiner Pfeile und die Klinge seines Dolches waren hingegen aus Feuerstein. Damit stand für Archäologen schon früh fest: Ötzi lebte am Übergang von den Stein- zu den Metallzeiten. In den Alpen ist dies die sogenannte Kupferzeit. Naturwissenschaftler fanden heraus, dass der Mann irgendwann zwischen 3350 und 3100 v. Chr. zu Tode kam.

Kupfer – Bronze – Eisen

Forscher gehen davon aus, dass die wichtigen Erfindungen im Metallhandwerk im Vorderen Orient gemacht wurden: Ab dem 7. Jahrtausend v. Chr. stellten Menschen dort Gegenstände aus Gold und Kupfer her. 3 000 Jahre später mischten Handwerker Kupfer mit Zinn. Dadurch entstand **Bronze**. Sie kann in Formen gegossen werden und ist härter als Kupfer oder Gold. Die meisten Metalle werden aus Erz gewonnen. Das sind Steine, in denen das Metall in gebundener Form enthalten ist. Wieder 1 000 Jahre später gelang es Menschen, **Eisen** aus Eisenerz zu gewinnen. Es wird bis heute geschmiedet, also glühend gemacht und mit dem Hammer geformt.
Die neuen Werkstoffe Kupfer, Bronze und Eisen und die dazu nötigen Handwerkstechniken gelangten zeitversetzt nach West-, Mittel- und Nordeuropa.

Ötzis Welt

Ötzi kam aus einer Siedlung, in der die Menschen von Ackerbau und Viehhaltung lebten. Sie bauten Getreide an (Einkorn, Emmer, Nacktweizen, Gerste) und hielten Haustiere (Schaf, Ziege, Schwein, Rind, Hund). Jagen und Sammeln ergänzten den Speiseplan. Die Menschen bauten Kupfererz in den Alpen ab und verarbeiteten es in den Siedlungen zu Gegenständen. Die Forscher haben herausgefunden, dass Ötzis Heimat in einem Tal südlich des Alpenhauptkammes lag. Warum er in die Berge ging und wie er dort starb, ist bis heute ein Rätsel.

Warum war Ötzi ein Mann „zwischen den Zeiten"? Beachte seine Ausrüstung.

Kupfer   Bronze   Eisen

Menschen der Ur- und Frühgeschichte

M 4 So könnte Ötzi ausgesehen haben
Rekonstruktion für das Südtiroler Archäologiemuseum Bozen (Italien), 2007

M 6 Was wäre, wenn …
Die Schriftstellerin Gabriele Beyerlein schreibt im Vorwort zu einem Jugendbuch:
Wäre der Mann vor seinem Tod den Berg ein Stück weiter hinabgestiegen, so wäre er samt seinem Gepäck nicht
5 tiefgefroren und für Jahrtausende mit Schnee und Eis bedeckt worden. Tiere hätten seinen Körper gefressen, und von seinem Besitz würden wir
10 heute nicht mehr finden als bestenfalls das: ⟶

Gabriele Beyerlein erzählt vom Gletschermann. Hamburg 1993, S. 13

M 5 „Ötzis" Kleidung und Ausrüstung
- Fellmütze
- Regenschutz (?) aus Sumpfgras
- möglicherweise ärmelloses Obergewand aus Fell
- gebundener Ledergürtel mit Gürteltasche
- Beinlinge (Leggins) aus Fell, Laschen in Schuhen
- Lendenschurz aus Ziegenleder
- Schuhe aus Fell, Innenschuh aus Gras und Heu

- Beil mit Kupferklinge (M3, M6.5)
- unfertiger Eibenholzbogen
- Köcher mit unfertigen Pfeilen (M6.6 -7)
- Gestell einer Rückentrage
- Dolch mit Feuersteinklinge (M6.1)
- Werkzeug zur Feuersteinbearbeitung
- zwei Behälter aus Birkenrinde
- Netz aus Bast, für Vogelfang oder Hasenjagd
- Feuersteingerät zum Bohren von Löchern (M6.8)
- Feuerschlagbesteck (Feuerstein M6.4, Zunder)
- Steinperle an einem Fellriemen (M6.3)
- zwei Stücke eines Pilzes mit Heilwirkung

Zusammengestellt nach: www.iceman.it/de/oetzi-der-mann-aus-dem-eis

M 7 Was Wissenschaftler herausfanden
Mit vielfältigen Methoden haben Wissenschaftler die Eismumie untersucht:

untersucht	gefunden	Schlussfolgerung
Oberschenkel	Länge des Knochens	Gesamtkörpergröße 1,60 m
Oberschenkel	Knochenmerkmale	starb mit etwa 45 Jahren
Haare	hohe Kupferkonzentration	zeitweilig mit Kupferverhüttung in Kontakt
siebte und achte Rippe	gebrochen und wieder verheilt	überlebte eine Verletzung
Fingernägel	tiefe Furchen („Beau-Linien")	körperlicher Stress durch Krankheiten
Knochenzellen	Borrelien (eine Bakterienart)	hatte Krankheit durch Zeckenbiss (Borreliose)
Zähne	stark abgenutzt	Brot enthielt Sand vom Getreidemahlen
Zähne	Karies	aß viel Brot und Brei, kein Zähneputzen
Lunge	schwarz durch Rauchpartikel	war viel am offenen Feuer
Zähne, Knochen, Darminhalt	Einlagerungen bestimmter Mineralstoffe	lebte in Südtirol, war nie nördlich der Alpen
Mageninhalt	Pflanzenpollen	kam am letzten Lebenstag von Süden
Mageninhalt	Speisereste, Holzkohlestaub	kurz vor dem Tod: Mahl aus Getreide, Steinbockfleisch, Apfel; auf Feuer gekocht
Schnittwunde an Hand	typische Abwehrverletzung	Kampfhandlung kurz vor dem Tod?
Gehirn	Schädel-Hirn-Trauma	vor dem Tod Sturz oder Schlag auf den Kopf
Pfeilspitze in Schulter	durchschlug eine Arterie	blutende Wunde, mögliche Todesursache

1. Begründe, warum Ötzi ein Glücksfall für die Wissenschaft ist (M5 - 6).
2. Einige Wissenschaftler schließen, dass Ötzi für einen längeren Aufenthalt im Hochgebirge ausgestattet war. Überprüfe diese Vermutung mit M5.
3. Du bist Wissenschaftlerin/Wissenschaftler. Eine Reporterin/ein Reporter möchte von dir wissen: Wie sah Ötzi aus? – Wo lebte er? – War er gesund? – Warum ging er in die Berge? – Wurde Ötzi ermordet? – Woher weiß man das alles? Finde und begründe deine Antworten mit M7.
Schreibe die Fragen auf Karteikarten. Finde in M7 passende Informationen und trage sie auf der entsprechenden Karte ein.
4. Mord oder Unfall? Schildert, wie der letzte Tag in Ötzis Leben abgelaufen sein könnte (M7). Stellt eure Geschichten in der Klasse vor. Bewertet abschließend, welche Erzählung ihr für die wahrscheinlichste haltet.

2 Metalle machen reich – und mächtig?

M 1 Eine Marktszene in der Bronzezeit
Rekonstruktion für eine archäologische Ausstellung, 2010
Arbeite heraus, wie die Zeichner Unterschiede zwischen armen und reichen Menschen und ihren Tätigkeiten darstellen.

M 2 Bronzeschwert
Länge: 42,5 cm
Fundort: Nebra (Sachsen-Anhalt)
Zeit: um 1600 v. Chr.
Schwerter sind die ersten Waffen, die nicht zugleich als Jagd- oder Allzweckgerät dienten. Bronzeschwerter sind für den Kampf wenig geeignet. Daher vermuten Archäologen, dass sie vor allem Zeichen der Macht waren.

[1] Siehe S. 81, M3, und S. 84.

Metall erfordert besondere Kenntnisse
Rohstoffe, aus denen man Metall gewinnen kann, kommen nicht überall vor. Man braucht besonderes Wissen, um Erze aufzufinden, abzubauen, das Metall daraus zu gewinnen und es zu Gegenständen zu verarbeiten. Handwerker spezialisierten sich auf diese Tätigkeiten.

Der Handel wird wichtig
Menschen haben Handel betrieben. Das wissen Archäologen, wenn sie an einem Ort Gegenstände aus einem Rohstoff finden, der dort nicht natürlich vorkommt. Beispiele dafür gibt es schon aus den Steinzeiten, etwa Muscheln oder bestimmte Gesteinsarten. Die Forscher können nachweisen, dass mit dem Aufkommen von Gold, Kupfer, Bronze und Eisen der Handel eine immer wichtigere Rolle spielte. Nicht nur Rohstoffe, auch fertige Gegenstände wurden gegen andere getauscht.

Alleskönner oder Spezialisten?
Funde aus jungsteinzeitlichen Siedlungen zeigen, dass in jedem Dorf alle zum Leben notwendigen Handwerke betrieben wurden. Einige Tätigkeiten wurden sogar in jedem Haus ausgeübt. In den Metallzeiten muss es für bestimmte Tätigkeiten hingegen Spezialisten gegeben haben. Heute würden wir sie vielleicht Bergleute, Erzgießer, Schmiede und Händler nennen. Ob sie ausschließlich von dieser Tätigkeit lebten und ob sie für andere Menschen oder selbstständig arbeiteten, wissen wir nicht.

Metall macht reich
Sicher ist, dass Unterschiede zwischen Arm und Reich seit den Metallzeiten deutlicher wurden. Erste aufwändige Grabanlagen für einzelne Personen errichteten Menschen seit dem Ende der Jungsteinzeit. Aus der Bronze- und Eisenzeit gibt es einige Gräber mit so kostbaren **Grabbeigaben** und so aufwändigem Bau, dass Archäologen sie als **„Fürstengräber"** bezeichnen.
Waren diese Menschen durch Handel reich geworden? Bestimmten sie über die Dorfgemeinschaft? Übten sie sogar Herrschaft in einer größeren Region aus? Hatten sie vielleicht besondere Aufgaben in Religion und Kult? Die Deutung der reichen Gräber aus den Metallzeiten ist bis heute nicht abgeschlossen.

Reichtum weckt Neid
Aus der Bronze- und Eisenzeit sind auch die ersten mit aufwändigen Schutzmauern befestigten Siedlungen bekannt. Auch das Schwert als Waffe wurde in der Bronzezeit erfunden und in der Eisenzeit weiterentwickelt. Erstmals scheinen Reichtum, Macht, Herrschaft und Ansehen archäologisch nachweisbar. Über Kampf und Krieg berichten für diese Zeit die ältesten griechischen Sagen.[1]

Arbeite heraus, wie Reichtum und Macht zusammenhängen.

Grabbeigaben   „Fürstengrab"

Menschen der Ur- und Frühgeschichte

M 3 Teil des Goldschatzes von Gessel
Fibel (Verschluss für einen Mantel oder ein Kleid), massives Gold, Länge: ursprünglich 16 cm
Mit 116 anderen Goldgegenständen wurde die Fibel um 1300 v. Chr. vergraben. Vorher wurde sie verbogen. Der Schatz wurde 2010 beim Bau einer Pipeline entdeckt, 10 km südlich von Bremen.

M 4 Eine bronzezeitliche Kopfbedeckung
Rekonstruktionszeichnung nach einem Fund aus Bleckmar (Lkr. Celle), um 1300 v. Chr.
Die Frau trägt eine „Flügelhaube" und einen Halsring aus Bronze. Heute sehen archäologische Bronzefunde grünlich-grau aus. Frische Bronze glänzt rot-golden (vgl. M2).

M 5 Frauenschmuck der Oberschicht?
Ein Journalist schreibt:

Bei den Kopfbedeckungen waren Flügelhauben aus Wolle oder Leder nur Frauen der Oberschicht vorbehalten. Funde aus Frauengräbern […] zeigten,
5 dass in jeder Generation lediglich einer Frau das Recht zustand, eine Flügelhaube zu tragen. Solche Kopfbedeckungen bestanden aus einem […] Mittelstück, auf dessen beide Seiten schmale längliche Flügel genäht wurden. Die Flügel endeten in Höhe des Kinns der Frau und waren reich mit bronzenen
10 Blechröhrchen, kegelförmigen Hütchen und Spiralröllchen besetzt.

Nach: Ernst Probst, Die Lüneburger Gruppe in der Bronzezeit, München 1996, S. 15 (gekürzt)

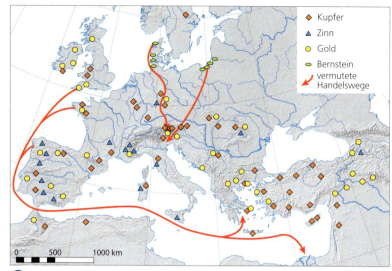

M 6 Rohstoffe und Handelswege in der Bronzezeit (2200 - 800 v. Chr.)

M 7 Die Sonne – ein heiliges Symbol?
Ein Archäologe schreibt:

Die Menschen der Bronzezeit in Mitteleuropa haben fast keine gegenständlichen Abbildungen geschaffen. In Südskandinavien und Norddeutschland war das anders: Auf bronzenen Rasiermessern
5 erscheinen oft Bilder, die als Reise der Sonne über den Himmel gedeutet werden können. Dabei fährt die Sonne auf einem Schiff über den Tag- und den Nachthimmel. Manchmal wird sie begleitet von einem Pferd, einer Schlange und einem Fisch. Später
10 wird sie von Wasservögeln hin- und hergezogen. Für alle Menschen ist es lebensnotwendig, dass die Sonne jeden Morgen wieder erscheint. Und welcher Stoff eignet sich besser zur Wiedergabe der Leben spendenden Sonne als das warm leuchtende, kost-
15 bare Gold?

Eigenbeitrag Markus Sanke

Info: Bronze
Das Mischmetall Bronze wird aus den Metallen Kupfer und Zinn hergestellt. Es ist deutlich härter als Kupfer.

1. Beschreibe Material und Verwendung der Funde M2-4. Warum waren die Gegenstände jeweils ein Zeichen von Ansehen und Reichtum?
2. Bronze braucht Handel. Erkläre den Zusammenhang.
   Stelle fest, wo die „Zutaten" für Bronze gewonnen werden konnten.
3. Sammelt Beispiele, wie Menschen heute zeigen, dass sie viel Geld oder eine besondere Stellung haben.
4. Erzähle eine Geschichte der Goldfibel M3. Nutze dazu M7 und M1.
   Berücksichtige auch, dass sie mit vielen anderen wertvollen Gegenständen vergraben wurde und dass man sie zuvor verbogen hatte.
5. Erkläre, wie Metalle das Zusammenleben in der Gesellschaft veränderten.

2 Methode

Spuren im Boden

Auf dieser Seite lernst du eine wichtige Methode der Archäologen kennen: das Spurenlesen im Boden. Denn die bisher genannten Funde sagen ja noch nicht aus, dass die Menschen, die sie verloren oder vergraben haben, an den Fundorten auch lebten.

Es gehört zu den spannendsten Fragen der Archäologie, wo und wie die Menschen der Ur- und Frühgeschichte gewohnt haben, bevor sie Häuser aus Stein bauten. Archäologen, die das erforschen, gehen vor wie im Krimi: Sie sichern den „Tatort", sammeln Spuren und ziehen daraus Rückschlüsse.

In Hitzacker (Lkr. Lüchow-Dannenberg) fanden Archäologen eine Siedlung mit sechs Häusern aus der Bronzezeit. Als sie verfielen, haben die Menschen an gleicher Stelle neue errichtet. Außerdem legten sie Vorrats- und Abfallgruben an, die als große Flecken sichtbar blieben (M1). Dadurch entstand ein Gewirr von Spuren im Boden. Die Archäologen haben die Verfärbungen zuerst einzelnen Häusern zugeordnet. Dann überlegten sie, wie die Häuser aussahen.

Ein Grundriss war im Boden besonders gut erhalten (M2). Die Erdverfärbungen lassen über die Bauweise vermuten:
- Das Dach wurde von einer mittleren und zwei seitlichen Pfostenreihen getragen.
- Die Wand bestand aus dünnen Pfosten, zwischen die Zweige geflochten wurden. Das Geflecht war mit Lehm verputzt.
- Das Haus hatte mindestens zwei, vermutlich sogar vier Eingänge.
- Auf der Westseite befand sich innen beim Eingang eine Feuerstelle.

Nach den Ergebnissen der Ausgrabung wurde in Hitzacker ein Haus nachgebaut. Es ist Teil eines Freilichtmuseums. Besucher können dort viel über das Leben in der Bronzezeit erfahren und Techniken der Ur- und Frühgeschichte erlernen.

M 1 Hitzacker während der Ausgrabung
Foto, 1990
Die meisten dunklen Flecken im Boden sind Reste von Abfall- und Vorratsgruben.

M 2 Grundriss eines bronzezeitlichen Hauses
Haus VII in Hitzacker, Länge: 22 m, Breite: 6 m
Ein Archäologe hat die Erdverfärbungen, die erkennbar zu diesem Haus gehören, als Grundrissplan aufgezeichnet. *Überlege, warum der Grundriss unvollständig ist.*

M 3 Von der Ausgrabung zum Bauplan
Aus dem Grundriss der Archäologen (M1) entstand ein Konstruktionsplan für den Nachbau von Haus VII.

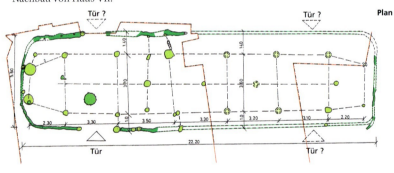

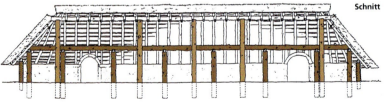

Archäologische Ergebnisse verstehen

M 4 Nachbau, Archäologisches Zentrum Hitzacker
Foto, 1994

M 5 Eine Flechtwand entsteht
Besucher im Archäologischen Zentrum bei der Arbeit.

M 6 Ferien in einem Dorf der Eisenzeit
Im Freilichtmuseum „Sagnlandet Lejre" in Dänemark können Familien in einem nachgebauten Dorf der Eisenzeit ihre Ferien verbringen.
Wenn du dich für einen Aufenthalt in unserem Dorf der Eisenzeit bewerben möchtest, musst du folgende Bedingungen erfüllen: Du und deine Familie müsst eine Gruppe von 4 bis 8 Personen pro
5 Haus bilden. Stelle dich auf ein Leben in Gemeinschaft in frühgeschichtlichen Häusern 24 Stunden am Tag ein, mit zwei oder drei anderen Familien in Nachbarhäusern, mit denen du zusammenarbeiten musst. Wir erwarten eine aktive Beteiligung im
10 Kontakt mit dem Publikum zwischen 10 und 17 Uhr. Das bedeutet, dass du deine Erfahrungen Besuchern aller Nationalitäten mitteilst, d. h. du wirst Englisch sprechen. Stelle dich darauf ein, eine Art lebendige Ausstellung zu werden, unter einfachen
15 Lebensbedingungen eine Woche lang. Während deines Aufenthalts wirst du von einem Mitarbeiter begleitet und unterstützt. Bei deiner Ankunft wirst du nachgemachte eisenzeitliche Kleidung erhalten und Grundnahrungsmittel wie Getreide, Milchpro-
20 dukte, Fleisch, Bohnen, Äpfel, Nüsse, Zwiebeln und Pilze. Die meiste Zeit wirst du Wildfrüchte und Wildpflanzen oder andere Pflanzensorten als Ergänzung zu deinen Mahlzeiten sammeln. Sende uns deine Bewerbung. Beschreibe darin: Warum
25 wollt ihr versuchen, eine frühgeschichtliche Familie zu sein? Welcher Beschäftigung gehst du nach? Welchen Beruf übst du aus? Welche Hobbys hast du? Gibt es irgendetwas, worin du besonders gut bist (z. B. bestimmte Handwerkstechniken)?
Nach: www.sagnlandet.dk/Iron-Age-family-in-Lethra.1146.0.html, übersetzt von Miriam Sénécheau (gekürzt)

M 7 Jetzt bist du dran!
Ein Archäologe zeichnete bei der Ausgrabung eines Hauses von einer Stelle im Innern diesen Plan:

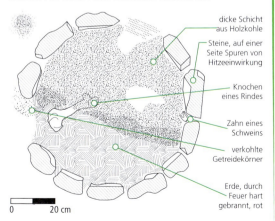

dicke Schicht aus Holzkohle
Steine, auf einer Seite Spuren von Hitzeeinwirkung
Knochen eines Rindes
Zahn eines Schweins
verkohlte Getreidekörner
Erde, durch Feuer hart gebrannt, rot

1. Beschreibe die Fundstelle M7. Erkläre, welche Aufgabe dieser Ort im Haus gehabt haben mag. Begründe deine Einschätzung.
2. Fertige eine Zeichnung an, die zeigt, wie die Stelle M7 ursprünglich aussah und wozu sie genutzt wurde.
3. Beschreibt, welche Stoffe und Werkzeuge ihr für einen Nachbau dieser Stelle benötigt. Denkt euch eine Aktion aus, die ihr in einem Freilichtmuseum mit eurem Nachbau durchführen könntet, um Besuchern etwas über das Leben in den Metallzeiten zu vermitteln.
4. Eine Woche „Leben wie in der Eisenzeit"? (M6) Begründe, warum es Menschen von heute auch in Lejre nicht möglich ist, genauso zu leben. Berücksichtige, dass wir Lebensgewohnheiten mitbringen, die uns von den Menschen der Eisenzeit unterscheiden. Denke auch darüber nach, welche Dinge wir über die Menschen der Eisenzeit nicht wissen.
5. Bewerte, wie zuverlässig die Rekonstruktionen der Archäologen in Freilichtmuseen sind: Welche Einzelheiten sind besonders sicher, welche Interpretationen besonders schwierig? (Berücksichtige S. 42 f. und 22 f.)

2 Jetzt forschen wir selbst!

Salzbergbau in der Eisenzeit

Salz war vom Beginn der Menschheitsgeschichte an überlebenswichtig: Drei Gramm Salz am Tag braucht ein Erwachsener, um gesund zu bleiben. Mit Salz lassen sich Lebensmittel haltbar machen. Es kommt im Meer vor, aber auch als festes Gestein. Das älteste bekannte Salzbergwerk der Welt liegt bei Hallstatt in Österreich. Schon in der Bronzezeit haben Menschen hier Salz abgebaut. Aus der Eisenzeit gibt es in Hallstatt auch ein großes Gräberfeld: Über 4000 Menschen wurden in der Nähe des Bergwerks beerdigt. Aus ihren Gräbern wissen wir, dass sie im Berg gearbeitet haben und der Salzhandel sie reich gemacht hat.

Vorschläge für Arbeitsfragen:
Thema 1: *Bergbau – wie bauten die Bergleute der Eisenzeit das Salz ab?* beachtet v. a. M1, M2, M3, M7
Thema 2: *Frauen, Männer, Kinder – wer arbeitete im Salzbergwerk von Hallstatt?* beachtet v. a. M4, M5, M6, M7

Beschreiben
Thema 1: *Notiert in Stichworten*, wie die Bergleute das Salz abbauten und transportierten.
Thema 2: *Nennt* Funde, die Auskunft über Alter und Geschlecht der Bergarbeiter geben.

Untersuchen
Thema 1: *Findet heraus*, wofür die Bergleute die abgebildeten Gegenstände benutzt haben.
Thema 2: *Untersucht*, welche Schlüsse die Forscher aus den Kleidungs- und Knochenfunden ziehen.

Einordnen
Thema 1: *Vergleicht* den eisenzeitlichen Bergbau in Hallstatt mit Bergbau heute. Beschreibt Unterschiede in Ausrüstung und Arbeitsweise.
Thema 2: *Begründet*, warum die Ergebnisse aus Hallstatt unsere Vorstellungen über die Aufgaben von Frauen, Männern und Kinder verändern können.

Präsentieren
Thema 1: *Zeichnet ein Bild* vom Bergbau in Hallstatt. Berücksichtigt Abbau, Transport und Beleuchtung.
Thema 2: *Schreibt eine Geschichte:* Ein Tag im Leben einer Bergarbeiterfamilie aus Sicht eines Kindes.

M 1 Salzabbau
Querschnitt durch den Berg von Hallstatt

M 2 Salzabbau in der Eisenzeit
Text aus einem Ausstellungskatalog über Hallstatt:
Die Bergleute der Eisenzeit trieben ihre Schächte bis in Tiefen von 330 m. Dem Salz folgten sie mit Bronzepickeln in waagerechten Stollen. Das Salz wurde in großen flachen Stücken von bis zu 40 kg herausgelöst. Das zeigen Abbau-
5 spuren an den Stollenwänden. Feuer am Boden spendeten Licht, dienten als Kochstelle und sorgten für eine ausreichende Luftzirkulation. Wahrscheinlich wurden die Salzplatten mit Lederriemen verschnürt und auf dem Rücken aus den Stollen getragen. Bisher wurde kein anderer Trage-
10 behelf gefunden.
Nach: Iris Ott, Das weiße Gold der Kelten, Frankfurt 2008, S. 13, 15 und 16 (gekürzt)

M 3 Experimentelle Archäologie heute
Foto, 2008
Die Bergleute der Eisenzeit haben große herzförmige Salzplatten aus dem Gestein gebrochen. Zwei Archäologen versuchen, mit nachgebauten Werkzeugen diese Technik nachzuvollziehen.

Salzbergbau in der Eisenzeit

M 4 Bergbau: reine Männersache?
Text aus dem Begleitbuch zu einer Ausstellung:

Der Bergbau ist in den Köpfen der meisten Menschen eine reine Männersache. Die Arbeit gilt als anstrengend und gefährlich. [Es] scheint naheliegend anzunehmen, dass Bergbau „schon immer"
5 Männersache gewesen sei. Entsprechend gingen auch Archäologen lange davon aus, dass es Männer waren, die in Hallstatt das Salz abbauten. Die Auswertung der archäologischen Funde in Kombination mit den Untersuchungen an den Skeletten legen
10 aber jetzt nahe, dass beide Geschlechter von Kindheit an im Bergbau tätig waren.

Nach: Doris Pany-Kucera und Hans Reschreiter, in: Brigitte Röder (Hrsg.), Ich Mann. Du Frau. Feste Rollen seit Urzeiten?, Freiburg 2014, S. 168 und 176 (gekürzt)

M 5 Kinderarbeit in Hallstatt
Text aus dem Begleitbuch zu einer Ausstellung:

Die einzigen, die keine aktive Rolle im Bergwerk gehabt haben werden, waren wohl die Säuglinge. Etwas ältere Kinder, möglicherweise schon ab drei Jahren, könnten bereits die Betreuung der Leucht-
5 späne übernommen haben. Spätestens mit fünf Jahren ist der Beginn schwerer körperlicher Arbeit anzusetzen. Interessant ist, dass auch Kinderskelette in reich ausgestatteten Gräbern durch Belastung verursachte Veränderungen aufweisen.
10 Schwere körperliche Arbeit war im frühgeschichtlichen Hallstatt demnach nicht auf die „Armen" beschränkt, sondern war für alle üblich.

Nach: Doris Pany-Kucera und Hans Reschreiter, a. a. O., S. 176 (gekürzt)

M 6 Wer arbeitete im Bergwerk?

Forscher haben Funde aus dem Bergwerk und Skelette aus dem Gräberfeld von Hallstatt untersucht. Die Tabelle zeigt, was sie herausfanden und welche Schlüsse sie daraus zogen.

Fundort	Beobachtungen	Schlussfolgerungen
Bergwerk	Lederschuhe in den Größen 31 bis 37; Sohle dort abgenutzt, wo sie beim Steigen auf Leitern oder Stiegen besonders beansprucht wird	Kinder waren im Bergwerk anwesend. Jugendliche oder Frauen waren für das Tragen von Lasten zuständig.
	kleine Mütze aus Schaffell, passt nur einem Baby	Babys waren im Bergwerk anwesend.
Gräberfeld: Skelette von Frauen, Männern und Kindern	robuster Knochenbau	schwere körperliche Arbeit
	ausgewogenes Verhältnis von Frauen, Männern und Kindern auf dem Gräberfeld	normale Dorfbevölkerung, keine Bergwerkssiedlung nur von Männern
	Veränderungen an den Gelenken	früh begonnene, hohe körperliche Belastung
Gräberfeld: Skelette von Frauen	Belastung der Wirbelsäule, am Hals z. T. einseitig	Frauen waren für Transporte zuständig. Sie trugen schwere Lasten einseitig.
	bestimmte Beinmuskeln stärker als bei Männern	
Gräberfeld: Skelette von Männern	Muskeln für Schlagbewegungen stark entwickelt	lebenslanges Arbeiten mit Bronzepickeln
Gräberfeld: Skelette von Kindern und Jugendlichen	Belastung der Arm- und Beingelenke	Kinder und Jugendliche arbeiteten im Berg.
	Kinder ab 8 Jahren: Belastung der Hals- und Brustwirbelsäule	trugen Lasten auf dem Kopf oder mit Stirnband (Wasser, Holz, Babys)
	bei 4 Skeletten: verheilte Eindellung am Schädel	Stürze oder Schläge auf den Kopf
	Viele Kinder starben im Alter von 7-13 Jahren.	Überlastung, Schwächung, Anfälligkeit

M 7 Bergbaufunde aus der Eisenzeit

① Pickel, Holz, Bronze. Länge Griff: 44 cm ② Schöpfgefäß, Holz. Höhe: 8 cm ③ Glutfächer (Hilfe beim Entfachen von Feuer), Holz. Länge: 40 cm ④ Schuh, Schuhgröße 37 ⑤ Kochlöffel, Holz, Breireste. Länge: 62 cm ⑥ Zipfelmütze, Fell. Höhe: 30 cm ⑦ Babymütze, Schaffell. Kopfumfang 41 cm

bronzezeitlicher Salzabbau in Hallstatt	bislang keine Funde zum Salzbergbau	eisenzeitlicher Salzabbau in Hallstatt

1400 v. Chr. — 1200 v. Chr. — 1000 v. Chr. — 800 v. Chr. — 600 v. Chr. — 400 v. Chr. — 200 v. Chr.

2 Das weiß ich – das kann ich!

Die Ur- und Frühgeschichte umfasst einen Zeitraum von 2,6 Millionen Jahren. In dieser Zeit fanden Entwicklungen statt, die die weitere Geschichte der Menschen beeinflussten. Zu Beginn des Kapitels haben wir uns die Leitfrage gestellt:
Wie veränderte sich das Leben der Menschen in der Ur- und Frühgeschichte?
Mithilfe der Arbeitsfragen auf Seite 24 kannst du sie nun beantworten.

Wirtschaft und Umwelt
In der Altsteinzeit ernährten die Menschen sich als Jäger und Sammler von Tieren und Pflanzen aus ihrer Umwelt. Nach dem Ende der letzten Kaltzeit vor etwa 10 000 Jahren begannen sie, Ackerbau und Viehhaltung zu betreiben. Die Bauern der Jungsteinzeit rodeten Wald für Äcker und Siedlungen. Dadurch griffen sie in die Natur ein. In den Metallzeiten bauten die Menschen Erze ab, um Bronze und Eisen zu gewinnen. Zu jeder Zeit haben sie mit Rohstoffen Handel betrieben.

Weltdeutung und Religion
Gräber, in denen Menschen bestattet wurden, gibt es seit der Altsteinzeit. Die Angehörigen haben den Verstorbenen oft Grabbeigaben mitgegeben, etwa Schmuck oder Kleidung. Wir schließen daraus, dass die Menschen um ihre Angehörigen trauerten. Möglicherweise glaubten sie auch an ein Leben nach dem Tod. Höhlenmalereien, Grabbauten (z. B. Großsteingräber), Kunstwerke und Symbole auf Schmuck lassen uns erahnen, was ihnen in ihrem Leben wichtig war.

Herrschaft
Wann es erste Formen von Herrschaft gab, wissen wir nicht – aus der frühen Menschheitsgeschichte gibt es keine Schriftquellen. Aus Spuren können wir schließen, wann Menschen mit besonders hoher Macht auftraten:
° aufwändige Grabbauten seit Ende der Jungsteinzeit
° befestigte Siedlungen auf Bergen und einzelne Gräber mit reichen Grabbeigaben seit der Bronzezeit
° das Schwert als Symbol und Waffe seit der Bronzezeit
° sogenannte „Fürstengräber" in den Metallzeiten

Gesellschaft
Schon Funde von Neandertalern zeigen, dass die Menschen der Altsteinzeit sich gegenseitig halfen. Jeder übernahm in der Gemeinschaft Aufgaben, die seinen Fähigkeiten entsprachen.
Je schwieriger die Tätigkeiten wurden, die zu einer Lebensweise gehörten, desto mehr Spezialisten gab es. Dies können wir gut in den Metallzeiten beobachten, als sich Handwerker auf die Herstellung von Metallgegenständen spezialisierten. Gleichzeitig wuchsen in der Gesellschaft die Unterschiede zwischen Arm und Reich.

Begegnung
In der Altsteinzeit begegneten sich Neandertaler und Jetztmenschen. Zu Beginn der Jungsteinzeit trafen erste Bauern auf Wildbeuter. Die Kenntnis des Ackerbaus und später der Metallverarbeitung verbreitete sich durch Kontakt aus dem Vorderen Orient nach Mitteleuropa. Viele Menschen wollten Gegenstände aus Metall haben. Es konnte aber nicht überall hergestellt werden. So wurde der Handel wichtiger. Dabei trafen sich Menschen verschiedener Gegenden.

Kompetenz-Test
Einen Fragebogen, mit dem du überprüfen kannst, was du schon gut erklären kannst und was du noch üben solltest, findest du unter **31051-05**.

1. Die wichtigsten Quellen zum Leben der Menschen in der Ur- und Frühgeschichte sind Funde, die von Archäologen entdeckt und gedeutet werden. Notiere für jede Karteikarte einige Funde aus deinem Buch, die die Erklärung auf der Karte belegen.
Die Symbole auf jeder Doppelseite helfen dir.
2. Schlag nach, welche weiteren Informationen zu den fünf Themenbereichen du im Buch finden kannst: Was erscheint dir noch wichtig? Welche Informationen möchtest du auf die Rückseite der Karten schreiben?

Menschen der Ur- und Frühgeschichte

Museum für Ur- und Frühgeschichte			
Abteilung „Steinzeiten"			Abteilung „Metallzeiten"
Raum Altsteinzeit	Raum Mittelsteinzeit	Raum Jungsteinzeit	Raum Bronzezeit	Raum Eisenzeit

M 1 Archäologie im Museum
Die Gliederung der Ur- und Frühgeschichte in Epochen findet sich in vielen größeren Museen auch im Aufbau der Sammlungen wieder.

① ② ③ ④ ⑤ ⑥ ⑦

M 2 Funde
Solche Gegenstände wurden und werden in Niedersachsen immer wieder im Boden gefunden.

- ⓐ Getreide ernten
- ⓑ Werkzeug herstellen und verwenden
- ⓒ Vorräte anlegen und später verzehren
- ⓓ mit Netzen und Harpunen Fische fangen
- ⓔ Musikinstrumente spielen
- ⓕ ein Haus bauen
- ⓖ einen Verstorbenen beerdigen
- ⓗ Metall schmelzen und in Formen gießen

M 3 Leben heute
Alles, was auf den Zetteln links steht, können Menschen heute machen. Viele Tätigkeiten haben ihren Ursprung in der Ur- und Frühgeschichte.

1. Nach einem Museumseinbruch konnte die Polizei gestohlene Ausstellungsstücke sicherstellen (M2). Ihr sollt sie in die richtigen Abteilungen und Räume zurückbringen (M1). Die Polizisten fragen sich, ob ihr das könnt. Bereitet für jeden Fund eine Begründung vor, mit der ihr den Beamten eure Zuordnung erklärt.
2. Schreibt für das Museum zu jedem Raum eine kurze Führung, die folgende Informationen enthält: Lebensweise – Verhältnis zur Natur – wichtige Erfindungen und Neuerungen.
3. Ordne die Tätigkeiten in M3 der Epoche zu, in der sie erfunden wurde. Finde im Buch Bilder/Texte zu jeder Neuerung. Ergänze damit deinen Museumsführer aus Aufgabe 2.
4. Diskutiere mit deinem Sitznachbarn, welche Erfindung aus ur- und frühgeschichtlicher Zeit ihr für die wichtigste haltet. Schreibt ein knappe Begründung. Wertet in der Klasse aus, welche Neuerung am häufigsten genannt wurde und warum.
5. Formuliere Fragen, die bei der Erarbeitung der Ur- und Frühgeschichte aus deiner Sicht offen geblieben sind.

3 Ägypten – eine frühe Hochkultur

Wenn Museen Funde aus dem alten Ägypten ausstellen, strömen die Besucher. Das Foto zeigt einen ägyptischen Sarg. Er wurde 2014 in der großen Ausstellung „Ägypten – Land der Unsterblichkeit" in Mannheim gezeigt.

M Ägyptischer Mumiensarg in einer Vitrine
Foto von Uwe Anspach, 16. November 2014
Eine Besucherin der Ausstellung im „Museum der Weltkulturen", Mannheim.
Erklärt, was der Titel der Ausstellung ausdrücken soll.

3 Fragen an … das alte Ägypten

M 1 Ein beliebtes Reiseziel: Ägypten
Foto von 2014
Viele Ägypter arbeiten heute für den Tourismus. Dieses Hotel bei Kairo bietet einen Blick auf die etwa 4 500 Jahre alten Pyramiden.

Jedes Jahr reisen etwa zehn Millionen Touristen nach Ägypten. Viele machen Badeurlaub am Roten Meer. Die meisten kommen aber auch, um sich Überreste der ägyptischen Kultur anzusehen.
Ägypter sind stolz auf die Zeugnisse ihrer Vergangenheit. Solche Bauten und Gräber gibt es nirgends sonst. Menschen, die hier vor mehreren Tausend Jahren lebten, haben einzigartige Werke hinterlassen.

Auch in Ägypten waren alle Menschen anfangs Jäger und Sammler. Später wurden sie *sesshaft* und lebten als *Bauern und Viehzüchter*. Früher als die Bewohner von Europa lernten sie *Kupfer* und *Bronze* kennen. Diese Entwicklung kennst du ja aus dem vorigen Kapitel.

Das Leben in Ägypten war anders als in den Gegenden, die du bisher kennengelernt hast: Die alten Ägypter hatten Fähigkeiten, die anderswo noch unbekannt waren. Ihr Zusammenleben hatte andere Regeln. In diesem Kapitel erfährst du, was die Ägypter konnten, wie sie ihr Land bewirtschafteten, woran sie glaubten, welche Berufe es gab und wer im Land bestimmen durfte.

Geschichtsforscher haben untersucht, wie die Ägypter vor 5 000 bis 2 000 Jahren lebten. Sie kommen zu dem Urteil: Ägypten war eine *Hochkultur*. Am Ende des Kapitels kannst du erklären, was eine Hochkultur ausmacht.

Leitfrage: *Was kennzeichnet eine frühe Hochkultur?*

 Wirtschaft und Umwelt
Die Ägypter lebten am Nil. Er sicherte ihre Ernten, war aber auch gefährlich. Nilpferde, die am Ufer lebten, wurden gejagt, denn sie schädigten die Felder und griffen Menschen an.
Was bot die Natur den Ägyptern? Wodurch veränderten sie ihre Umwelt?

 Herrschaft
Tutanchamun ist sicher der berühmteste Herrscher Ägyptens. Er regierte nur zehn Jahre. Die kostbaren Funde aus seinem Grab zeigen, wie ein Pharao herrschte.
Wer hatte in Ägypten die Macht über Menschen und Land?

 Begegnung
Überall in Ägypten finden wir rätselhafte Bildzeichen: die Hieroglyphen. Lange Zeit wusste niemand, was sie bedeuten. Heute können Experten sie lesen.
Wodurch konnten sich Ägypter miteinander verständigen und Pläne machen?

 Weltdeutung und Religion
Ägypter verehrten viele Götter. Jeder Gott war für einen Bereich des Lebens zuständig. Der Götterglaube bestimmte das Handeln der Menschen.
Welche Vorstellungen hatten Ägypter von der Welt, vom Leben und vom Tod?

 Gesellschaft
Frauen und Männer, Reiche und Arme, Gebildete und Einfache waren nicht gleich.
Welche Aufgaben und Rechte hatten in Altägypten Männer, Frauen und Kinder?

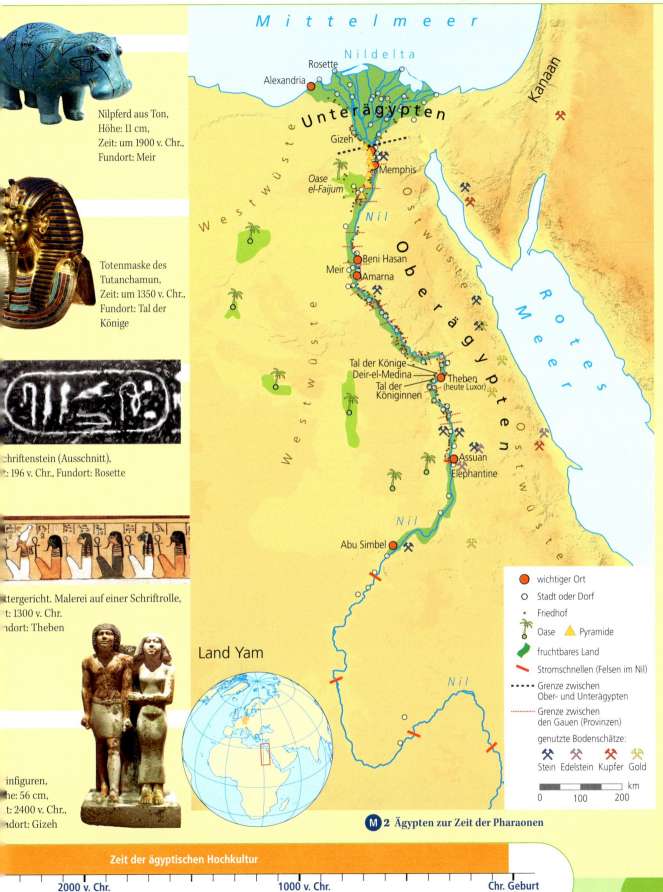

M 2 Ägypten zur Zeit der Pharaonen

3 Ein Fluss prägt das Land

M 1 Ägypter
Steinbild (Relief), um 2350 v. Chr.
Das Land am Nil konnte meist alle Menschen an seinen Ufern ernähren. Aber die Nomaden in den trockenen, heißen Wüsten litten oft Not. Der ägyptische König Unas hat dieses Bild von Wüstenbewohnern an seinem Grab anbringen lassen. *Warum hat König Unas ein solches Bild für sein Grab gewählt?*

Sesshaft am Nilufer
Auch in Nordafrika waren die Menschen am Ende der letzten Eiszeit sesshaft geworden. Es wurde wärmer und trockener. Wo zuvor Grasland und Wald waren, entstand die lebensfeindliche Wüste Sahara. Am Nil waren die Verhältnisse besser: An seinen Ufern liegt ein fruchtbarer Streifen. Auf ihm ließen sich viele Menschen nieder. Hier konnten sie fischen, Vieh weiden und Felder anlegen.

Die Bauern und Hirten lebten in Dörfern. Sie bauten Getreide an, Gemüse und Obst. Rinder, Ziegen und Schafe gaben Milch und Fleisch. Esel und Ochsen zogen Karren und Pflüge. Aus Faserpflanzen machten sie Kleidung, Segel und Seile. Am Nilufer wuchs eine Staude, aus deren Stängeln sie Matten, Boote und Schreibmaterial herstellen konnten: **Papyrus**.

Eine „Lebensader"
Jedes Jahr im Juni stieg der Nil an, denn im Mai begann an seinem Oberlauf die Regenzeit. Er überflutete die Ufer bis weit ins Landesinnere. Wenn das Wasser im September wieder sank, war der Boden feucht und mit fruchtbarem schwarzen Schlamm bedeckt. Der düngte das Land. Von ihm hat Ägypten seinen alten Namen: „Kemet", Schwarzes Land. Die **Nilschwemme** war nicht immer gleich hoch: Mal waren die Fluten so stark, dass sie Häuser und Ackergrenzen mitrissen. In anderen Jahren bedeckte das Wasser nur einen Teil der Felder. Dann gab es schlechte Ernten und die Menschen litten Hunger.

Der Nil macht erfinderisch
Später lernten die Ägypter, Dämme, Gräben, Becken und Kanäle zu bauen. So konnten sie sich vor Hochwasser schützen. Sie speicherten das Wasser und konnten es noch lange nach dem Ende der Überschwemmung auf die Felder leiten. Für diese **künstliche Bewässerung** mussten alle Ägypter zusammenarbeiten. Als Lohn konnten sie viel mehr Nahrung gewinnen.

Genaue Beobachter stellten fest: Die Nilflut kehrte alle 365 Tage wieder. Das Wasser stieg, wenn der Stern Sirius erstmals am Morgen sichtbar wurde. Diese Entdeckung war der Anfang der Astronomie, der Wissenschaft von den Himmelskörpern.

Die Ägypter haben sich nicht mit dem natürlichen An- und Abschwellen des Nils zufrieden gegeben. Durch ihre Eingriffe in die Natur haben sie die Lebensbedingungen verbessert. Dies ist ein wichtiges Merkmal einer **Hochkultur**.

M 2 Nilflut heute
Foto von J. D. Dallet, 2008
Der Nil bei Luxor, aufgenommen bei Hochwasser. Diese Flut ist von Menschen gemacht, denn seit 1970 regelt der Assuan-Staudamm die Wassermenge des Nils.

Bewerte die Auswirkungen des regelmäßig wiederkehrenden Nilhochwassers.

Papyrus Nilschwemme künstliche Bewässerung Hochkultur

Ägypten – eine frühe Hochkultur

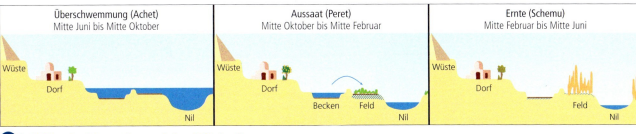

M 3 Abfolge der Jahreszeiten nach dem Nilkalender
Schaubild von 2014

Die Ägypter teilten das Jahr nach dem Wasserstand des Nils in drei Jahreszeiten ein. Jede hatte vier Monate, die in drei 10-Tage-Wochen gegliedert waren. Nach diesen 360 Tagen (3 x 4 x 3 x 10) wurden am Jahresende 5 Zusatztage eingefügt.

M 4 Am Nilufer
Zeichnungen von Philippe Biard, 1992

Der Zeichner hat den gleichen Abschnitt des Nilufers zu drei Jahreszeiten abgebildet.
Beachte den Wasserstand, die Arbeiten der Bauern und die Anlagen zur Bewässerung.

M 5 Hymne an den Nil
Die Ägypter verehren den Nil als Gott. Folgendes Loblied haben sie ihm um 2000 v. Chr. gewidmet:

Heil Dir, Nil, der Du aus der Erde kommst und wiederkehrst, um Ägypten zu beleben. Herr der Fische, der die Zugvögel nach Süden ziehen lässt. Der Gerste schafft und Emmer entstehen lässt […].
5 Wenn er nicht kommt, ist jedermann arm. Dann kommen Unzählige um unter den Menschen. Räuberei wird getan bis an die Grenzen des Landes. Es strömen die Menschen zusammen bei seinem Herannahen. Wenn er steigt, so ist die Welt im Jubel
10 und jedes Geschlecht ist in Freude. Der Speise bringt, der große Versorger, der alles Vollendete schafft. Der das Futter werden lässt für die Herden […], der die Speicher füllt, die Scheunen erweitert und den Armen Besitz zukommen lässt.
15 Man begrüßt ihn als König. Jedes Geschöpf ist sein Geschenk; es gibt keinen Bezirk, der ohne ihn leben könnte. Auf, Verborgener! Nil, auf, komm nach Ägypten! Der du Menschen und Tiere am Leben erhältst, auf, Verborgener!

Nach: Wolfgang Helck, Der Text des „Nilhymnus". Kleine Ägyptische Texte 4, Wiesbaden 1972, S. 11 f. (vereinfacht)

1. Stelle mithilfe der Karten vorne und hinten im Buch fest, woher das Nilwasser kommt. Kläre, in welchem Land heute die Nilquellen liegen.
2. Beschreibe mit M3 und M4 das Bewässerungssystem am Nil. Erkläre den Wandel der drei Jahreszeiten.
4. Untersuche die Gründe, warum die Ägypter künstliche Bewässerungstechniken entwickelten.
   Du kannst in drei Schritten vorgehen:
   - Arbeite heraus, wie sich der Nil ohne Eingriffe durch die Menschen verhält (Darstellung).
   - Erkläre die künstliche Bewässerung der Ägypter (M2 - M4).
   - Wenn du angeben kannst, was die Menschen dadurch erreichten, hast du die Frage beantwortet (vgl. M4).
5. Nenne Ängste und Hoffnungen, die die Ägypter mit dem Nil verbanden (M5). Diskutiert Gründe, weshalb sie den Nil als Gottheit verehrten.
6. Recherchiere zum Stichwort „Hochwasser" in Deutschland. Machen uns Jahreszeiten auch heute in Deutschland noch erfinderisch?

3 Wie Pharaonen herrschen

M 1 Vorne Pharao – hinten Löwe
Statue des Pharaos Thutmosis III. als Sphinx
Granit, Höhe: 21 cm, um 1470 v. Chr.
Ein Sphinx ist ein Mischwesen aus Mensch und Löwe. Viele Pharaonen ließen sich so abbilden. Ihre Sphinx-Statuen sind bis zu 20 m hoch.
Begründe, warum die Pharaonen diese Darstellung wählten.

Die Macht des Pharao

In drei Jahrtausenden regierten etwa 330 Pharaonen in Ägypten. Darunter waren berühmte Herrscher wie *Ramses II.* oder der jung verstorbene *Tutanchamun* und auch einige Königinnen wie *Hatschepsut* und *Kleopatra VII.*, die letzte Herrscherin des Reiches.

Der Pharao bestimmte alles. Ihm gehörten das Land, die Leute und der Nil. Er sorgte dafür, dass Recht gesprochen wurde und Abgaben gezahlt wurden. Er schützte das Land gegen Feinde, führte Krieg gegen andere Völker und schickte Leute in fremde Länder, um dort nützliche Güter zu gewinnen. Der Pharao regelte die Bewässerung der Felder und die Vorratshaltung. In seinem Auftrag wurden Paläste, Tempel und Pyramiden gebaut.

Königsherrschaft entsteht

Die Bauern am Nil hatten anfangs etwa gleich große Häuser, ungefähr gleich viel Eigentum und wurden auf ähnliche Weise beerdigt.

Mit der Zeit wuchsen die Unterschiede: Einige Menschen konnten kostbare Dinge erwerben und größere Häuser bauen als andere. Ihre Gräber wurden mit Wandmalereien geschmückt und mit wertvollen Beigaben ausgestattet.

Vielleicht konnten solche Männer ihre Herden stark vermehren oder ihr Land besonders gut bewirtschaften. Vielleicht waren sie auch bei Kämpfen mit benachbarten Stämmen besonders tapfer. Vermutlich galten sie bei ihren Mitmenschen als fromm – die Götter mussten sie lieben.

Fest steht: Einige Ägypter wurden zu Anführern in ihren Dörfern. Später beherrschten sie ganze Abschnitte des Niltals und konnten ihre Macht an ihre Kinder weitergeben. Als sich diese Mächtigen bekämpften, um ihre Gebiete zu vergrößern, blieben zwei große Herrschaftsgebiete übrig: Das Niltal im Süden (*Oberägypten*) und das Nildelta im Norden (*Unterägypten*). Über jedes Land herrschte ein König. Vor 3000 v. Chr. wurden beide Königreiche vereinigt. Ägypten hatte nun einen einzigen Herrscher an der Spitze. Er trug die Krone von Ober- und Unterägypten. Später nannte man ihn nach seinem Palast **Pharao** („großes Haus").

Ein übermenschlicher Herrscher?

Für die Ägypter war ihr König nicht nur ein besonderer Mensch. Sie hielten ihn für den Sohn des Sonnengottes *Re* und den irdischen Stellvertreter des Himmelsgottes Horus. Wie Horus im Himmel als König herrscht, so regierte der Pharao auf der Erde. Auch mit den anderen Göttern der Ägypter war er verwandt.

Seine wichtigste Aufgabe war der Gottesdienst. Nur der König konnte direkten Kontakt mit den Göttern aufnehmen. Im ganzen Land ließ er Tempel errichten, wo in seinem Auftrag hunderte von Priestern Opfer für die Götter darbrachten.

Die Ägypter hofften darauf, dass ihr Herrscher die **Maat** wiederherstellt, die gerechte Ordnung, die bei der Erschaffung der Welt geherrscht habe. Seither sei dieser Urzustand durch Lügen, Gewalt und Übeltaten der Menschen dauernd bedroht.

Für die Ägypter war der Pharao Teil der natürlichen Ordnung Maat. Dass ein Göttersohn bei ihnen war, gab ihnen Sicherheit. Dem Pharao wurde nachgesagt, er könne die Nilflut beeinflussen und für reiche Ernten sorgen, wenn er nur gute Verbindung zu den Göttern hielt. Zu Lebzeiten wurde er von den Ägyptern als gottähnlich verehrt. Nach seinem Tod, so glaubten sie, würde er in den Himmel aufsteigen und selbst ein Gott werden.

Pharao   Maat

Ägypten – eine frühe Hochkultur

M 2 Pharao Ramses II. empfängt Untertanen
Relief (Steinbild) des Pharaos Ramses II. in seinem Tempel in Abu Simbel, um 1260 v. Chr.
Hier trägt der Pharao die „blaue Krone", die ihn als rechtmäßigen Herrscher auszeichnet. Zu seinen Herrschaftszeichen gehört auch der Stab in seiner rechten Hand.

M 3 „Tu das Rechte"
Diese Ratschläge hat ein Pharao gegen Ende des 3. Jahrtausends für seinen Sohn verfasst:
Sei geschickt im Reden, damit du die Oberhand behältst. Reden ist erfolgreicher als Kämpfen. Ahme deine Väter nach, die vor dir gestorben sind. Sei nicht böse – freundlich sein ist gut.
Zeige dich deinem Land gütig, man preist deine Güte und betet für deine Gesundheit.
Mache deine Helfer vermögend, damit sie nach deinen Gesetzen handeln. [...]
Sag die Wahrheit in deinem Hause, dann haben die Großen vor dir Respekt.
Tu als Pharao das Rechte [...]. Hüte dich davor, ungerechterweise zu strafen.
Mache keinen Unterschied zwischen dem Sohn eines Vornehmen und dem Sohn von niedriger Herkunft – hole dir einen Mann wegen seiner Fähigkeiten.
Karl Hoenn (Hrsg.), Altägyptische Lebensweisheit, Zürich ²1975, S. 55

M 4 Für den Sonnengott
Dieser Lobgesang wird beim täglichen Gottesdienst für den Sonnengott Re vorgetragen:
Re hat den König an die Spitze des Landes der Lebenden gegeben bis in alle Ewigkeit, um dauerhaft die Menschen zu richten, die Götter zufriedenzustellen, die Maat zu verwirklichen und das Böse zu vernichten. Er gibt den Göttern Opferspeisen und den Verstorbenen Totenopfer. Der Name des Königs ist im Himmel wie Re. Es jubeln die Menschen, wenn sie ihn sehen, das Volk bereitet ihm Beifallsstürme.
Nach: Nadja Braun, Der Pharao als Priester und Stellvertreter Gottes. Unveröffentlichte Magisterarbeit, Leipzig 2001

M 5 Totenmaske des Tutanchamun
Gold, Glas, Halbedelsteine, um 1320 v. Chr.
Das gestreifte Kopftuch („Nemes") durfte nur der Pharao tragen. Geier und Kobra sind die Symboltiere von Ober- und Unterägypten. Vornehme Ägypter waren meist rasiert. Nur der Pharao trug einen künstlichen Bart, der mit Bändern an den Ohren befestigt wurde.

1. Fasse die Ratschläge des Pharaos für seinen Sohn (M3) zusammen. Suche für jeden Rat die wichtigsten Worte heraus. Bilde Sätze, die anfangen mit „Ein Pharao soll ..., weil ..."
2. Beschreibe mit M1, M2 und M5, woran ein Pharao zu erkennen ist.
3. Vergleiche die Größe der Menschen und des Pharaos in M2. Zeichne ein Schaubild mit den Eintragungen „Menschen", „Götter" und „Pharao". Die Maße von Menschen auf Bildern können etwas anderes bedeuten als ihre Körpergröße. – In deinem Schaubild kannst du „oben" und „unten" verwenden, um Macht und Bedeutung anzugeben.
4. Ordne M1 bis M5 auf dem Zeitstrahl ein.
5. Diskutiert Gründe für die einmalig lange Dauer der Pharaonenherrschaft. Beurteile, ob solche Herrschaft auch heute funktionieren könnte.

3 Schreiben und Lesen – wem nützt das?

M 1 Schreibzeug
Holz, um 1350 v. Chr.
Binsen (feste Grashalme) wurden an einem Ende zu einem Pinsel zerfasert. Zum Schreiben tauchte man sie in schwarze oder rote Tusche. Sie befand sich in einer der Mulden am Ende des Brettchens.
Stelle dir eine Welt ohne Schrift vor. Was wäre in ihr nicht möglich?

Die erste Schrift

Etwa zu der Zeit, als die ersten Könige über ganz Ägypten herrschten, entwickelten die Ägypter eine Schrift. Sie glaubten, sie sei ein Geschenk der Götter. Deshalb nannten sie ihre Zeichen „Schrift der Gottesworte". Die Griechen übersetzten dies später mit **Hieroglyphen** – „heilige Zeichen".

Anfangs hielten Schreiber kurze, nützliche Angaben fest, z. B. den Inhalt von Gefäßen und die Höhe von Abgaben aus einem Dorf. Bald formulierten sie auch längere Texte: Nachrichten aus fernen Orten, Taten der Pharaonen und Bitten an die Götter.

Später dachten sich Schreiber auch Lieder, Gedichte, Geschichten, Lebensbeschreibungen und Weisheitslehren aus: Die Ägypter entwickelten die Literatur.

Die Verwendung der Schrift

Die ägyptische Schrift hatte über 700 Zeichen. In Steinwände und Säulen wurden die Hieroglyphen mit kupfernen Meißeln geschlagen und zum Teil ausgemalt. Sie sollten die Namen und Taten der Pharaonen für immer festhalten. Auch Gesetze, die alle Ägypter betrafen, wurden so bekannt gemacht.

Alltägliche Texte schrieben die Ägypter mit Tusche und Pinsel auf glatte Flächen. Notizen, Listen, Briefe und Schreibübungen notierten sie auf Stein- und Tonscherben. Für längere Texte erfanden sie einen besonderen Stoff, den Papyrus. Sie stellten ihn aus der gleichnamigen Pflanze her, die am Ufer des Nils wächst und bis zu vier Meter hoch wird.

Die Herstellung von Papyrus war aufwändig und teuer. Meist klebten die Papyrusmacher zwanzig Blätter zu einem Streifen von etwa 3,40 m Länge zusammen und wickelten diesen auf hölzerne Stäbe. Schreiber und Maler hielten darauf lange Texte und dazu passende Bilder fest.

Für das Schreiben mit Tusche und Pinsel waren die Hieroglyphenzeichen viel zu umständlich. Deshalb entwickelten Schreiber vereinfachte Handschriften.

M 2 Hieroglyphen
Ausschnitt aus einer Königsinschrift, um 1250 v. Chr.
Einzig die Namen der Pharaonen wurden mit einer ovalen Schlinge eingerahmt. Hier steht der Name Ramses (II.).

[1] Wie das Schreiben sich weiterentwickelte, erfahrt ihr in Kapitel 6, S. 146-149.

Schrift und Gesellschaft

Die Erfindung der Schrift veränderte das Leben der Menschen in Ägypten: Wenn der Pharao einen Befehl erteilen wollte, musste er nicht mehr selbst verreisen oder einen Vertreter schicken – ein Brief mit Anweisungen reichte aus. Im Palast wurden die Erträge des Landes erfasst und die Abgaben organisiert. Die Ägypter schrieben auf, was für ihr Leben wichtig war: Auf Vorratsgefäßen hielten sie die Füllzeit, die Menge und die Herkunft des Inhalts fest. Verträge fassten sie schriftlich ab, so hatte jeder einen Beleg. Königsnamen, Feldgrößen, Erntemengen, Nilstände – einfach alles schrieben die Ägypter auf.

Traumberuf Schreiber

Erst die Schrift machte die Herrschaft der Pharaonen über das große Land Ägypten möglich. Am Königshof und im ganzen Land wurden Leute gebraucht, die lesen und schreiben konnten. Höchstens einer von hundert Ägyptern konnte das. Es dauerte viele Jahre, um die schwierige Schrift zu lernen. Dies konnte sich nur leisten, wer nicht zu täglicher Handarbeit verpflichtet war und die Schule in einem Tempel besuchen konnte. Schreiber wurde ein angesehener Beruf. So entstand eine Gruppe, die nicht von körperlicher Arbeit leben musste. Auch die Beherrschung von Schrift und der Beruf des Schreibers kennzeichnen eine Hochkultur.[1]

Listet alle Zwecke auf, für die ihr als Pharao schriftliche Aufzeichnungen machen würdet.

Ägypten – eine frühe Hochkultur

M 3 Die Herstellung von Papyrus
① Stängel der Papyrusstaude werden von Rinde befreit. Das Mark wird in Streifen von ca. 30 cm Länge gespalten.
② Mehrere gewässerte Markstreifen werden überlappend auf ein Tuch gelegt, darüber rechtwinklig eine zweite Schicht.
③ Unter einem Tuch werden die Streifen mit einem Klopfer geschlagen. Dies verbindet die Fasern fest miteinander.
④ Nach dem Trocknen wird das entstandene Blatt mit einem glatten Stein poliert.

M 4 Brief eines Pharaos
Harchuf ist erfolgreicher Expeditionsleiter. Im Auftrag der Könige reist er oft in das südliche Land Yam. Pharao Pepi II., damals noch ein Kind, schreibt ihm 2200 v. Chr. diesen Brief:

Du schreibst, dass du zusammen mit der Armee sicher aus Yam zurückgekehrt bist. Du schreibst, dass du wundervolle Gaben mitbringst für Pepi II., den König von Ober- und Unterägypten, der ewig lebe. Du schreibst, dass du einen tanzenden Zwerg aus dem Land hinter dem Horizont mitgebracht hast. […] Du sagst zu meiner Majestät: „Noch nie wurde seinesgleichen mitgebracht von irgendeinem anderen, der je Yam bereiste." Wahrlich, du verstehst es, zu tun, was dein Herr liebt und lobt. […]
Komm sofort stromabwärts zur Residenz! Bringe diesen Zwerg mit dir, den du aus dem Land hinter dem Horizont mitgebracht hast, indem er lebt, heil ist und gesund – für den Gottestanz, zum Vergnügen und zur Herzensfreude des Königs von Ober- und Unterägypten, Pepi II., der ewiglich lebe. Wenn er mit dir auf das Boot geht, stelle gute Leute ab, die um ihn herum sein werden auf beiden Schiffsseiten. Gib Acht, dass er nicht ins Wasser fällt. Wenn er in der Nacht schläft, bestelle gute Leute, die in seiner Kajüte um ihn herum schlafen. Schau zehnmal des Nachts nach ihm! Meine Majestät will diesen Zwerg lieber sehen als alle Gaben. Wenn du zur Residenz gelangst und dieser Zwerg ist lebend, heil und gesund bei dir, dann wird meine Majestät dich reich belohnen.

Nach: Eckhardt Eichler, Untersuchungen zu den Königsbriefen des Alten Reiches, in: Studien zur altägyptischen Kultur 18, Hamburg 1991, S. 154-155

M 5 Berufsschreiber
Bemalter Kalkstein, Sakkara, um 2600 v. Chr., Höhe: 54 cm, Museum Louvre, Paris
Der Schreiber sitzt auf dem Boden. Eine Papyrusrolle liegt auf seinem Schurz. Achte auf seine rechte Hand – da fehlt doch etwas!

1. Stelle eine Vermutung an, warum Papyrus ein teures Material war (M3) und warum er bei Schreibern begehrt war.
   Überlege, wie viel Zeit ein Papyrusmacher für die Herstellung einer üblichen Papyrusrolle (Darstellungstext) brauchte. Welche Vorteile hat eine solche Rolle vor anderen Stoffen, auf die man schreiben könnte (M5)?
2. Beschreibe mithilfe der Karte auf S. 51 die Reise von Harchuf (M4). Achte auf sein Verkehrsmittel. Welcher Staat ist heute auf dem Gebiet des damaligen Yam zu finden?
3. Erkläre, was in einer Gesellschaft nach Erfindung der Schrift möglich wurde. Erläutere, warum Geschichtsforscher sie als wichtigste Erfindung der Menschheit einschätzen.
   Lies noch einmal „Die Macht des Pharao" auf S. 54. Überlege, wie die Schrift dem König beim Regieren half.

3 Gottesdienst in der Tempelstadt

M 1 Im Allerheiligsten
Zeichnung von Janet Jones, 1995
Der wichtigste Raum im Tempel war das Allerheiligste. Hier wurde in einem heiligen Schrank (Schrein) das Kultbild des Gottes bewahrt. Außer dem Pharao durften ihn nur ausgewählte Priester betreten. Drei mal am Tag brachte ein Priester dem Gottesbild ein Opfer dar. Morgens wurde es gewaschen, gesalbt, geschminkt und neu gekleidet. Manche Opfer wurden später noch vor einer Statue des Pharao und dann bei Statuen von frommen Ägyptern dargebracht. Die Priesterschaft durfte die Opfergaben schließlich verzehren.

Priester mussten sich den Kopf scheren, täglich baden und beim Opferdienst stets frische Kleider aus weißem Leinen tragen. Erkläre, warum.

Die Welt der Götter
Die Ägypter glaubten, dass in Pflanzen, Luft, Wasser, Sonne und vor allem in Tieren göttliche Kräfte wohnen. Sie verehrten viele Götter, die sie sich in Menschen- oder Tiergestalt oder als Mischwesen mit Menschenkörper und Tierkopf vorstellten.

Die wichtigsten Götter waren der Sonnengott *Re*, der falkenköpfige Himmelsgott *Horus*, sein Vater *Osiris* (Herrscher der Unterwelt), der ibisköpfige Mond- und Schreibergott *Thot*, der Gott *Anubis* mit Schakalkopf und *Amun*, der Hauptgott der Ägypter. Eine solche Verehrung vieler Götter nennt man **Polytheismus** (von griechisch *poly*: viel und *theos*: Gott). Das Glück der Menschen hing von der richtigen Anbetung und Verehrung der Götter (**Kult**) ab.

Wohnhäuser für die Götter
Ihren Hauptgöttern bauten die Ägypter viele Hundert **Tempel**. Die wichtigsten Gegenstände in den Tempeln waren die Kultbilder der Götter. Sie wurden im Allerheiligsten der Tempel aufbewahrt, das nur die hohen Priester betreten durften. Die Ägypter glaubten nämlich, dass die Götter auf der Erde vorübergehend in diesen Standbildern anwesend sind. In den Tempeln wurden die Kultbilder so versorgt, als wären sie lebendig: Priester opferten vor ihnen Speisen und Getränke und kleideten sie täglich neu ein. Tempeldiener führten Musik und Tänze für sie auf. Oft wurden die Standbilder feierlich im Tempel herumgeführt, einmal im Jahr auch auf das Tempeldach getragen. Zu bestimmten Festen „besuchten" sich Götter benachbarter Tempel sogar per Schiff.

Nur wenn die Götter zufrieden waren, glaubten die Menschen, ging es Land und Leuten gut. Deshalb wurden die Tempel von Pharaonen und wohlhabenden Ägyptern reich beschenkt. Große Tempel waren wichtige Wirtschaftsbetriebe. Es gab Schulen, Vorratshäuser, Werkstätten, Büchereien und Wohnungen. Neben den vielen Priestern waren dort Bauern, Handwerker, Ärzte, Schreiber und Arbeiter beschäftigt. Die Tempel versorgten sie aus ihren Vorräten. In Notzeiten halfen sie auch Ägyptern, die nichts zu essen hatten.

M 2 Darstellung einiger ägyptischer Hauptgötter

Re	Horus	Osiris	Thot	Anubis	Ptah	Amun
Gott der Sonne, Vater aller Götter	Himmels-, Welten- und Lichtgott	Gott des Jenseits	Gott der Schreiber und der Weisheit	Gott der Totenriten	Gott der Schöpfung	Wind- und Fruchtbarkeitsgott

Polytheismus Kult Tempel

Ägypten – eine frühe Hochkultur

M 3 Opfergaben vom Pharao

Pharao Thutmosis III. führt um 1450 v. Chr. Krieg gegen Völker im Land Kanaan. Dort liegen heute die Staaten Israel, Jordanien und Syrien. Thutmosis siegt und macht große Beute. Daraus stiftet er in Karnak einen Tempel für den Gott Ptah. Auf einer Inschriftensäule berichtet der Pharao:

Meine Majestät befahl das Bauen eines Tempels des Ptah. Denn meine Majestät hat diesen Tempel als Ziegelbau vorgefunden, die Säulen und ein Tor aus Holz; alles war im Verfall begriffen. Meine Majestät befahl, dass dieser Tempel als Neues aus Sandstein errichtet wurde, als Bauwerk für die Ewigkeit. Meine Majestät hat für ihn Türflügel aus echtem Zedernholz aus dem Libanon errichtet, beschlagen mit asiatischem Kupfer.

Nicht wurde für Ptah zuvor Vergleichbares gemacht. Ich habe ihn entgegen früher vergrößert, indem ich für ihn sein Allerheiligstes schmückte mit dem besten Gold-Silber-Gemisch der Fremdländer, alle Gefäße sind aus Gold und Silber und allen herrlichen Edelsteinen, alle Gewänder aus feinstem Leinen und weißem Stoff. Ich habe seinen Tempel angefüllt mit allen vollkommenen Dingen: Rindern, Geflügel, Weihrauch, Wein, Bier und allem frischen Gemüse.

Meine Majestät hat befohlen, ein großes Opfer für meinen Vater Ptah zu machen aus 60 Laiben Brot, 2 Krügen Bier, Kraut und Gemüse zusätzlich zu den Speisen des täglichen Opfers. Nachdem sich der Gott an seinen Opfern befriedigt hat, gebe man dieses Gottesopfer vor die Statue meiner Majestät.

Nach: Andrea Klug, Königliche Stelen in der Zeit von Ahmose und Amenophis III. (= Monumenta Aegyptiaca VIII), Turnhout 2002, S. 138-142

M 4 Ein Tempel für Amun
Rekonstruktion von Jean-Claude Golvin, 1997
Zu den größten Tempeln am Nil gehört der für den Gott Amun im antiken Theben (heute Luxor).

1. Fasse alle Arbeiten zusammen, die Thutmosis III. nach seinem Sieg durchführen ließ (M3). Prüfe mithilfe von Kapitel 2, zu welcher Zeit einige der verwendeten Materialien in Europa genutzt wurden.
2. Alle Gaben an die Götter mussten mühsam gewonnen und hergestellt werden. Diskutiert, warum die Ägypter Getreide und Fleisch nicht einfach gegessen und die Dinge nicht für sich selbst verwendet haben.
   Denke daran: Die Götter galten den Ägyptern als übermächtige Wesen. Sie konnten das Leben der Menschen gut oder schlecht beeinflussen und auch sehr böse werden.
3. Erkläre die Bedeutung der Priester für die Herrschaft des Pharaos (M1).
4. Beurteile, wen Thutmosis III. mit der Verwendung kostbarer Materialien für den Tempelbau, das Fest und die Opfer am meisten beeindrucken wollte: seine Untertanen, die Priester, die Nachwelt oder den Gott Ptah?

3 Die Angst vor dem Tod

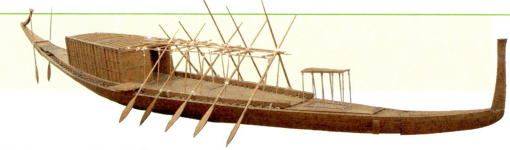

M 1 „Sonnenschiff" Modernes Modell eines ägyptischen Schiffes, 2500 v. Chr. Im Glauben der Ägypter zog die Sonne ihre Bahn am Himmel auf einem Schiff. Deshalb sollte auch ihr König zu Schiff zu den Göttern gelangen. Das Original dieses Schiffes war 48 m lang. Es wurde am Fuß der Pyramide des Cheops ausgegraben. Vermutlich war mit ihm sein Leichnam transportiert worden. *Begründe, warum die Ägypter ein Schiff als Fahrzeug ins Totenreich annahmen.*

Was kommt nach dem Tod?

Die Ägypter waren überzeugt, dass die Götter über ihr Schicksal bestimmen. Sie hofften auch auf ein Leben nach dem Tod im Totenreich. Das Jenseits nannten sie „Schöner Westen", weil sie es am Westufer des Nils vermuteten.

Das Weiterleben nach dem Tod war an zwei Bedingungen geknüpft: Der Körper musste erhalten bleiben, und der Verstorbene hatte sich vor dem Totengericht zu behaupten.

Für die Ewigkeit

Um den Leichnam vor dem Verfall zu schützen, entwickelten die Ägypter die Mumifizierung. Die ersten **Mumien** entstanden auf natürliche Weise, indem man die Toten im heißen Wüstensand vergrub. Dort trockneten die Körper aus und blieben erhalten. Dies nutzten auch später noch die ärmeren Menschen.

Wohlhabende Ägypter ließen ihre Verstorbenen aber durch Einbalsamierung mumifizieren. Anfangs wurden nur die Herrscher so behandelt. Im Laufe der Zeit konnten sich auch andere Personen eine Mumifizierung leisten. Die Einbalsamierer hüteten ihr Wissen streng.

Was wir über die Mumifizierung wissen, stammt meist aus der Untersuchung erhaltener Mumien: Dem Verstorbenen wurden die inneren Organe entnommen. Nur das Herz musste an seinem Platz bleiben – es galt als Organ des Fühlens und Denkens. Der Leichnam wurde mit Natron gefüllt, einem Wasser anziehenden Salz, und etwa 40 Tage entwässert.

M 2 Mumie einer ägyptischen Frau Rekonstruktion, 2002 Der mumifizierte Körper kam in einen Sarg aus Holz oder Papyrus. Wer es sich leisten konnte, ließ zwei oder mehr Särge bauen, die ineinander passen. Vgl. S. 48 f.

Danach wurde der Körper fest mit Streifen aus Leinen umwickelt, die mit Harz bestrichen waren und in die man zahlreiche Glücksbringer (Amulette) legte. Die äußerste Schicht wurde mit Harz und Wachs wasserdicht gemacht. Das ganze Verfahren dauerte etwa 70 Tage und war von religiösen Handlungen begleitet.

Letzte Entscheidung

Das **Totengericht** stellten sich die Ägypter in einer unterirdischen Halle vor. Bevor der Verstorbene dorthin gelangte, musste er allerlei Gefahren überwinden, etwa Krokodile, die seine Seele einfangen wollten. Am Ende des Weges musste sich jeder Ägypter vor Osiris, dem Gott der Unterwelt, für seine Taten verantworten.

Dafür war das im Körper verbliebene Herz wichtig: Es speicherte alle guten und bösen Taten und Gedanken. Auf einer Waage wurde es verglichen mit der Maat, der göttlichen Ordnung und Gerechtigkeit. Blieb die Waage im Gleichgewicht, durfte der Verstorbene in das Totenreich. Wenn nicht, verschlang ihn die „Große Fresserin", ein Mischwesen aus Krokodil, Löwe und Nilpferd.

Ein wichtiges Motiv

Ägypter dachten viel über das Jenseits nach. Manche Menschen gaben einen großen Teil ihres Besitzes aus, um später sorgenfrei im Totenreich leben zu können. Zur Vorsorge gehörten:
- Opfergaben an die Götter in den Tempeln
- der Bau eines prunkvollen Grabes
- eine kunstvolle Mumifizierung
- Grabbeigaben für das Leben im Jenseits (Nahrung, Kleidung, Dienerfiguren u. a.)

Ägypten – eine frühe Hochkultur

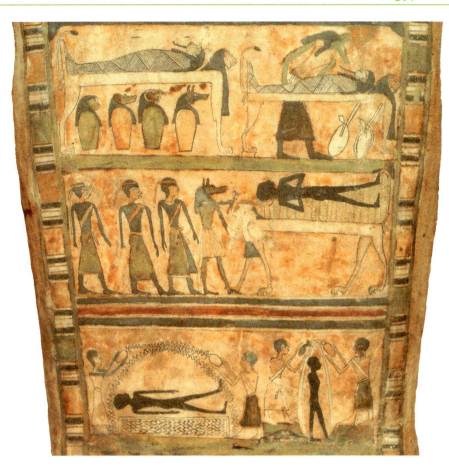

M 3 Bilder zur Mumifizierung
Mumiensarg, bemaltes Holz,
4. Jh. v. Chr.
(Ausschnitt vom Mittelteil)
Die Ägypter haben nur wenig über die Mumifizierung aufgeschrieben. Dieser bemalte Mumiensarg eines Mannes zeigt einige Szenen des Bestattungsrituals.
Beachte: Die Bilderfolge beginnt unten.

M 4 Du musst nicht sterben!
Pharao Teti II. regiert um 2347 - 2337 v. Chr. In seiner Pyramide in Sakkara, im Vorraum der Grabkammer, findet sich folgende Inschrift:
He! Ho! Fahre auf, o Teti!
Nimm deinen Kopf, nimm deine Knochen, sammle deine Glieder ein, schüttle die Erde von deinem Fleisch.
5 Nimm dein Brot, das nicht verschimmelt, und dein Bier, das nicht sauer wird.
Stelle dich zum Tor, das die einfachen Sterblichen aussperrt! Der Torwächter kommt heraus zu dir.
Er fasst dich bei der Hand und nimmt dich in den
10 Himmel, zu deinem Vater Geb [= der Erdgott].
Er jubelt über dein Kommen, reicht dir seine Hände, küsst und streichelt dich.
Er setzt dich vor die Geister, die ewigen Sterne.
Die Verborgenen beten dich an, die Großen umge-
15 ben dich, die Wächter warten auf dich.
Gerste wird für dich gedroschen, Emmer[1] reift für dich.
Deine Feste zum Monatsanfang und deine Feste zur Monatsmitte werden damit gefeiert, wie es
20 Geb, dein Vater, für dich befohlen hat.
Fahre auf, o Teti! Du musst nicht sterben!

Nach: Miriam Lichtheim, Ancient Egyptian Literature, Vol. I, Berkeley 2006, S. 41 f. (übersetzt von Markus Sanke)

[1] **Emmer**: alte Getreideart, Vorläufer des Weizens

1. Erkläre, warum es für die Ägypter so wichtig war, ihren Leichnam vor dem Verfall zu bewahren.
2. Arbeite heraus, wie ein Ägypter durch sein Begräbnis zeigen konnte, dass er im Leben reich, mächtig und fromm war.
3. Arbeite aus M4 heraus, was König Teti im Jenseits erwartet.
4. Beschreibe mit M3 den Ablauf von Einbalsamierung und Begräbnis. Welche Besonderheiten an der Darstellung fallen dir auf?
   Ist dir aufgefallen, dass der Leichnam vor der Mumifizierung immer schwarz dargestellt wird? Überlege, was dies bedeuten kann.
5. Wie wirkten sich die Vorstellungen der Ägypter vom Tod auf ihr Leben aus?

Auch Bilder können sprechen

Bilder können Geschichten erzählen und uns etwas über die Zeit mitteilen, in denen sie entstanden sind. Du kannst sie zum Sprechen bringen, indem du Fragen an sie stellst. Nicht alle lassen sich bei jedem Bild beantworten. Oft musst du weitere Informationen einholen.
Du kannst bei der Arbeit mit Bildern in drei Schritten vorgehen:

1. Beschreibe das Bild
- Wann und wo wurde es geschaffen oder veröffentlicht?
- Welche Personen erkennst du auf dem Bild?
- Was tun die Personen?
- Wie sind sie gekleidet? Haben sie Gegenstände bei sich?
- Kannst du weitere Dinge oder Tiere auf dem Bild erkennen?
- Wie wirkt das Bild auf dich?

2. Erkläre die Zusammenhänge
- Ist auf dem Bild etwas hervorgehoben? Woran erkennst du das?
- Wie sind die Personen dargestellt? Fällt dir dabei etwas auf? Sind es wirkliche Personen oder stehen sie für etwas?
- In welcher Beziehung zueinander sind die Personen dargestellt?

3. Bewerte das Bild
- Zu welchem Zweck wurde das Bild hergestellt?
- Was sollte es dem Betrachter sagen?
- Welche Ereignisse und Vorstellungen haben für die Darstellung eine Bedeutung? Kannst du sie auf dem Bild wiederfinden?

Diese Formulierungen helfen dir, Bildquellen auszuwerten:

1. *Das Bild stammt aus dem Jahr …. Es wurde von … gemalt. Von links nach rechts erkennt man …. Die Figur … ist mehrmals abgebildet. Die Figur des … ist durch … besonders hervorgehoben. Auffällig ist …. Einige Figuren halten … in der Hand.*

2. *Einige der Figuren sind (Menschen/Götter/Teufel …). Dies erkennt man an …. Die meisten Figuren (blicken/gehen) nach …. Besonders hervorgehoben ist …. Als einzige Figur ist … dargestellt. Das Bild zeigt (einen einzigen Moment/einen längeren Zeitraum).*

3. *Das Bild diente als … / war angebracht am …. Es beschreibt die Vorstellung vom …. Die abgebildete Szene war für die Menschen sehr wichtig, da …. Das Bild ist eine Quelle für die Vorstellungen der …zeit über ….*

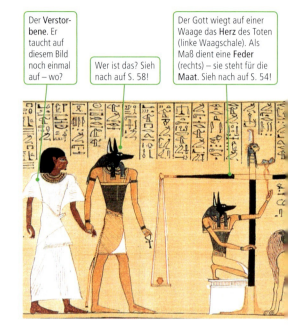

M 1 Die „große Prüfung": das Totengericht
Ausschnitt aus dem „Totenbuch" des Schreibers Hunefer, Wasserfarben auf Papyrus, Höhe 39 cm, um 1300 v. Chr.

Der **Verstorbene**. Er taucht auf diesem Bild noch einmal auf – wo?

Wer ist das? Sieh nach auf S. 58!

Der Gott wiegt auf einer Waage das **Herz** des Toten (linke Waagschale). Als Maß dient eine **Feder** (rechts) – sie steht für die **Maat**. Sieh nach auf S. 54!

M 3 Das „Jüngste Gericht"
Relief über dem Westeingang zum Freiburger Münster (Ausschnitt), Stein, bemalt und z. T. vergoldet, um 1330 n. Chr.

Auch im Christentum gibt es die Vorstellung einer Prüfung der menschlichen Seele nach dem Tod. Am Ende der Zeit, beim „Jüngsten Gericht", wird über das Leben jedes Menschen geurteilt. Je nach Ausgang der Wägung erwartet die Seele entweder den Eingang in das himmlische Paradies oder die ewige Verdammnis der Hölle.

Der Erzengel Michael wiegt eine Seele.

Die Seele ist als kleines Kind dargestellt. Es ist die Seele eines guten Menschen, denn sie wiegt schwerer als …

Bilder zum Sprechen bringen

Ägypter schmückten die Wände ihrer Grabkammern mit Bildern und Inschriften. Außerdem stellten sie „Totenbücher" her, Papyrusrollen, die sie den Mumien in den Sarg legten. Ihr Text enthielt die Antworten, die der Verstorbene auf die Fragen des Totengerichts geben sollte. Außerdem sind in vielen Totenbüchern Szenen aus dem Totenreich bildlich dargestellt.

M 2 Eine (sehr kurze) Bildinterpretation
Wenn du die Anleitung links befolgst und die Informationen einbeziehst, könntest du schreiben:
Das Bild zeigt den Ausschnitt aus einem ägyptischen Totenbuch. Es wurde um 1300 v. Chr. auf Papyrus gemalt. Die Szene muss von links nach rechts gelesen werden.

5 Ein Verstorbener im weißen Gewand wird vom Totengott Anubis zur wichtigsten Stelle des Bildes geführt: Auf einer großen Waage wiegt Anubis das Herz des Verstorbenen. Es ist leichter als die Feder der Maat, deshalb verschlingt die
10 „Große Fresserin", die dabeisitzt, es nicht. Der Gott Thot schreibt das Ergebnis der Wägung mit seinem Schreibzeug auf. Der Himmelsgott Horus zeigt dem Verstorbenen den Weg zu Osiris, dem Herrn des Totenreiches. Er sitzt auf einem
15 Thron. Der Tote hat das Totengericht bestanden und wird in die Ewigkeit eingelassen. Das Bild erzählt eine wichtige Stelle im Glauben der Ägypter. Jeder Ägypter hoffte, dass es ihm nach seinem Tod beim Totengericht so ergeht
20 wie dem abgebildeten Verstorbenen.

Diese Figur kennst du schon (S. 60): Die „Große Fresserin" verschlang das Herz, wenn es schwerer war als die Feder. Dann konnte der Tote nicht in die Ewigkeit eingehen.

Wer ist das? Sieh nach auf S. 58! Was hält er in den Händen? Sieh nach auf S. 56! Was tut er hier?

Wer ist das? Sieh nach auf S. 58!

Wer ist das? Sieh nach auf S. 58!

Jetzt bist du dran: Bildbefragung üben
Die Bildquelle M3 ist über 2 600 Jahre später entstanden als M1. Sie behandelt aber das gleiche Thema: Was geschieht nach dem Tod? Diese Frage haben sich Menschen zu jeder Zeit gestellt. Ihre Antworten haben sie oft in Bildern ausgedrückt.

... die Waagschale mit seinen Sünden. Ein Dämon bemüht sich vergeblich, diese Seite nach unten zu ziehen.

Der Teufel, Herr der Hölle, beobachtet die Wägung. Sein offener Mund und seine Hände drücken Unzufriedenheit mit dem Ergebnis aus.

Tote, die am Jüngsten Tag aus ihren Särgen steigen.

1. *Schreibe eine Auswertung des Reliefs M3.*
   Berücksichtige die Arbeitsschritte im Kasten links und die Formulierungsvorschläge.
2. *Vergleiche das Relief M3 mit dem Bild M1.*
   Welche Einzelheiten kommen auf beiden Bildern vor? Was ist ganz anders dargestellt? Wie geht die Szene jeweils aus?
3. *Überprüfe anhand von M1-M3, welche Vorstellungen vom Leben nach dem Tod die Künstler hatten.*
   Du könntest schreiben: Die Menschen im alten Ägypten glaubten … . Die Menschen im Mittelalter glaubten … . Die Gemeinsamkeit/der Unterschied beider Vorstellungen ist … .

3 Gräber für die Ewigkeit

Im Schein der Fackeln werfen die Priester und Pyramidenarbeiter einen letzten Blick auf den Sarg des Cheops, ihren toten König. Schweigend verlassen sie die Grabkammer. Außen zerschneidet der Hohepriester drei Seile. Krachend fallen drei schwere, dicke Steinplatten aus ihren Halterungen. Der Eingang zur Kammer ist versperrt – niemand wird sie je wieder betreten können. Niemand kann die Ruhe des zum Gott gewordenen Pharao stören!

M 2 Pyramide des Cheops und der Große Sphinx
Foto aus Gizeh, um 1990
Die Pyramide des Pharaos Cheops (gestorben um 2580 v. Chr.) ist mit 139 m Höhe die größe erhaltene Pyramide in Ägypten. Der Sphinx im Vordergrund (Höhe 21 m) stellt vermutlich Cheops Sohn Chephren dar.

Auftrag: Pyramide

Wenn ein Pharao an die Regierung kam, war es lange Zeit üblich, den Bau einer **Pyramide** in Auftrag zu geben. Dieser gewaltige Steinbau sollte seine Grabstätte und ein Denkmal seiner Herrschaft werden.

In Ägypten standen früher über 100 Pyramiden. Die ältesten wurden vor mehr als 4500 Jahren errichtet. Die drei bekanntesten kann man in Gizeh nahe der heutigen Hauptstadt Kairo bewundern.

Über 20 Jahre konnte der Bau einer Pyramide dauern. Etwa 4000 Menschen arbeiteten ständig daran. Während des Nilhochwassers gewannen tausende Bauern Kalksteinblöcke in Steinbrüchen nahe der Baustelle. Granit wurde auf dem Nil herbeigeschafft. Jede Pyramide war Teil einer größeren Anlage. Zu ihr gehörten Totentempel, Prozessionsstraßen vom Nilufer, kleinere Pyramiden für Königinnen und Prinzessinnen sowie Gräber hoher Beamter. Alles diente dazu, den Aufstieg des verstorbenen Pharaos zu den Göttern zu ermöglichen. Dies sicherte zugleich den Wohlstand des ganzen Volkes.

Für die Ägypter war es eine religiöse Pflicht und eine große Ehre, am Pyramidenbau mitwirken zu können. Männer wurden für drei Monate auf der Baustelle verpflichtet und mit Brot und Bier versorgt. Einige von ihnen erhielten sogar ein Grab in der Nähe der Pyramide – das war ein sehr begehrter Platz.

Das Tal der Könige

Seit etwa 1500 v. Chr. ließen sich die Herrscher unterirdische Grabanlagen im *Tal der Könige* am Westufer des Nils nahe der Stadt Luxor bauen. Viele Pharaonen wurden dort in unterirdischen Grabanlagen mit kostbaren Beigaben bestattet. Das berühmteste Grab gehört Pharao *Tutanchamun* (1333-1323 v. Chr.). Der britische Archäologe Howard Carter entdeckte 1922 sein versiegeltes Grab. Die Sensation bestand darin, dass alle Grabbeigaben und die Mumie des Königs erhalten waren. Die meisten anderen Königsgräber hatten Grabräuber zerstört.

Bestattungssitten

Die Ägypter stellten sich das Leben im Jenseits wie ihr irdisches Leben vor – mit dem Unterschied, dass es ewig dauerte. Sie gaben ihren Toten deshalb viele **Grabbeigaben** mit, denn es sollte ihnen an nichts fehlen. Dazu gehörten Nahrungsmittel, Kleidung, Möbel, Schmuck, Dienerfiguren und sogar mumifizierte Haustiere. Viele Gräber sind gestaltet wie prächtige unterirdische Wohnräume. Sie sind verziert mit bunten Bildern, die Szenen aus dem Alltag und dem Begräbnis zeigen. Texte an den Wänden erzählen von den Leistungen der Verstorbenen.

M 1 Tal-Tempel
Zur Pyramide gehörte ein Tempel am Nil. Hierher wurde der tote König per Schiff gebracht, einbalsamiert und zur Mumie gemacht.

Säulenhalle
Kultstraße
Tal-Tempel
Rampe
Hafen

Arbeite heraus, welche Aufgaben das Grab bei den Ägyptern erfüllen sollte.

Pyramide   Grabbeigaben

Ägypten – eine frühe Hochkultur

M 3 Uschebti
Kalkstein, bemalt, Höhe: 24 cm, um 1200 v. Chr.

Ab etwa 2000 v. Chr. gaben die Ägypter den Toten kleine Figuren aus Stein, Ton, Holz oder Wachs mit ins Grab. In den Händen halten sie Arbeitsgeräte, auf dem Rücken tragen sie Taschen oder Gefäße. Uschebtis sollten dem Verstorbenen im Jenseits dienen und ihm ein Leben ohne Mühe ermöglichen. Wer es sich leisten konnte, ließ sich 365 Uschebtis ins Grab stellen – einen für jeden Tag des Jahres. Im Grab von Pharao Tutanchamun waren es sogar 413. 48 Uschebtis dienten als Aufseher über die 365 anderen.

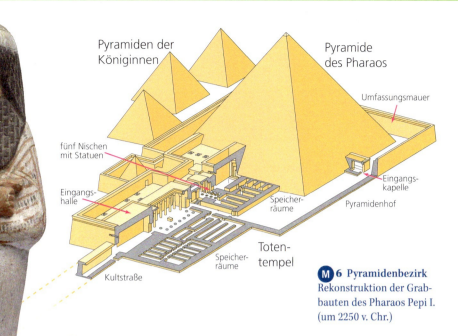

M 6 Pyramidenbezirk
Rekonstruktion der Grabbauten des Pharaos Pepi I. (um 2250 v. Chr.)

M 5 Skarabäus
Der Käfer „Heiliger Pillendreher" bewohnt die Ränder der Wüsten. Der Käfer dreht eine Kugel aus Dung. Er rollt den Ball, der an die Sonne erinnert, über den Sand und vergräbt ihn. Anschließend legt das Weibchen ein Ei hinein. Nach einigen Wochen kriecht ein junger Käfer aus der Kugel – scheinbar Leben aus totem Boden. Diese Beobachtung machte den Skarabäus für Ägypter zu einem heiligen Tier. Sie glaubten, dass er nicht sterben muss. Skarabäen aus Stein oder Ton wurden als Amulette um den Hals getragen und Toten auf das Herz gelegt.

M 4 Arbeiten im Totenreich
Das ägyptische Totenbuch ist eine Sammlung von Sprüchen. Sie sollen dem Verstorbenen beim Weiterleben im Jenseits helfen. Dazu gehört auch dieser Uschebti-Spruch:

O ihr Uschebti, wenn ich verpflichtet werde, irgendeine Arbeit zu leisten, die dort im Totenreich geleistet wird; wenn nämlich ein Mann dort zu seiner Arbeitsleistung verurteilt wird, dann verpflich-
5 test du dich zu dem, was dort getan wird, um die Felder zu bestellen und die Ufer zu bewässern, um den Sand (Dünger) des Ostens und des Westens überzufahren. „Ich will es tun, hier bin ich" sollst du sagen.

Nach: Erik Hornung, Das Totenbuch der Ägypter, Zürich u. a. 1979, S. 48

1. *Uschebtis (M3) sind wie die Kultbilder von Göttern (S. 58, M1) Kunstwerke, die von Menschen hergestellt wurden. Arbeite heraus, welche Eigenschaften die Ägypter solchen Abbildern zusprachen.*
   Berücksichtige z. B.: Uschebtis werden angesprochen (M4), Götterstatuen mit Kleidung und Nahrung versorgt (S. 58).
2. *Prüfe, was uns Grabbeigaben über den Glauben an das Leben nach dem Tod und über den Alltag im alten Ägypten verraten.*
3. *Versetze dich in eine ägyptische Familie und überlege, was du einem Verstorbenen ins Grab mitgeben willst. Begründe deine Auswahl.*
   Berücksichtige den Glauben, das Jenseits sei wie das irdische Leben. Beachte auch das Totengericht. Suche Grabbeigaben aus, die zu diesen Vorstellungen passen.

3 Ackern, töpfern und verwalten

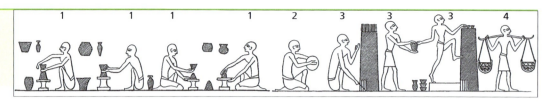

M 1 Eine ägyptische Töpferwerkstatt Wandmalerei im Grab eines Töpfers, Beni Hasan, um 1850 v. Chr. Formen von Gefäßen auf der Töpferscheibe (1) und von Hand (2). Brennen im Töpferofen (3). Abtransport der fertigen Gefäße (4). *Töpfe kann man nicht essen. Überlege, wie die Töpfer satt werden konnten.*

Bauern wirtschaften ...

Ägyptens Reichtum beruhte vor allem auf der Landwirtschaft: Bauern hielten Rinder, Schafe und Ziegen und bauten Getreide, Gemüse und Obst an. Wegen des warmen Klimas, der fruchtbaren Böden und der künstlichen Bewässerung erwirtschafteten sie mehr, als sie selbst zum Leben brauchten.

Der Boden gehörte aber nicht ihnen. Alles Land war Eigentum des Pharaos. Einzelne Höfe und ganze Dörfer vergab er an Verwandte, hohe Beamte oder Tempel. Ihnen mussten die Bauern ihre Ernte oder Teile davon abliefern.

Die Maat verlangte, dass sich der Pharao um sein Volk kümmert. Dazu gehörte, dass jeder Ägypter genug zu essen hatte. Daher wurden sie vom König versorgt. Die Bauern und alle, die selbst keine Nahrung erzeugten wie Beamte oder Handwerker, sollten das zum Leben Notwendige bekommen.

...Beamte verwalten

Ägypten war in etwa 40 Bezirke (*Provinzen*) eingeteilt. Königliche Stellvertreter (*Statthalter*) verwalteten sie. Sie ließen ihre Beamten die **Abgaben** einsammeln. Das Getreide wurde in staatlichen Speichern eingelagert. Aus ihnen wurden alle Ägypter versorgt.

Beamte konnten die Menschen für Arbeiten etwa auf großen Baustellen heranziehen. Dort überwachten sie die Ausgabe der Werkzeuge und die Zuteilung des Materials an die Arbeiter.

Jeder, was er am besten kann

Die Überschüsse des Landes machten es möglich, dass nicht jeder Ägypter sein Essen selbst erwirtschaften musste.

Beamte konnten lesen und schreiben, kümmerten sich aber nicht um die Feldarbeit. Handwerker konnten gut backen, töpfern, weben, schreinern oder Stein bearbeiten – Zeit für Ackerbau und Viehzucht blieb auch ihnen nicht. Der König erteilte den Handwerkern Aufträge. Er ließ ihnen Material und Werkzeuge zur Verfügung stellen und versorgte sie aus den Abgaben mit Nahrung.

So konnten die Menschen sich auf eine Arbeit beschränken. Die Fruchtbarkeit Ägyptens und die Verwaltung der Überschüsse ermöglichten diese **Arbeitsteilung**. Sie ist ein weiteres Merkmal für Hochkulturen.

Wirtschaft ohne Geld

In Ägypten gab es bis etwa 400 v. Chr. keine Münzen. Bezahlt wurde mit Lebensmitteln: Ein gefüllter Getreidebeutel war die Währung. Größere Beträge beglichen die Käufer mit Kupfer oder Silber nach Gewicht. Wer Getreide übrig hatte, konnte es auf einem Markt eintauschen. Auch Handwerker, die neben der Arbeit für den Pharao aus eigenem Material etwas hergestellt hatten, konnten es hier anbieten. Diesen Tauschhandel nennt man **Naturalwirtschaft**.

Zur Wirtschaft Ägyptens trugen Erkundungsreisen bei: Die Pharaonen schickten regelmäßig große Gruppen von Beamten, Arbeitern und Soldaten aus, um außerhalb des Niltals wertvolle Materialien zu gewinnen. Aus der östlichen Wüste brachten sie Gold, Kupfer und Halbedelsteine an den Königshof. An günstigen Stellen wurden Steinbrüche und Bergwerke angelegt. Das in Ägypten seltene Holz kam per Schiff aus dem östlichen Mittelmeerraum.

M 2 Pflügender Bauer Holzmodell, um 2000/1900 v. Chr. Ägypten gehört zu den Gebieten, in denen der Pflug erfunden wurde. Durch das Auflockern des Bodens waren höhere Erträge möglich.

Abgaben   Arbeitsteilung   Naturalwirtschaft

Ägypten – eine frühe Hochkultur

M 3 Rinderzählung
Holzmodell aus dem Grab eines Bürgermeisters von Theben, um 1990 v. Chr.
Jedes Jahr wurde ermittelt, welche Abgaben die Ägypter leisten mussten. Dazu mussten alle Bauern das Vieh ihrer Herren einem Beamten vorführen. Er und der Besitzer der Herde beobachten den Viehauftrieb genau. Zu diesem Anlass wurde auch Recht gesprochen: Ein Bauer, der seine Pflicht verletzt hatte, wird mit Stockschlägen bestraft.

M 4 Ein Pharao an seine Handwerker
Auf einer Steinsäule lässt Ramses II. (1303-1213 v. Chr.) diese Rede an seine Handwerker festhalten:
Ihr baut für mich Denkmäler in großer Zahl. Ihr seid begeistert über die Arbeit mit wertvollem Gestein und fleißig im Herstellen von Denkmälern. So kann ich alle Tempel, die ich erbaut habe, aus-
5 statten. Oh, ihr Unermüdlichen, ihr seid unersetzlich!
Ich, Ramses, bin es, der euch versorgt und aufzieht als meine Kinder. Eure Versorgung wird überfließen, es bleibt kein Wunsch offen. Zahlreich ist die
10 Nahrung für euch. Ich habe eure Bedürfnisse erfüllt, damit ihr mit liebendem Herzen arbeitet. Ich kenne eure mühselige Arbeit. Die Speicher sind voll für euch mit Getreide, damit ihr nicht eine Nacht hungrig verbringt. Für euch habe ich die
15 Speicher gefüllt mit Brot, Fleisch, Kuchen, Sandalen, Kleidung, Ölen zum Einreiben eurer Köpfe, um euch alle Jahre neu zu kleiden, und damit eure Füße immer heil bleiben mögen.
Ich habe Fischer ausgewählt, um euch Fisch zu
20 bringen, und Weinbauern, um Wein anzubauen. All dies habe ich getan, damit es euch gut geht.
Nach: Kemet 3/1999, S. 12-15 (gekürzt und vereinfacht)

M 5 Was ein Schreiber denkt
Ein Schreiber äußert sich um 1300 v. Chr. über die verschiedenen Handwerksberufe:
Der Töpfer ist unter der Erde, obwohl er noch lebt. Er gräbt im Schlamm wie ein Schwein, seine Kleider sind steif vom Dreck. Seine Atemluft kommt direkt aus dem Feuer. Er stampft den Ton mit den
5 Füßen und ist dabei selbst ganz zerstampft. […]
Der Weber ist schlimmer dran als eine Frau. Die Knie gegen die Brust gedrückt kann er kaum Luft holen. Wenn er einen Tag nicht webt, bekommt er fünfzig Stockschläge. Dem Türhüter gibt er Essen,
10 damit er ihn einmal ans Tageslicht lässt. […]
Du siehst: Es gibt keinen Beruf ohne Chef. Mit Ausnahme des Schreibers – der ist selbst Chef. Daher ist es besser für Dich, wenn Du Schreiben lernst, als die anderen Berufe, einer elender als der andere.
Nach: Miriam Lichtheim, Ancient Egyptian Literature, Vol. I., Berkeley 2006, S. 186-189 (übersetzt von Markus Sanke)

1. Nenne die Grundlagen der Wirtschaft in Ägypten zur Pharaonenzeit.
2. Erkläre, woher man so viel über die ägyptische Wirtschaft und Verwaltung weiß. Berücksichtige die Materialien M1 bis M5.
3. Erläutere, wie das Zusammenleben in Ägypten geregelt war. Welche Vorteile brachte dies?
   Manche Ägypter waren keine Bauern. Überlege, warum nicht alle Aufgaben von allen Menschen erfüllt werden konnten.
4. Beurteile, welche Sicht auf Handwerker der Schreiber von M5 hat.

2 Jetzt forschen wir selbst!

Die Arbeiter des Pharaos

In der Nähe des Tals der Könige (siehe S. 64) lag die Siedlung der Arbeiter. Heute heißt der Ort *Deir el-Medina*. Hier wohnten Handwerker, Bildhauer, Maler und Architekten, die die Gräber der Pharaonen bauten. Insgesamt lebten in der Stadt etwa 100 Erwachsene mit ihren Kindern. Sie bestand fast fünf Jahrhunderte.
Bis 1951 wurden alle 70 Häuser von Archäologen untersucht. Die Ausgrabungsergebnisse machen den Alltag der Bewohner lebendig. Dazu tragen auch viele Tausend Scherben mit Texten und Zeichnungen bei, die im Ort gefunden wurden.

Vorschläge für Arbeitsfragen:
Thema 1: *Wohnen und Essen in Deir el-Medina*
Thema 2: *Die Arbeit der Männer, die die Königsgräber bauten*
Thema 3: *Konflikte in der Handwerkerstadt und ihre Lösung*
Aber vielleicht fallen euch ja noch andere Fragen ein?

Beschreiben
Thema 1: *Sammelt* alle Informationen zum Wohnen, Essen und Trinken in Deir el-Medina.
Thema 2: *Nennt* die Tatsachen, die zum Bau und Schmuck der Gräber im „Tal der Könige" gehören.
Thema 3: *Stellt* alle Streitigkeiten im Dorf Deir el-Medina *zusammen*.

Untersuchen
Thema 1: *Untersucht*, welche Unterschiede beim Wohnen oder bei den Speisen in der Siedlung bestanden.
Thema 2: *Findet heraus*, welche Fähigkeiten und Materialien zum Bau der Pharaonengräber erforderlich waren.
Thema 3: *Untersucht* die Ursachen der Streitigkeiten, die streitenden Parteien und die Lösungsversuche.

Einordnen
Thema 1: *Überprüft*, welche Risiken die arbeitsteilige Gesellschaft für die Bewohner mitbrachte.
Thema 2: *Vergleicht* den Arbeitsaufwand für die Königsgräber mit demjenigen für die Pyramiden.
Thema 3: *Begründet*, warum die Verhältnisse in Ägypten solche Konflikte begünstigten.

Präsentieren
Thema 1: *Baut* ein Hausmodell aus Karton. *Entwerft* ein Kochrezept mit ägyptischen Zutaten.
Thema 2: *Präsentiert* eine Berechnung, wie lange der Bau des Grabes von Ramses IV. gedauert haben kann.
Thema 3: *Schreibt* einen Klagebrief an Pharao Ramses III. aus der Sicht der streikenden Arbeiter.

M 1 Rekonstruktion der Arbeitersiedlung um 1500 v. Chr. Zeichnung von 2003
① einziges Tor, ② Hauptstraße, ③ Häuser der Handwerker, ④ Häuser der Vorarbeiter und Aufseher, ⑤ Umfassungsmauer, ⑥ Gräber der Bewohner, ⑦ Weg zum „Tal der Königinnen" und zum Tempel Ramses III. (dort wurden Wasser und Lebensmittel für die Bewohner geholt), ⑧ Weg zum „Tal der Könige"

M 2 Übles wird am Platz Pharaos getan!
Ein Papyrus berichtet über Ereignisse im 29. Jahr des Ramses III. Die Arbeitersiedlung ist in Aufregung: Die Grabarbeiter streiken, sie weigern sich also zu arbeiten!
4. November: Sie sagen: „Wir sind hungrig, da bereits 18 Tage im Monat fortgeschritten sind." Sie ließen sich hinter dem Totentempel von Thutmosis III. (▶M5) nieder.
Kommen des Schreibers, der Vorarbeiter, der Stellvertreter
5 und der Aufseher. Sie riefen: „Geht wieder hinauf!" Sie schworen Eide und sagten: „Wir haben Worte Pharaos!" Den Tag bleiben sie dort, schlafen aber in der Stadt.
6. November: Die Arbeiter erreichen das Ramesseum (▶M5). In sein Inneres dringen sie ein. Der Polizeichef *Montu-Mose*
10 ging nach Theben mit den Worten: „Ich werde den Bürgermeister holen". Er kam zurück und sagte: „Der Bürgermeister sagte zu mir: ‚Holt die Versorgung aus dem Lagerhaus!'"
[Die Arbeiter:] „Wir schreiben dorthin, wo der König ist! Wir sind in diese Lage gekommen aus Hunger und Durst. Es gibt
15 keine Kleidung, kein Öl, keinen Fisch, kein Gemüse. Schreibt das an den Pharao, unseren guten Herrn. Schreibt auch an unseren Vorgesetzten, den Wesir, dass uns unser Lebensunterhalt gegeben werde."
Einge Zeit später: Zwei Arbeiter haben gesagt: „Wir werden
20 nicht kommen! Wir haben den Streik nicht gemacht, weil wir hungern, sondern wir haben eine große Erklärung abzugeben! Wahrlich, Übles wird am Platz Pharaos getan!"

Die Arbeiter des Pharaos

M 3 Gebote und Verbote
Die Schriftstellerin Freya Stephan-Kühn hat herausgearbeitet, welche Regeln für die Bewohner der Arbeitersiedlung gelten. Achtung: Ihr Text stammt nicht aus der Zeit der Siedlung. Die Regeln könnten aber zur Pharaonenzeit so gelautet haben:

1. Das Verlassen der Arbeitersiedlung ist nur in Ausnahmefällen und mit Genehmigung gestattet.
3. Die Arbeiter müssen pünktlich zum Wochenanfang an der Baustelle jenseits des Berges eintreffen.
5. Die Arbeiter müssen das ihnen zugeteilte Werkzeug sorgfältig behandeln und bei Verlust ersetzen.
6. Die tägliche Arbeitszeit beträgt acht Stunden.
7. Während der Woche bleiben alle Arbeiter im Feldlager im Tal der Könige. An den Wochenenden dürfen sie zu ihren Familien in das Dorf. (▶M5)
9. Jeder Arbeiter erhält am 28. Tag jedes Monats als Lohn aus den königlichen Speichern 300 Liter Weizen, 110 Liter Gerste, zwei Kilo getrockneten Fisch und Salz zugeteilt. Wasser wird jeden Tag ausgeben, Gemüse und 500 Stück Holz einmal pro Woche. Je nach Lage und Fleiß gibt es Sonderzuteilungen von Fett, Kleidern, Fleisch, Wein und Seife.
10. Die Bewohner des Tales sind verpflichtet, die Wäsche der Arbeiter zu waschen.
11. Die Arbeiter dürfen mit den nicht verbrauchten Teilen ihres Lohnes Handel treiben.
13. Die Arbeiter dürfen für sich und ihre Familie ein Grab anlegen. Ein Platz wird zugeteilt. (▶M1)
14. Streit der Bewohner, der nicht gütlich beizulegen ist, entscheidet das Ortsgericht. Verbrecher werden dem Königsgericht in Theben überstellt.

Nach: Freya Stephan-Kühn, Viel Spaß mit den alten Ägyptern!, Würzburg 1990, S. 71 f. (gekürzt und vereinfacht)

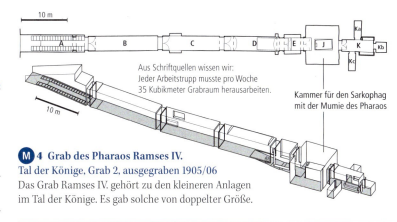

Aus Schriftquellen wissen wir: Jeder Arbeitstrupp musste pro Woche 35 Kubikmeter Grabraum herausarbeiten.

Kammer für den Sarkophag mit der Mumie des Pharaos

M 4 Grab des Pharaos Ramses IV.
Tal der Könige, Grab 2, ausgegraben 1905/06
Das Grab Ramses IV. gehört zu den kleineren Anlagen im Tal der Könige. Es gab solche von doppelter Größe.

M 5 Westufer des Nils, gegenüber der Stadt Theben
Übersichtsplan von 2000
Hier ließen Pharaonen zwischen ca. 1500 und 1100 v. Chr. Tempel bauen. Darin wurden sie nach ihrem Tod als Götter verehrt. Westlich von ihnen liegen das „Tal der Könige" und das „Tal der Königinnen". Dort wurden die königlichen Mumien beigesetzt.

M 6 Was Scherben erzählen
Auf Scherben halten Schreiber Verträge, Urteile und Ereignisse fest. So erfahren wir, was die Menschen in der Siedlung bewegt. Zwei Beispiele:

• Aussage des Schreibers *Nefer-Hetep* vor dem Gerichtshof der Nekropole: „Bei Amun und dem Herrscher! Wenn ich den Esel des *Heri*, Sohn des *Hui-Nefer*, nicht bezahle, sei es in Vieh, sei es in Gegenwert, bis zum [unleserlich], erhalte ich 100 Hiebe, und er wird gegen mich doppelt berechnet."
• Meine Tochter sagte: „Mein eigener Mann, der Arbeiter [unleserlich], er schlug und schlug mich ununterbrochen!" Da ließ ich seine Mutter holen. Der [Vorsteher] fand ihn im Unrecht. Man ließ ihn vor die Beamten holen. Ich sagte zu ihm: „Wenn du sie nicht mehr schlagen wirst, so schwöre vor den Beamten!" Da sprach er den Eid: „Bei Amun und dem Herrscher!"

Nach: Wolfgang Helck, Die datierten und datierbaren Ostraka, Papyri und Graffiti von Deir el-Medineh. Ägyptologische Abhandlungen Bd. 63, Wiesbaden 2002, S. 227, 240, 351, 230 u. 238

M 7 Frauenarbeit – Männerarbeit
Bemalte Tonscherben, um 1200 v. Chr.
Während die Männer bei den Gräbern arbeiteten, war die Siedlung ein Frauen- und Kinderdorf. Aus den Getreidezuteilungen backten die Frauen Brot für ihre Familien.

Ältestes Königsgrab im „Tal der Könige": Amenophis I.		Großer Streik der Arbeiter		Jüngstes Königsgrab im „Tal der Könige": Ramses XI.	
	Die Arbeitersiedlung (Deir el-Medina) besteht.				
1500 v. Chr.	1400 v. Chr.	1300 v. Chr.	1200 v. Chr.	1100 v. Chr.	1000 v. Chr.

Die Menschen und ihr Staat

Pharao Ramses III. schreibt um 1150 v. Chr.:
„Mein Land Ägypten ist eingeteilt in viele Gruppen: Diener des Palastes, große Fürsten, zahlreiche Fußsoldaten, an die Hunderttausend Streitwagenlenker, Leute aus besiegten Ländern ohne Zahl, zehntausende von Dienern und die Sklaven Ägyptens."

Gemeinsamkeiten
Die meisten Ägypter sprachen die gleiche Sprache, verehrten gemeinsame Götter und lebten ähnlich. Sie unterschieden zwischen sich und anderen Völkern. Menschengruppen in einem Land, die sich selbst als zusammengehörig betrachten, nennen wir eine **Gesellschaft**. In der ägyptischen Gesellschaft gab es unterschiedliche Schichten. In sie wurde man hineingeboren.

Eine geschichtete Gesellschaft
Es gab eine von oben nach unten gegliederte Rangordnung (**Hierarchie**). In ihr hatte jeder seine Rechte und Aufgaben. An der Spitze standen der Pharao und seine Familie. Sie konnte groß sein, denn der König hatte im Gegensatz zu fast allen Ägyptern mehrere Frauen. Aus seiner Familie stammten oft die höchsten Beamten, die Wesire und die Oberpriester der Tempel. Sie herrschten über die Mehrheit des Volkes, das vor allem aus Bauern bestand.

Beamte
Im Auftrag des Königs verwalteten Beamte das Land. Ägypten war in etwa 40 Gaue unterteilt, die je ein Verwalter leitete. Höhere Verwaltungsbeamte überwachten die Arbeit der Beamten, gaben die Befehle des Pharaos weiter, sprachen Recht und leiteten Großbauten und Expeditionen.
Ägyptische Beamte unterstützten als Priester den König beim Kult für die Götter. Militärbeamte waren für das Heer zuständig.

M 1 Eine Familie Figurengruppe aus Kalkstein, Höhe 43 cm, um 2500 v. Chr. Dargestellt ist der kleinwüchsige Seneb, ein hoher Diener des Pharaos, mit seiner Frau und seinen Kindern.

Ein früher Staat
Ägypten war mehr als eine lose Vereinigung von Menschen. Wir können von einem frühen **Staat** sprechen. Seine Merkmale sind:
- die Macht des Pharaos über alle Ägypter
- die Verwaltung des Landes durch Beamte
- die Zusammengehörigkeit der Untertanen
- ein gegen andere Völker abgegrenztes Land

Frauen und Männer
Frauen waren rechtlich unabhängig und den Männern gleichgestellt. Sie konnten Ansprüche vor Gericht einklagen und über Besitz verfügen.
Nur wenige Ägypterinnen übten wichtige Ämter aus. Zwar gab es Frauen, die als Pharaonin regierten oder als königliche Gemahlin oder hohe Priesterin politischen Einfluss hatten. Die Hauptaufgabe der Frauen bestand aber in der Betreuung der Familie. Sie führten den Haushalt, erzogen die Kinder und verwalteten den Besitz. Frauen galten als „Herrinnen des Hauses".

Eltern und Kinder
Eine Durchschnittsfamilie hatte zwar viele Kinder, aber viele starben früh an Krankheiten. Eltern sorgten liebevoll für ihre Kleinkinder. Später wurden sie auf ihre Aufgaben vorbereitet: Mädchen halfen der Mutter im Haus, Jungen erlernten meist den Beruf des Vaters. Kinder ab fünf Jahren durften eine Schule besuchen, auch Mädchen. Nur wenige Familien machten davon Gebrauch. Die meisten Kinder arbeiteten mit und hatten keine Zeit für den Unterricht. Mädchen heirateten früh, etwa mit 14 Jahren, und mussten dann ihren eigenen Haushalt führen.

Unfreie
Im alten Ägypten gab es Unfreie, die zur untersten Schicht der Gesellschaft zählten. Meist waren es Kriegsgefangene. Auch zur Bestrafung verloren Menschen ihre Freiheit. Unfreie besaßen trotzdem Rechte und Eigentum. Einige stiegen sogar in die höchsten Beamtenränge auf.

Gesellschaft   Hierarchie   Staat

Ägypten – eine frühe Hochkultur

M 2 Ein ägyptischer Ehevertrag

Aus der späten Pharaonenzeit (219 v. Chr.) stammt dieser Text. Heremheb bescheinigt seiner Frau Tais:

Als deine Frauengabe habe ich dir zwei Silberlinge gegeben. Entlasse ich dich als Ehefrau, sei es, dass ich dich hasse, sei es, dass ich dir eine andere Frau vorziehe, so gebe ich dir noch zwei Silberlinge, also ⁵zusammen vier. Und ich gebe dir ein Drittel von allem und jedem, was wir von jetzt an gemeinsam besitzen. Die Kinder, die du mir geboren hast und die du mir noch gebären wirst, sind die Herren von allem und jedem, was mir gehört und was ich noch ¹⁰erwerben werde. Die Wertsumme deiner Sachen, die du mit dir in mein Haus gebracht hast, beträgt drei Silberlinge. Ich soll keinen Eid gegen dich wegen deiner Sachen geben können, sagend: „Nein, du hast sie nicht mit dir in mein Haus gebracht." Deine ¹⁵Sachen, du hast sie mit dir in mein Haus gebracht, ich habe sie vollständig aus deiner Hand empfangen, ohne einen Rest. Mein Herz ist zufrieden mit ihnen. Wenn ich dich als Ehefrau entlassen werde oder wenn du zu gehen beliebst, so gebe ich dir die ²⁰Sachen, die du mit dir in mein Haus gebracht hast, oder ihren Wert in Silber zurück.

Nach: Steffen Wenig, Die Frauen im Alten Ägypten, Wien / München 1969, S. 24 (gekürzt und vereinfacht)

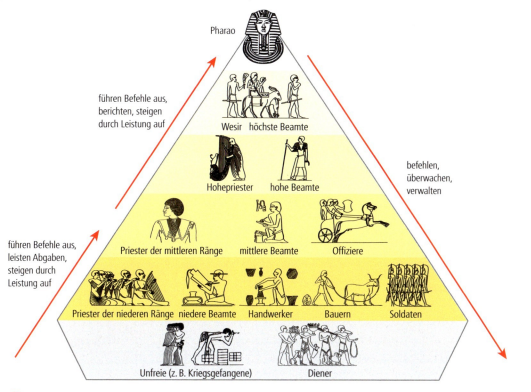

Info Unfreie:
Es waren keine Unfreien, die die Pyramiden und Tempel errichteten, sondern Angehörige des einfachen Volkes. Sie wurden während der Überschwemmungszeit zu Arbeitsdiensten herangezogen.

M 3 Aufbau der Gesellschaft

Die ägyptische Gesellschaft war klar gegliedert. Allerdings waren die Grenzen zwischen den Schichten fließend. Zum einen konnte man durch Leistung aufsteigen, zum anderen übten die meisten Ägypter gleichzeitig mehrere Ämter oder Tätigkeiten aus.

1. *Gib den Aufbau der ägyptischen Gesellschaft in eigenen Worten wieder.* Nutze die Informationen im Darstellungstext auf S. 70. Beschreibe in sinnvoller Reihenfolge die Schichten im Schaubild M3.
2. *Die Griechen nannten eine in Schichten gegliederte Gesellschaft „Hierarchie", „heilige Ordnung". Erläutere, was sie damit aussagten.*
3. *Die Ägypterinnen waren ihren Männern weitgehend gleichgestellt. Überprüfe diese Behauptung anhand von M2 und dem Darstellungstext.* Überlege, wie das Leben der Frau ohne einen Vertrag wie in M2 ausgesehen haben könnte.
4. *Vergleiche die Stellung der Frauen und das Leben der Kinder in Ägypten mit heute.*

3  Noch mehr Hochkulturen

Ägypten war kein Einzelfall!
In der *Jungsteinzeit* haben sich in verschiedenen Gegenden der Welt Bauerngesellschaften zu *Hochkulturen* entwickelt. Vieles in ihnen war ähnlich wie in der ägyptischen Kultur, einige Merkmale waren anders als dort. Voraussetzung war immer ein besonders günstiger Raum an Flussufern. Er ermöglichte die Ernte von Überschüssen und eine Arbeitsteilung.

All diesen Hochkulturen ist gemeinsam, dass die Menschen an großen Aufgaben wie Städtebau, Bewässerung, Tempeln oder Gräbern arbeiteten. Dies setzt eine Verwaltung voraus, die (außer in Südamerika) zur Entwicklung einer Schrift führte.
Die Kennzeichen *Ägyptens* hast du kennengelernt. Unten findest du einen „Steckbrief" der Hochkultur von Sumerern und Babyloniern in *Mesopotamien*:

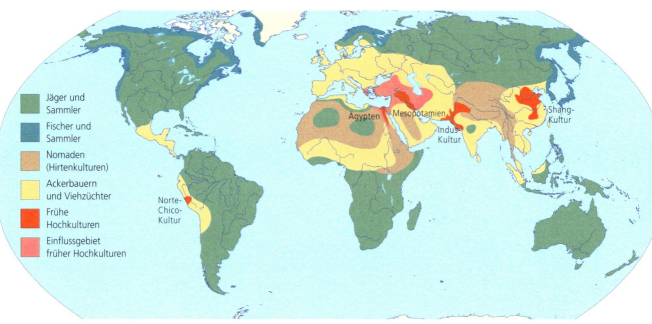

M 1 Die Welt um 1800 v. Chr.
In welcher Gesellschaftsform lebten die Menschen auf den verschiedenen Kontinenten? Vgl. Kapitel 2.

Mesopotamien — Kultursteckbrief

Landwirtschaft: Ackerbau und Viehzucht an den fruchtbaren Ufern von *Euphrat* und *Tigris*. Die Wassermenge dieser Ströme war unberechenbar. Dies machte Be- und Entwässerungsanlagen und ihre dauernde Instandhaltung notwendig.
Siedlung: Etwa 90 % der Menschen lebten in Städten, die bis zu 20 000 Einwohner hatten. In allen gab es einen zentralen Tempelbezirk. Städte waren mit Mauern aus Lehmziegeln befestigt.
Herrschaft: kein einzelner Staat, sondern bis zu 40 selbstständige *Stadtstaaten*. Jeder stand unter der Herrschaft eines Königs. Er führte sich auf die Götter zurück und war Priester des Stadtgottes.
Grundbesitz: Alles Land war *Besitz der Götter* und wurde von den Königen und Priestern verwaltet. Es wurde zur Bewirtschaftung vergeben. Auf alle Erträge werden Abgaben erhoben.
Schrift: Für die Verwaltung der Abgaben wurde um 3300 v. Chr. die *Keilschrift* entwickelt.
Religion: *polytheistische* Religion. Jede Stadt verehrte einen Hauptgott. Priester pflegten den Tempelkult.
Recht: Die Könige verfassten Gesetze und veröffentlichten sie schriftlich im ganzen Land.
Handel: Das Land war arm an Bodenschätzen. Notwendige Materialien (Kupfer, Zinn, Holz, Stein) und Luxusgüter (Gold, Elfenbein) wurden von Kaufleuten aus Nachbarländern eingeführt.

Ägypten – eine frühe Hochkultur

M 2 „Auge um Auge, Zahn um Zahn!"

Zu den wichtigsten Zeugnissen der altorientalischen Geschichte gehören die Gesetze des Königs Hammurapi aus Babylon (vgl. M3). Eine Auswahl:

Wenn jemand als Belastungszeuge in einem Prozess, der ums Leben geht, auftritt und das, was er aussagt, nicht beweisen kann, dann soll er getötet werden. […] Wenn jemand den Tempel oder den König bestiehlt, so soll er getötet werden; auch wer das Gestohlene von ihm angenommen hat, soll getötet werden. […] Wenn jemand Raub begeht und ergriffen wird, so wird er getötet. […]
Wenn jemand zu faul ist, seinen Damm instandzuhalten, und dadurch ein Feld überschwemmt wird, so soll er den Schaden ersetzen. […]
Wenn ein Sohn seinen Vater schlägt, soll man ihm die Hände abhauen.
Wenn jemand einem andern das Auge zerstört, so soll man ihm sein Auge zerstören. Wenn er einem andern einen Knochen zerbricht, so soll man ihm einen Knochen zerbrechen.

Nach: Gottfried Guggenbühl, Quellen zur Geschichte des Altertums, neu bearb. von Hans C. Huber, Zürich 1964, S. 10 ff.

M 3 Stele des Königs Hammurapi

Diorit (schwarzes Gestein), Höhe 2,25 m, Museum Louvre, Paris

Die Reliefsäule in Form eines Zeigefingers enthält in Keilschrift den Text der Gesetze des Königs Hammurapi. Oberhalb der Inschrift befindet sich ein Bildfeld: Der König steht vor einem Gott, der auf einem Thron sitzt. Der Gott überreicht dem König einen Ring und einen Stab, vielleicht einen Schreibgriffel.

M 4 Zwei frühe Hochkulturen im Vergleich

Ägypten	Merkmal	Mesopotamien
Der Nil ist der einzige Strom; er hat keine Nebenflüsse		
		Der Wasserstand von Euphrat und Tigris ist unberechenbar
bessere Ernten durch künstliche Bewässerung		
Das Land ist von allen Seiten von Wüsten und Meeren umgeben	fremde Einflüsse	
Ein einziger Staat, vereinigt aus Ober- und Unterägypten	Staat und Herrschaft	
		Es gibt im Land bis zu 40 Kleinkönige
Hierogyphenschrift	Schrift	
	Bauweise wichtiger Gebäude	Das Land ist arm an Steinen; Tempel und Paläste werden aus luftgetrockneten Lehmziegeln gebaut
polytheistische Religion		
Priester verantwortlich für den Kult in Tempeln		

1. *Stelle Beispiele aus M2 zusammen, die dir streng und grausam vorkommen. Erkläre, warum solche Strafen angedroht wurden.*
   Überlege dir, welche Höchststrafe man bei den einzelnen Vergehen hätte verhängen können.
2. *Begründe, warum Hammurapi sich vor einem Gott abbilden lässt (M3). Was besagt dies über die Gesetze, die darunter aufgeschrieben wurden?*
3. *Die Tabelle M4 ist unvollständig. Schreibe sie in dein Heft und ergänze die fehlenden Angaben. Beurteile, ob es mehr Gemeinsamkeiten oder mehr Unterschiede gegeben hat.*
   Die Angaben für Ägypten kannst du dem Kapitel entnehmen, die für Mesopotamien dem „Kultursteckbrief" auf S. 72. Finde auch Namen für die fehlenden Merkmale.

3 Das weiß ich – das kann ich!

Zu Beginn des Kapitels haben wir eine Leitfrage formuliert. Sie lautet: *Was kennzeichnet eine frühe Hochkultur?* Mithilfe der Arbeitsfragen auf Seite 50 kannst du sie nun beantworten:

1 Die Erfindung der Schrift erleichterte den Ägyptern die Verwaltung des riesigen Landes. Sie konnten Erntelisten erstellen und Gefäße beschriften. Mit den Hieroglyphen schickten sie Nachrichten in alle Teile des Reiches. Priester hielten Gebete und Kultregeln fest und Schreiber notierten Lebensgeschichten einzelner Menschen und sogar Erzählungen. Allerdings gab es nur wenige Schriftkundige. Sie wurden als Beamte eingesetzt und waren sehr angesehen.

2 Grundlage der Herrschaft des Königs war die Religion. Nach dem polytheistischen Glauben der Ägypter stammt er von den Göttern ab. Deshalb sorgte der Pharao für ihren täglichen Kult, ließ Tempel bauen und hielt die Maat aufrecht. Ägypter glaubten an ein Weiterleben nach dem Tod. Deshalb bauten die Könige Pyramiden und unterirdische Grabstätten. Einfache Menschen hatten schlichtere Gräber. Grabbeigaben sicherten die Versorgung im Totenreich. Wichtig waren die Mumifizierung und das Bestehen des Totengerichtes.

3 Ägypten verdankte seinen Wohlstand nicht nur dem Nil, sondern auch der gut organisierten Landwirtschaft und der künstlichen Bewässerung. Mithilfe der Astronomie konnte sogar das Datum für die jährliche Nilschwemme vorausberechnet werden. Durch reiche Ernten wuchs die Bevölkerung und die Bauern konnten hohe Abgaben leisten. Damit ernährte der Herrscher seine Beamten und Spezialisten, die selbst keine Nahrung erzeugten.

4 Die ägyptische Gesellschaft beruhte auf Arbeitsteilung: Neben der großen Gruppe der Bauern gab es Spezialisten wie Handwerker und Beamte, die für besondere Aufgaben einsetzt wurden. Die Gesellschaft war hierarchisch gegliedert. An der Spitze standen der Pharao mit seiner Familie und die höchsten Beamten. Die unterste Schicht bildeten die Unfreien.

5 Herr über die Menschen und das Land war der Pharao. Er galt als Sohn des Sonnengottes Re und irdischer Stellvertreter des Himmelsgottes Horus. Zu seinen wichtigsten Herrscherpflichten gehörten die Verwaltung seines Staates sowie die Versorgung und der Schutz seines Volkes. Dabei halfen ihm zahlreiche hohe Beamte als Stellvertreter in den Gauen sowie mittlere und niedere Beamte. 3 000 Jahre regierten Pharaonen. Eine ähnlich lange Herrschaftsform hat es in der Geschichte nicht wieder gegeben.

Kompetenz-Test
Einen Fragebogen, mit dem du überprüfen kannst, was du schon erklären kannst und was du noch üben solltest, findest du unter **31051-06**.

 Gesellschaft   Weltbedeutung und Religion   Begegnung   Wirtschaft und Umwelt   Herrschaft

Die Kennzeichnung der Karteikarten mit den Kategorien ist verlorengegangen. Ordne den Karten das richtige Symbol zu, indem du ihre Nummern und die passenden Bezeichnungen in dein Heft schreibst.

Zeit der ägyptischen Hochkult

3000 v. Chr. — 2000 v. Chr.

Ägypten – eine frühe Hochkultur

M 1 Ein Pharao tanzt aus der Reihe
Hausaltar des Königs Echnaton mit seiner Frau Nofretete und drei seiner Töchter unter der Sonnenscheibe des Gottes Aton
Kalksteinrelief aus Amarna, 33,5 x 39,5 x 3,5 cm, nach 1345 v. Chr.

Amenophis IV. wird um 1350 v. Chr. Pharao. In seinem sechsten Regierungsjahr lässt er eine neue Hauptstadt errichten: „Achet Aton", heute *Amarna*. Dort baut er Tempel, in denen nur noch ein einziger Gott verehrt wird (*Monotheismus*): Der Pharao, seine Frau *Nofretete* und der ganze Hof verehren allein den *Sonnengott Aton* als Staatsgott. Der Pharao ändert seinen Namen in *Echnaton* („der Aton dient"). Die anderen Götter werden nicht verboten, aber ihre Tempel geschlossen, ihre Namen aus Inschriften entfernt und die königlichen Opfer beendet. Die Priesterschaft ist entsetzt! Nach Echnatons Tod kehrt Ägypten unter *Tutanchamun* (vgl. S. 55, M5) zum *Polytheismus* zurück, es wurden also wieder mehrere Götter gleichzeitig anerkannt.

Eigenbeitrag Nadja Braun

M 3 „Die" Nofretete
Kalkstein, bemalt, Höhe 50 cm, um 1340 v. Chr.

Auf der Museumsinsel in Berlin wird diese Büste ausgestellt. Sie stellt Nofretete dar, die Frau des Königs, der eine neue Religion für die Ägypter erfand (s. M1). Sein Aton-Kult war bald vergessen – die Schönheit seiner Frau hielt über 3 000 Jahre: 1912 führte der deutsche Archäologe Ludwig Borchardt (1863 - 1938) Ausgrabungen in Amarna (s. Karte S. 51) durch. In der Bildhauerwerkstatt des Pharaos Echnaton fand er dieses Kunstwerk.

Eigenbeitrag Nadja Braun

M 2 Soll „Nofretete" zurück?
Anfang 2011 forderte Ägyptens Antikenminister die Rückgabe der Büste, die 1912 von einem deutschen Archäologen in Ägypten entdeckt wurde und 1913 nach Berlin kam. Schon Anfang 2002 hatte der
5 ägyptische Kulturminister verlangt, die Figur „im Interesse der Menschheit" den Ägyptern zurückzugeben. Die deutschen Behörden lehnten die Rückgabeforderungen mit dem Hinweis ab, die Büste befinde sich „aufgrund einer durch Vertrag verein-
10 barten Fundteilung seit 1913 rechtmäßig in Berlin".

Nach einer Zeitungsmeldung von 2011

1. Liste auf, was das alte Ägypten zu einer Hochkultur macht.
2. Vergleiche das Leben der Menschen im alten Ägypten mit dem Leben der Menschen in unserem Raum zur gleichen Zeit.
   Nutze die Zeitleiste auf S. 50 f., um herauszufinden, mit welcher Epoche bei uns du das alte Ägypten am besten vergleichen kannst.
3. Erzähle, wie der Nil das Leben der Ägypter beeinflusst hat.
4. Untersuche das Relief M1 und beschreibe, wie hier der neue Glaube des Pharaos Echnaton dargestellt ist. Was will der Pharao den Betrachtern des Bildes noch vermitteln?
   Oft ist es wichtig, was auf einem Bild n i c h t gezeigt wird! Vergleiche das Relief dazu mit M2 auf S. 55. Ziehe auch M2 auf S. 58 heran.
5. Diskutiert, ob Nofretete (M3) zurück nach Ägypten gehört (M2). Wer sollte den Streit eurer Meinung nach entscheiden?

1000 v. Chr.   Chr. Geburt

4 Leben im antiken Griechenland

Die Olympischen Spiele waren bedeutende Wettkämpfe der Antike. Alle vier Jahre trafen sich Sportler in Olympia im Norden Griechenlands. Nach über 1 000 Jahren wurden die Spiele abgeschafft. Vor dem Beginn der „Olympischen Spiele der Neuzeit" seit 1896 erinnert man an ihren griechischen Ursprung: In Olympia entzündet eine als Priesterin verkleidete Frau ein Feuer. Anschließend tragen Sportler es mit Fackeln zum Ort der Spiele.

M Das Olympische Feuer für die Sommerspiele in Barcelona (Spanien) wird in Olympia (Nordgriechenland) entzündet
Foto von Arsi Saris, 1992

*Seht euch das Foto genau an:
Was könnte wirklich aus der Geschichte des alten Griechenland übrig sein, also mehr als 2 000 Jahre alt sein?
Was sollte so aussehen, als wäre es so wie im alten Griechenland?
Was hat mit der griechischen Geschichte nichts zu tun?*

4 Fragen an ... das antike Griechenland

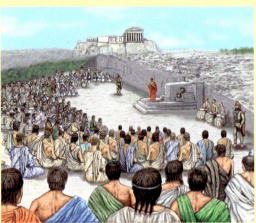

M 1 Eine wichtige Erfindung
Zeichnung und Foto von 2013
So etwas wäre in Ägypten undenkbar gewesen: Griechische Männer versammeln sich, um über wichtige Entscheidungen zu beraten und abzustimmen. Diese Form der Herrschaft haben die Griechen entwickelt. Und so ähnlich machen wir es noch heute, zum Beispiel im Bundestag.

[1] Zeitalter – Sammlung bedeutender Dinge – Spielbühne – Rechenkunst – Vermessungswesen – Heiler – Eingriff in den Körper – Tierausstellung – Pflanzenpark

Die Griechen hatten schon lange Kontakt mit den Ägyptern: Sie handelten mit ihnen und arbeiteten auch für sie. Von anderen Völkern kannten sie die Vorteile der Schrift für das Zusammenleben. Doch sie übernahmen sie nicht einfach, sondern veränderten sie für ihre Bedürfnisse. Auch die Griechen besaßen eine Hochkultur.

Die Sprache der Griechen hat sich seit dem Altertum stark verändert. Dennoch können heutige Griechen 2 500 Jahre alte Texte oft mühelos lesen!

Die griechische *Epoche* treffen wir nicht nur im *Museum*: Im *Theater* werden noch heute griechische Stücke gespielt. In *Mathematik* lernst du *Geometrie* – und nutzt griechisches Wissen. Ein *Arzt*, der dich *chirurgisch* behandelt, baut auf Entdeckungen der Griechen. Auch im *Zoo* oder im *botanischen* Garten ist Griechenland im Spiel.

Vielleicht hast du es gemerkt: Die oben *kursiv* geschriebenen Wörter stammen nicht aus der deutschen Sprache. Sie sind „Fremdwörter" griechischen Ursprungs.[1] Die Lebensweise der Griechen hat unsere Sprache beeinflusst. Mit ihren Worten kamen auch die damit benannten Einrichtungen und Vorstellungen zu uns.

Die wichtigste Entwicklung der griechischen Zeit ist die Herrschaftsform der *Demokratie*: In Athen und anderen Orten wurden Regeln geschaffen, die vielen Menschen ermöglichen, an der Gemeinschaft mitzuarbeiten. Nicht Könige oder reiche Familien hatten die gesamte Macht – auch einfache Bürger konnten ihre Interessen vertreten. Später haben sich Menschen immer wieder daran erinnert.

Leitfrage: *Welche Leistungen der Griechen sind für uns heute von Bedeutung?*

Wirtschaft und Umwelt
Das heutige Griechenland hat über 13 000 km Küste. 80 % der Fläche entfällt auf Gebirge. Schon die alten Griechen hatten zwei Hauptnahrungmittel: Fisch und Getreide.
Wie beeinflusste das Land die Lebensweise der Griechen?

Herrschaft
Die Griechen gründeten zunächst keinen gemeinsamen Staat. Lieber regelten sie ihre Angelegenheiten in kleineren Gruppen.
Welche Regeln für das Zusammenleben gaben sich die Griechen?

Kontakt

Das Meer war für die Griechen kein Hindernis, sondern ein Tor zur Welt. Mancher Grieche verließ auch die Heimat und siedelte an fernen Küste
Wohin wanderten Griechen aus? Welche Ideen brachten sie dorthin m

Weltdeutung und Religion
Auch Griechen verehrten viele Götter Sie stellten sie sich wie übermächtige Menschen vor. Einige fragten, ob Götter wirklich für alles verantwortlich sir
Wie dachten Griechen über die Götte und die Welt? Was fanden sie „schör

Gesellschaft

Herkunft, Geschlecht und Besitz entschieden meist darüber, wie hart jemand arbeiten musste, worüber er m bestimmen durfte und wie frei er wa
Welche Rechte hatten in Griechenla Männer, Frauen, Fremde und Sklave

Blütezeit c

1000 v. Chr. — 800 v. Chr. — 600 v. Chr.

Späte Pharaonenzeit in Ägypten

Fragen an ... das antike Griechenland

Fische und Meeresfrüchte, 4. Jh. v. Chr.

Zweikampf Grieche gegen Perser, 4. Jh. v. Chr.

Griechisches Schiff, um 500 v. Chr.

Jüngling beim Trankopfer, um 500 v. Chr.

Griechin am Waschbecken, um 500 v. Chr.

◀ Die Bilder zu den Kategorien haben griechische Töpfer in Teller und Schalen gemalt.

- ● große Stadt
- ○ Kleinstadt oder Dorf
- 🏛 bedeutendes Heiligtum
- ⚜ Austragungsort von Wettkämpfen aller Griechen
- ⚓ wichtiger Hafen
- ⚒ Abbauort von Marmor
- ⚒ Abbauort von Silber
- ⚒ Abbauort von Gold

M 2 Wo Griechen lebten – im 5. Jh. v. Chr.

400 v. Chr.   200 v. Chr.   Chr. Geburt

4 Aus Dörfern werden Stadtstaaten

M 1 Im Schatten der Burg
Landschaftsbild, 1998
So stellt sich ein Künstler die Anfänge der Stadt Athen um 800 v. Chr. vor.
Erklärt, warum und in welchen Lagen Menschen Burgen bauen.

M 2 Eine nützliche Erfindung
Münze aus Athen, um 500 v. Chr., und 1-Euro-Münze aus Griechenland, 2002
Griechen waren die ersten in Europa, die Münzen prägten. Fast jede Polis begann früher oder später mit der Prägung eigener Münzen. Auf einer Seite brachte man ein Zeichen der Stadt an. Münzen aus Athen erkannte jeder Grieche an der Eule und der Göttin Athene, der Schutzgöttin der Stadt.

„Dunkle Jahrhunderte"
Am östlichen Mittelmeer muss es ab 1100 v. Chr. große Krisen gegeben haben: Die Bevölkerungszahl ging zurück. Dörfer wurden verlassen. Eine frühe Schrift geriet in Vergessenheit. Der Handel mit Ägypten und dem Vorderen Orient brach ab.
Gründe für diesen Niedergang kennen wir nicht, denn wir haben nur wenige Quellen. Historiker nennen die Periode von 1100 bis 800 v. Chr. daher „dunkle Jahrhunderte".
In das heutige Griechenland wanderten nach und nach neue Volksgruppen aus dem Nordwesten ein. In dieser unsicheren Zeit sorgten sie sich wohl vor allem um ihr Überleben. Als die Verhältnisse sich beruhigten, blühten Wirtschaft und Kunst wieder auf. Die Menschen ordneten ihr Leben neu. Sie selbst nannten sich *Hellenen*. Die Römer bezeichneten sie später als *Graeci*, Griechen.

Ein anderes Land – andere Lebensweisen
Das Land, in dem die griechische Kultur entstand, unterscheidet sich vom alten Ägypten:
- Griechenland ist gebirgig. Im Bergland ist Landwirtschaft schwierig. Hohe Berge trennen die Lebensräume der Menschen voneinander.
- Griechenland ist vom Meer umgeben. In Buchten und auf den vielen Inseln lebten die Menschen von Landwirtschaft und Fischerei.
- Das Mittelmeer ist ein großer Verkehrsraum: Mit Schiffen können Waren und Ideen schnell ausgetauscht werden.

Die griechischen Stadtstaaten
Dies führte dazu, dass in Griechenland kein großer Staat entstand. Nach 800 v. Chr. wurden viele kleine **Stadtstaaten** gegründet. Die Griechen nannten sie **Poleis** (Einzahl: Polis).
Stadtstaaten entstanden, als Bauern, Fischer, Handwerker und Händler sich am Fuß von Hügeln ansiedelten. Auf der Höhe bauten sie Burgen, in die sich die Menschen bei Gefahr zurückzogen. Die Städte wurden mit Mauern umgeben, denn die Bewohner der Poleis führten oft Krieg gegeneinander. Zur Polis gehörte auch das Umland mit den Feldern und dem Hafen.
Die Stadtstaaten der Griechen waren eher Dörfer: Die meisten von ihnen hatten weniger als 5000 Einwohner.

Stadtstaat und Hausgemeinschaft
Jede Polis besaß einen Platz, auf dem sich die Bewohner trafen, um wichtige Dinge zu besprechen: die *Agora*. Die Stadtbürger bauten auch Tempel und öffentliche Gebäude.
Das Leben der Menschen fand im **Oikos** statt, der Hausgemeinschaft. Sie bestand aus den Verwandten einer Familie und den Bauern, die für sie arbeiteten. Dazu gehörten Äcker, Gebäude, Möbel, Kleidung, Geräte, Vieh und Sklaven. Im Oikos erledigten die Menschen ihre tägliche Arbeit, um für Nahrung, Kleidung, Rüstungen und alles andere zu sorgen, was sie zum Leben benötigten.

Stadtstaat (Polis)   Oikos

Leben im antiken Griechenland

M 3 Land-, Stadt- und Höhlenbewohner
Der Dichter Homer beschreibt im 8. Jh. v. Chr. die Abenteuer des Helden Odysseus.
a) Nach langer Irrfahrt kehrt Odysseus in das Haus seines alten Vaters Laërtes zurück. Homer erzählt:
Odysseus erreichte das bestens bestellte Landgut des Laërtes. Sein Haus war umgeben von Wirtschaftsgebäuden. Dort aßen und schliefen seine Sklaven. Auch eine alte Frau wohnte darin, die den
5 Alten hier, fern der Stadt, betreute.
b) Unterwegs hatte Odysseus Städte besucht. Eine von ihnen beschreibt Homer so:
Die Stadt hat hohe Mauern und Häfen auf beiden Seiten. Schmal ist ihr Zugang. Ihn säumen Schiffe, die an das Ufer gezogen wurden. Für alle gibt es einen Liegeplatz. Rings um den Tempel liegt der
10 Versammlungsplatz. Hier stellt man Geräte für die Schiffe her, Taue, Segel und Ruder. Denn die Bewohner befassen sich nicht mit Bogen und Köcher, sondern mit Masten, Rudern und Schiffen.
c) Kyklopen, einäugige Riesen, schildert Homer so:
Die Kyklopen sind rechtlose Bösewichte. Sie pflan-
15 zen, säen und pflügen nicht mit ehrlicher Arbeit. Alles wächst bei ihnen ohne Säen und Ackern. Ihre Weinstöcke bringen Wein in üppigen Trauben hervor. Zeus bewässert ihn für die Kyklopen. Sie kennen weder Ratsversammlungen noch feste Geset-
20 ze. Auf Bergen hausen sie in tiefen Höhlen. Jeder macht sich eigene Gesetze für seine Frauen und Kinder. Keiner von ihnen sorgt für den anderen.
Nach: Homer, Odyssee 24.205-213, 6.262-272 und 9.105-116, in Prosa nacherzählt von M. Sanke

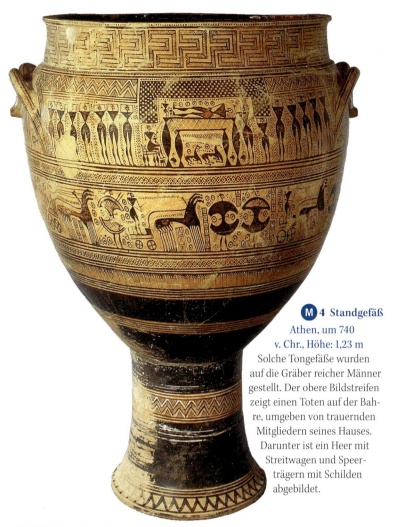

M 4 Standgefäß
Athen, um 740 v. Chr., Höhe: 1,23 m
Solche Tongefäße wurden auf die Gräber reicher Männer gestellt. Der obere Bildstreifen zeigt einen Toten auf der Bahre, umgeben von trauernden Mitgliedern seines Hauses. Darunter ist ein Heer mit Streitwagen und Speerträgern mit Schilden abgebildet.

M 5 Warum entsteht eine Polis?
Aristoteles, ein Gelehrter aus Athen, erklärt im 4. Jh. v. Chr., wie Stadtstaaten entstanden sind:
Zunächst müssen sich diejenigen, die alleine nicht überleben können, paarweise verbinden. So tun es Frauen und Männer oder Herren und Knechte. Aus diesen beiden Gemeinschaften entsteht zuerst eine
5 *Hausgemeinschaft*. Sie besteht für den Alltag. Die erste auf Dauer gegründete Gemeinschaft mehrerer Häuser ist das *Dorf*. Eine Gemeinschaft aus mehreren Dörfern bildet nun die *städtische Bürgerschaft* (Polis). Ihr Ziel ist die vollständige Unabhän-
10 gigkeit der Menschen von anderen.
Nach: Aristoteles, Politik, 1252b (vereinfacht)

1. Nenne die Gründe, weshalb in Griechenland kein großer, zusammenhängender Staat entstand, sondern viele Stadtstaaten.
   Sieh dir nochmals die Karte auf S. 79 an.
2. *Du bist für die Ausgaben deiner Polis verantwortlich. Erstelle eine Liste, die den Bürgern erklärt, wofür ihr Geld verwendet werden soll.*
3. *Odysseus hat auf seinen Fahrten viel gesehen. Versetze dich in seine Lage, als er nach Hause kommt, und erzähle, wie sich das Leben auf dem Landgut seines Vaters vom Leben in der Stadt unterschied (M3 a-b).*
4. *Um seine Geschichte spannend zu machen, lässt Homer Odysseus von einäugigen Riesen (Kyklopen) erzählen. Prüfe mit M3c folgende Aussage „Die Griechen sind das positive Gegenteil der Kyklopen".*
   Forme jede Aussage über die Kyklopen in ihr Gegenteil um. Schreibe dann auf: „Nach Homer sind (machen/haben/leben ...) die Griechen ..."
5. Erkläre den Unterschied zwischen Hausgemeinschaft, Dorf und Polis (M5). Diskutiert, wie es die Bürger einer Polis schaffen, von anderen Stadtstaaten unabhängig zu sein, wie Aristoteles es wünscht (Z. 9f.). Ist das überhaupt möglich?

4 Methode

Geschichtskarten kannst du lesen

Was können Karten?
Landkarten informieren über die Lage von Ländern, Orten, Meeren, Flüssen, Bergen und anderen Kennzeichen einer Landschaft. *Karten für den Geschichtsunterricht* enthalten noch mehr: Sie verknüpfen Erdkunde und Geschichte, indem sie zeigen, welche Ereignisse und Entwicklungen in der Vergangenheit in bestimmten Gebieten stattfanden. Wo siedelten die Menschen? Wie veränderten sich Lebensräume von Völkern und Ländergrenzen? Woher kamen Handelsgüter und wohin wurden sie auf welchen Wegen gebracht? Auch genaue Karten geben immer nur einen Teil der Gegebenheiten wieder.

Karten kannst du lesen
- Um welches *Thema* es in der Karte geht, sagt dir die Über- oder Unterschrift.
- Die verwendeten Zeichen, Farben und Abkürzungen werden in der *Legende* erklärt. Sie nennt dir meist auch den *Maßstab*.

Werden dir Fragen zu einer Karte gestellt, solltest du in Schritten vorgehen:
- Kläre zunächst, welches Gebiet sie zeigt, welche Zeit sie behandelt und über welche Einzelheiten sie informiert.
- Wähle die Informationen aus, die zu den Fragen passen.
- Wenn dir Fragen zu Entfernungen zwischen Orten gestellt werden, nutze die Maßstabsleiste.
- Bei Fragen zur Landschaft solltest du Merkmale wie Küstenverlauf, Flüsse und Höhenangaben berücksichtigen.

Zur Kartenauswertung nützliche Formulierungen:
Der Kartenausschnitt zeigt .... – Der abgebildete Raum ist ungefähr ... x ... km groß. – Die Karte bildet die Verhältnisse im .... Jh. / im Jahr ... ab. – Mit Farben wird angegeben, ... – Aus den Angaben kann man erkennen, dass der Raum über den Landweg / Seeweg ... zu erreichen war. – Symbole zeigen an, wo die Menschen ..., wo sie welche ... anbauten, wo es Orte für die Verehrung von ... gab und wo sie ... förderten. Außerdem sieht man, welche ... es in ... gab. – Die Karte erlaubt also Aussagen über die Lebensbereiche ...

M 1 Wo die Griechen bis etwa um 750 v. Chr. lebten

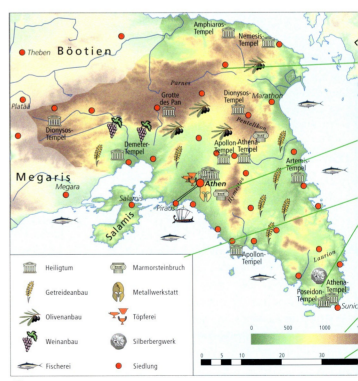

M 2 Die Polis Athen im 5. Jh. v. Chr.

… Geschichtskarten lesen

1. *Beschreibe die Karte M1 zunächst allgemein.*

2. *Zähle die Informationen der Karte M1 auf, die für die Geschichte Griechenlands von Bedeutung sein können.*

3. *Odysseus (S. 81, M3), kehrt vom Kampf um Troja in seine Heimat Ithaka zurück. Wie weit ist dieser Weg? (Maßstabsleiste!)*

4. *Beschreibe mit der Legende die Landschaft in Thessalien und auf der Peloponnes.*

5. *Untersuche, wie sich die Landschaft auf das Leben der Menschen auswirkte.*

So könnte deine Kartenauswertung aussehen:

1. Der Kartenausschnitt zeigt Griechenland, Kreta und die Westküste Kleinasiens in der Zeit um 750 v. Chr. Der abgebildete Raum ist etwa 600 x 650 km groß. Mit Symbolen sind *Stadtstaaten*, wichtige *Heiligtümer* sowie Austragungsorte *gesamtgriechischer Wettkämpfe* eingezeichnet. Farben geben an, wie hoch die Landschaften liegen.

2. Die Kartierung der *Stadtstaaten* zeigt, wo Griechen im 8. Jh. v. Chr. in Poleis lebten: auf der Peloponnes, auf Inseln im Ägäischen Meer und an der Küste Kleinasiens. Wenige Poleis gab es in Nordgriechenland, keine auf Kreta. – Wichtige *Heiligtümer* lagen auf der Peloponnes, auf einigen Inseln und in Städten Kleinasiens. Auffällig sind Heiligtümer im bergigen Nordgriechenland, wo es wenige Poleis gab. – Vier Stätten *gesamtgriechischer Wettkämpfe* sind eingetragen: Olympia, Delphi, Nemea, Korinth. – *Kulturland* (landwirtschaftlich nutzbares Land) gab es überall in Küstennähe sowie in einigen Gegenden im Binnenland. Es ist zerteilt von Gebirgszügen.

3. *Landweg, zum Teil durch hohe Berge*: ca. 700 km – *Seeweg*: ca. 800 km

4. *Thessalien* ist eine große, fruchtbare Tiefebene, die von Bergen umgeben ist. – Die *Peloponnes* hat eine schmale, fruchtbare Küstenzone. Im Binnenland gibt es dagegen viel Gebirge mit über 1 000 m hohen Bergen.

5. Lange Küste, viele Inseln: Griechen betrieben *Seefahrt* und *Fischerei*.
Stark zerklüftete Landschaft: Griechen gründeten *kleinere Staaten* (*Poleis*).
Die meisten *Städte* lagen an der Küste, *Heiligtümer* auch im Binnenland.

Kartenausschnitt
Finde den dargestellten Raum auf der Karte M1.

Orte und Landschaft
Diese Siedlung war mit besonders starken Mauern umgeben. Kannst du dir denken, warum?

Warum hier?
Frage dich, warum ein so gekennzeichneter Ort gerade hier zu finden ist.

Legende
Suche die Symbole auf der Karte. Manche sind selten, manche häufiger. Einige haben auch Zusatzinformationen als Text.

Höhen
Finde heraus, wo sich Berge und Niederungen befinden. Wo liegen die meisten Siedlungen?

Entfernungen
Wie weit ist es von Athen nach Marathon? Wie weit liegen die Siedlungen etwa auseinander?

Jetzt bist du dran: Kartenarbeit üben
Anhand der Karte M2 kannst du überprüfen, wie gut du Informationen aus einer historischen Karte entnehmen kannst. Bei der Befragung solltest du die Reihenfolge einhalten, die wir links beschrieben haben.

1. *Welchen Raum zeigt die Karte („Kartenausschnitt")?*
2. *Welche Zeit wird von der Karte abgebildet?*
3. *Welche Information über die Form des Landes enthält die Karte (z. B. durch Färbung)?*
4. *Welche Angaben zu Orten werden in der Karte gemacht? (Beachte dazu die Legende.)*
5. *Lassen sich die Kartensymbole verschiedenen Lebensbereichen zuordnen? Besprich sie in einer sinnvollen Reihenfolge.*

4 Was Griechen einte: Götter, Helden und Orakel

M 1 Die zwölf griechischen Hauptgötter
Im Stil einer griechischen Vasenmalerei nachgestaltet

Vergleicht diese Darstellung der griechischen Götter mit den Göttern des alten Ägypten (S. 58). Was fällt euch auf?

① **Zeus**
Göttervater, Himmels- und Donnergott
② **Hera**
Königin der Götter, Göttin der Ehe und Geburt
③ **Hestia**
Göttin der Familie und des Herdfeuers
④ **Ares**
Gott des Krieges
⑤ **Apollon**
Gott des Lichts, der Musik und der Dichtkunst
⑥ **Athene**
Göttin der Weisheit, der Kunst und des Krieges
⑦ **Poseidon**
Gott des Meeres und der Erdbeben
⑧ **Hermes**
Bote der Götter, Beschützer der Reisenden
⑨ **Aphrodite**
Göttin der Liebe und der Schönheit
⑩ **Artemis**
Göttin der Jagd
⑪ **Hephaistos**
Gott der Handwerker und des Schmiedefeuers
⑫ **Demeter**
Göttin des Ackerbaus

Götter – für alles verantwortlich

Was war am Anfang der Welt? Weshalb blitzt und donnert es? Warum gibt es Glück und Schmerz? Solche Fragen stellten sich die Griechen. Ihre Antwort: Für alles sind Götter verantwortlich.
Anders als die Ägypter stellten sich die Griechen ihre Götter als Menschen vor, nie als Tiere. Götter hatten menschliche Schwächen, waren launisch, streitsüchtig oder eitel. Aber sie hatten übermenschliche Kräfte und waren unsterblich.
Alle Griechen hatten gemeinsame Götter. In jeder Polis wurde meist eine Gottheit besonders verehrt, in Athen war dies die Göttin Athene.
Um den Willen der Götter zu erkunden, zogen die Griechen zu besonderen Orten und legten Priesterinnen und Priestern ihre Fragen vor. Diese gaben ihnen Auskunft in rätselhafter Form (**Orakel**). Ein Beispiel ist die Geschichte von König Kroisos aus Kleinasien. Er erhielt den Rat: „Wenn du Persien angreifst, wirst du ein großes Reich zerstören." Dies tat er, und tatsächlich zerstörte er ein großes Reich – sein eigenes, denn die Perser siegten!

Sagenhafte Helden

Unter den Göttern standen die **Heroen**. Diese Helden hatten göttliche und menschliche Vorfahren. Sie besaßen übermenschliche Kräfte.
Die Griechen erzählten sich viele Geschichten von Göttern und Heroen. Solche Sagen nennen wir **Mythen** (griech. *mythos*: Erzählung). In den „dunklen Jahrhunderten" wurden sie von fahrenden Sängern an den Höfen von Königen und Adligen vorgetragen.

Der Sänger Homer aus Kleinasien schrieb im 8. Jh. v. Chr. zwei lange Dichtungen. Sie berichten aus der griechischen Frühzeit von etwa 1200 v. Chr.: Die „Ilias" erzählt, wie die Götter in den Krieg der Griechen gegen die Stadt **Troja** eingriffen. Die „Odyssee" berichtet von den abenteuerlichen Irrfahrten des Helden Odysseus nach der Eroberung Trojas.

Ein Schönheitswettbewerb mit Folgen

Der Mythos berichtet: Die Göttinnen Hera, Athene und Aphrodite stritten sich, wer die Schönste sei. Paris, Sohn des trojanischen Königs Priamos, sollte Schiedsrichter sein. Er wählte Aphrodite und überreichte ihr als Preis einen Apfel. Zum Dank half sie ihm, Helena zu gewinnen. Sie war Königin von Sparta und schönste Frau auf Erden. Paris entführte Helena nach Troja. Ihr Mann, König Menelaos, wollte diese Schande rächen. So zogen Spartaner und andere Griechen gegen Troja. Ein zehnjähriger Kampf begann – der „Trojanische Krieg".

Auf Homers Spuren

Der deutsche Kaufmann Heinrich Schliemann nahm Homers Sagen beim Wort. Er wollte das vergessene Troja in der heutigen Türkei finden und freilegen. 1870/71 begann er mit Ausgrabungen. Er fand Mauern, die er für die Reste des Priamos-Palastes hielt. Bei seinen Grabungen ging er rücksichtslos vor: Alles, was ihm wertlos erschien, warf er weg.
Spätere Forschungen ergaben: Am Ort waren nacheinander viele Siedlungen errichtet worden. Ob eine davon Homers Troja war, ist bis heute umstritten. Es ist nicht einmal sicher, ob es je einen König Priamos gab.

Orakel   Heros   Mythos   Troja

Leben im antiken Griechenland

M 2 Herakles zähmt den Höllenhund
Vasenmalerei, um 530-525 v. Chr. (Ausschnitt)

Der berühmteste griechische Held ist Herakles. Das Orakel in Delphi rät ihm: „Ziehe in die Stadt Tiryns und diene dem dortigen König, dann wirst du unsterblich!"
Der König denkt sich zwölf Aufgaben aus, die nur ein Held vollbringen kann. In seiner ersten Heldentat besiegt Herakles einen wilden Löwen. Aus dem Fell des Ungeheuers macht er sich einen Mantel, aus seinem Kopf einen Helm. Das Bild zeigt die letzte Tat des Heros: Er dringt in die Unterwelt ein und fängt mit bloßen Händen den dreiköpfigen Höllenhund Kerberos. Als er ihn nach Tiryns führt, springt der König voller Angst in einen Topf.

M 3 Heilung einer Zweiflerin
Als Gott der Heilkunst wird Asklepios verehrt. Sein wichtigstes Heiligtum steht in Epidauros. Kranke schlafen hier in einem besonderen Raum. Im Traum erscheint ihnen der Gott und heilt sie. Auf einem Inschriftenstein heißt es:

Ambrosia aus Athen, auf einem Auge blind, kam hilfesuchend zum Gott. Aber beim Umhergehen spottete sie über manche Heilberichte. Es sei unglaublich und unmöglich, dass Lahme und Blinde
5 durch bloßes Träumen gesund werden könnten. Doch im Schlaf hatte sie einen Traum: Der Gott trat zu ihr und versprach, sie gesund zu machen. Nur müsse sie als Lohn dem Tempel ein silbernes Schwein stiften, zum Andenken an ihre Dummheit.
10 Nach dieser Rede habe er ihr das kranke Auge aufgeschnitten und Balsam eingeträufelt. Als es Tag geworden war, ging sie gesund davon.
Nach: Rudolf Herzog, Die Wunderheilungen von Epidauros, Leipzig 1931, S. 11

M 4 Wer den Gott auf seiner Seite hat ...
Der Geschichtsschreiber Herodot beschreibt um 430 v. Chr. einen Fall, in dem Griechen ein Orakel anrufen und eine seltsame Antwort bekommen:

Die Spartaner[1] waren im Krieg stets von den Männern aus Tegea besiegt worden. Daher sandten sie Boten zum Orakel in Delphi. Dort fragten sie: „Welchen Gott sollen wir günstig stimmen, um über
5 Tegea zu siegen?" Die Priesterin antwortete:
„Verschafft euch die Gebeine des Heroen Orest, des Sohns vom König Agamemnon!"
Sie konnten die Knochen aber nicht finden. Daher schickten sie nochmals Boten und fragten die Ora-
10 kelpriesterin: „Wo liegt Orests Leiche?" Sie sagte:
*„Im flachen Land Arkadien liegt der Ort Tegea.
Zwei Winde blasen dort, von Zwang gepresst,
Schlag trifft auf Schlag, Leiden trifft auf Leiden.
Dort birgt die Erde Agamemnons Sohn.*
15 *Hol ihn, dann wirst du Herr sein von Tegea!"*
Die Spartaner suchten überall, aber verstanden den Spruch nicht. Zuletzt fand ein Spartaner, Lichas, durch Glück und Klugheit das Gesuchte: Lichas besuchte einen Schmied in Tegea. Der er-
20 zählte ihm: „Als ich im Hof einen Brunnen grub, fand ich einen Sarg mit einem großen Mann. Danach habe ich ihn wieder begraben."
Da wusste Lichas, dass der Schmied den Orest gefunden hatte. Und auch das Orakel wurde ihm klar:
25 Die Blasebälge des Schmiedes ... [siehe Aufgabe 2].
Josef Feix (Hrsg.), Herodot. Historien griechisch-deutsch, Bd. 1, München ²1977, S. 61ff. (frei nacherzählt von Markus Sanke)

[1] **Sparta**: Siehe S. 98f.

M 5 Geheiltes Bein
Relief aus Epidauros, 5. Jh. v. Chr.
Der Mann ist durch Asklepios von Krampfadern geheilt worden. Aus Dankbarkeit hat er dieses Relief gestiftet.

1. *Bei manchen griechischen Göttern kannst du aus den Dingen, die sie tragen, auf ihre Zuständigkeit schließen. Untersuche die Götter in M1.*
2. *Ergänze, wie Lichas das „Rätsel" (M4, Z. 12 f.) gedeutet haben könnte.*
3. *Arbeite heraus, warum Heroen für die Griechen Vorbilder waren (Darstellung S. 84, M2, M4). Warum waren die Spartaner so bemüht, den Leichnam des Helden Orest in ihre Stadt zu holen (M4)?*
4. *Warum spielten Helden bei den Pharaonen keine Rolle?*
   Achte auf den letzten Satz von M2!
5. *Oft ist auch wichtig, was nicht in einem Text steht: Finde heraus, was die Griechen, anders als die Ägypter, von Göttern nicht erwarteten.*
   Vergleiche die Darstellungstexte S. 58 und 84.
6. *Erkläre, welche Funktion die Inschrift M3 aus Epidauros hatte (vgl. M5).*
   Überlege, wer im Heiligtum eine solche Inschrift anbringen durfte.

4 Feste für die Götter

M 1 Weihegaben an die Götter
Foto aus dem Magazin des Archäologischen Museums Olympia
Zu bedeutenden Tempeln gingen griechische Männer und „schenkten" den Göttern Waffen oder Rüstungsteile.
Stelle fest, wo Olympia liegt (Karte S. 79). Finde heraus, welche Bedeutung dieser Ort hatte (Legende). Beurteile, warum die Griechen den Göttern dort Geschenke machten.

Olympia: Einführung der Sportarten
776 v. Chr. Stadionlauf (Stadion: 192 m)
724 v. Chr. Doppellauf (zwei Stadien)
720 v. Chr. Langstreckenlauf (20–24 Stadien)
708 v. Chr. Ringkampf
708 v. Chr. Fünfkampf (Diskuswerfen, Weitsprung, Speerwerfen, Stadionlauf, Ringkampf)
688 v. Chr. Faustkampf
680 v. Chr. Wagenrennen (Vierspänner)
648 v. Chr. Pferderennen
648 v. Chr. Pankration („Allkampf")
520 v. Chr. Waffenlauf (zwei Stadien in voller Bewaffnung)
408 v. Chr. Wagenrennen (Zweispänner)

Nicht nur zum Vergnügen
Alles, was Griechen unternahmen, begannen sie mit Gebet und Opfer. Sie dankten den Göttern für ihre Hilfe oder versuchten, sie günstig zu stimmen. Die Menschen opferten ihnen die ersten Früchte des Feldes oder die kräftigsten Tiere ihrer Herde und bauten ihnen prächtige Tempel. Regelmäßig veranstalteten die Griechen feierliche Umzüge, Tänze und Wettkämpfe.
Diese Feiern boten den Stadtstaaten und ihren Bürgern Gelegenheit, Macht und Wohlstand zu zeigen. Die Reichen zahlten die teuren Feste für alle Bürger. So stärkten sie ihr Zusammengehörigkeitsgefühl und den Stolz auf ihre Stadt.

Spiele in Olympia
In Olympia befanden sich Heiligtümer für den Gott Zeus und seine Frau Hera, die für Frauen, Mutterschaft, Geburt und Ehe zuständig war. Zu ihren Ehren fanden schon im 11. Jh. v. Chr. religiöse Feste statt. Ab 776 v. Chr. sollen alle vier Jahre Sportwettkämpfe veranstaltet worden sein. Forscher gehen heute davon aus, dass an diesen **Olympischen Spielen** ab 600 v. Chr. die meisten griechischen Stadtstaaten teilnahmen.

Nicht nur Sport
Im Laufe ihrer tausendjährigen Geschichte änderten sich die Feiern. Aus einem Festtag wurden schließlich fünf. Immer mehr Sportarten kamen hinzu. Auch Sänger und Dichter stritten um Anerkennung und Preise.

Reine Männersache?
Bei den Spielen in Olympia durften nur griechische Männer mit Bürgerrecht einer Polis mitmachen. Verheiratete Frauen durften – anders als Mädchen und Sklaven – nicht einmal zuschauen. Für die Frauen gab es eigene Wettkämpfe.

Traum vom Olympiasieg
Wer in Olympia gewann, bekam einen Siegerkranz – mehr nicht. Trotzdem war er ein gemachter Mann: In seiner Heimat erwartete ihn eine hohe Belohnung. Sieger aus Athen erhielten lebenslang im Rathaus kostenlos Essen. Gewinner im Stadionlauf bekamen Olivenöl im Wert mehrerer Stadthäuser. Olympiasieger waren so berühmt, dass Standbilder von ihnen aufgestellt wurden.
Die Wettkämpfe waren nicht immer fair. Bei Wagenrennen wurde so rücksichtslos gefahren, dass es tödliche Unfälle gab. Auch Bestechung und Betrug kamen vor.

„Olympischer Friede"?
„Das Fest des Zeus ist nah. Jeder Streit ruhe, jeder Waffenlärm schweige! Frei mögen die Reisenden zum Zeus kommen!" Mit solchen Worten luden alle vier Jahre die Boten Olympias zu den Spielen ein. Die Botschaft führte nicht immer zur Einstellung der Kriege, schützte aber die an- und abreisenden Teilnehmer vor Überfällen.

Die Boten Olympias luden nicht zu „großen olympischen Sportwettkämpfen" ein, sondern zum „Fest des Zeus". Erkläre dies.

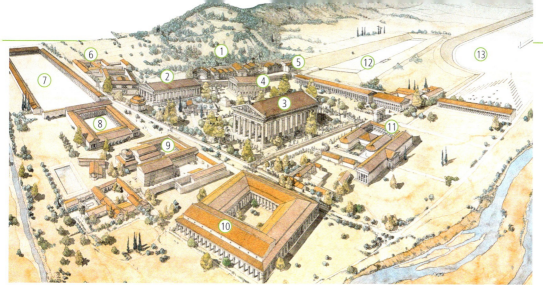

M 2 Olympia
Die Zeichnung von Jean-Claude Golvin (2003) zeigt das Heiligtum im 4. Jh. v. Chr.
① Heiliger Hain
② Tempel der Hera
③ Tempel des Zeus
④ Tempel der Kybele, der Mutter aller Götter
⑤ „Schatzhäuser", griechische Städte stellten hier kostbare Geschenke an die Götter aus
⑥ *Prytaneion*, Tagungsort der Verwalter, Ort der Festmähler für die Wettkampfsieger
⑦ *Gymnasion*, Übungsplatz der Läufer
⑧ *Palästra*, Übungsplatz der Ringer, Boxer und Weitspringer
⑨ Sitz der Priester
⑩ Gasthof für vornehme Gäste
⑪ *Buleuterion* mit Zeus-Altar, hier leisteten die Athleten den olympischen Eid
⑫ *Stadion* mit Platz für 45 000 Zuschauer
⑬ *Hippodrom* für Pferde- und Wagenrennen

M 3 Olympische Schattenseiten
Ein Journalist schildert den Ablauf der Spiele:
30 Tage vor den Spielen trafen die Sportler ein, um gemeinsam zu trainieren. Vor Publikum. Das war Vorschrift. In dieser Zeit machten sich die Kampfrichter ein Bild von den Bewerbern, stellten fest, wer olympiatauglich war und wer nicht. Weil sich nur wenige 30 Tage Verdienstausfall leisten konnten, hielt sich die Zahl der Teilnehmer in Grenzen, erst recht die Zahl der untauglichen. Wer nach Olympia kam, war meist ein Spitzenathlet. [...] Es kam vor, dass Städte Siegeskandidaten bei der Konkurrenz abwarben. Ein Top-Athlet namens Astylos siegte zuerst für Kroton. Vier Jahre später trat er für das offenbar reichere Syrakus an – und gewann. In Kroton beschlagnahmten sie daraufhin sein Haus und zerstörten seine Statuen.
Dass Gegner bestochen waren, kam ebenfalls vor: Der Boxer Eupolos flog auf, nachdem er drei Widersacher fürs Verlieren bezahlt hatte.
Harald Martenstein, Im Namen des Zeus. GEO Epoche 13, 2004, S. 106

M 4 Die Bedeutung der Spiele
Der Redner und Schriftsteller Isokrates aus Athen verfasst für die Olympischen Spiele von 380 v. Chr. eine „Festschrift". Darin schreibt er:
Mit Recht lobt man diejenigen, welche die Festversammlungen eingeführt haben, denn sie überlieferten die Sitte, dass wir uns nach Verkündung des Gottesfriedens und nach Beilegung der schwebenden Feindschaften an einem Ort zusammenfinden, um den Göttern gemeinschaftlich Gebete und Opfer darzubringen. Dabei erinnern wir uns der bestehenden Verwandtschaft, verbessern für die Zukunft das gegenseitige Verständnis, erneuern alte und schließen neue Freundschaften.
Nach: Isokrates, Panegyrikos 43 f. – Sämtliche Werke, übers. v. Christine Ley-Hutton, Bd. 1, Stuttgart 1993, S. 44-82, hier S. 51 f.

M 5 Fünfkämpfer mit ihrem Trainer
Trinkschale, um 490 v. Chr. (Ausschnitt)
Weitspringer hielten Gewichte in den Händen, um ihren Schwung zu vergrößern. Der Trainer korrigierte den Flug.

1. Stelle mit M2 fest, welche Anlagen in Olympia dem Götterkult, welche dem Sport und welche dem Betrieb des Heiligtums dienten.
2. Begründe, warum Athleten abgeworben und Schiedsrichter bestochen wurden (M3). Recherchiere, was heute gegen Betrug getan wird
   Lies nach, was ein Olympiasieger erwarten durfte (Darstellungstext).
3. Erzähle, welche Bedeutung die Olympischen Spiele 380 v. Chr. aus Sicht des Atheners Isokrates (M4) für die Griechen hatten.
4. An eurer Schule soll ein großes Sportfest stattfinden, mit Teilnehmern aus der ganzen Gegend. Schreibt dazu für eure Schul-Homepage eine kurze Ankündigung nach dem Vorbild des Isokrates (M4).
5. Jedem freien griechischen Mann standen die Olympischen Spiele offen. Begründe, warum dennoch mehr Reiche teilnahmen.
   Finde heraus, wo Olympia liegt und wie weit die Athleten anreisen mussten (Karte S. 79). Lies nach, wie lange sie in Olympia bleiben mussten (M3).

- 776 v. Chr.: angeblich erste Olympische Spiele
- Alle vier Jahre finden in Olympia Sportwettkämpfe statt
- 393 v. Chr.: die Olympischen Spiele werden vom christlichen Kaiser verboten
- 1896: Wiederbegründung als „Olympische Spiele der Neuzeit", die ersten Wettkämpfe finden in Athen statt

4 Griechen siedeln in „Übersee"

M 1 Griechische Tempel in Italien
Foto von 2014

Seltsame Tatsache: Die besterhaltenen griechischen Tempel stehen heute in Italien. In der Stadt Poseidonia, die heute Paestum heißt, beeindruckt dieser Tempel für die Göttin Hera. Gleich nebenan steht ein weiterer für den Gott Zeus.
Sammelt Ideen, wie und warum griechische Tempel nach Italien kamen.

Auf der Suche nach einer neuen Heimat
Seit dem 8. Jh. v. Chr. verließen zahlreiche Griechen auf Schiffen ihre Heimat. An den Küsten des Mittelmeeres und des Schwarzen Meeres gründeten sie neue, griechische Siedlungen. Dabei nahmen sie Land in Besitz. Deshalb wird diese Entwicklung **Kolonisation** (lat. *colere*: Land bebauen) genannt.

... und Folgen
Die Auswanderer gründeten **Tochterstädte (Kolonien)**. Die Kolonisation trug zum inneren Frieden in vielen Poleis bei, denn die Unzufriedenen sahen eine Chance, ihre Lage zu verbessern. Sie förderte Seefahrt, Schiffbau und Handel: Bald bekam man rund ums Mittelmeer griechische Töpferwaren im Tausch gegen Getreide und andere nützliche Rohstoffe.

Wie gründet man eine Kolonie?
Die Gründung neuer Siedlungen lief oft so ab:
- Die Gründer versammeln Menschen aus ihrer Polis oder anderen Stadtstaaten, die zu einer *Auswanderung* bereit sind.
- Das *Siedlungsgebiet* wird ausgewählt. Meist leben in der Gegend schon einige Griechen.
- Ein *Orakel* wird befragt: Sind die Götter dem Plan wohlgesonnen? Wichtig ist, dass der Hauptgott der Mutterstadt die Neugründung beschützt.
- Die Siedler behalten ihre *Lebensart*. Als Zeichen tragen sie das ewige Feuer aus dem Tempel der Hestia ihrer Heimatstadt mit in die Fremde.
- Die *Schiffe* haben auch die Grundausstattung der Siedler an Bord: Samen, Vieh, Geräte und Waffen.
- Die neue Stadt ist *unabhängig* von den Bürgern der Mutterstadt. Die Siedler können ihr Leben ohne fremde Einflussnahme frei gestalten.
- Mit der Mutterstadt wird aber *Kontakt* gehalten: Siedler reisen oft in die Gründungsstadt und betreiben Handel.

M 2 Wo Griechen Städte gründeten
Der Athener Gelehrte Platon schreibt um 390 v. Chr. über seine griechischen Landsleute: „Wir wohnen um unser Meer herum wie Ameisen oder Frösche um einen Sumpf."

Ursachen ...
Die Gründe für diese Auswanderung (Migration) waren: Naturkatastrophen, Bevölkerungswachstum, Krieg, Streit zwischen führenden Familien sowie Armut und Hunger. Auch die Aussicht auf Landbesitz, Gewinn versprechenden Handel und Abenteuer lockte manche Griechen in die Fremde.

Historiker sagen: „Durch die Gründung von Tochterstädten verbreiteten die Griechen ihre Lebensart und Kultur in der Mittelmeerwelt." *Prüfe diese Behauptung.*

Kolonisation   Tochterstadt (Kolonie)

Leben im antiken Griechenland

M 3 Warum auswandern?
Der Historiker Plutarch meint um 120 n. Chr.:
Damals gab es große Ungleichheit zwischen Arm und Reich. [...] Alle Leute waren bei den Reichen verschuldet. Sie bearbeiteten deren Land und mussten den sechsten Teil der Ernte abliefern. Oder sie dienten als Sklaven. Oder sie wurden in die Fremde verkauft. Viele waren gezwungen, ihre eigenen Kinder zu verkaufen, denn es gab kein Gesetz dagegen! Andere gingen in fremde Länder, um der Grausamkeit der Geldverleiher zu entkommen.

Nach: Plutarch, Parallelbiographien: Solon. – Große Griechen und Römer (übers. v. Konrat Ziegler), Bd. 1, Düsseldorf ³2010, S. 224

M 4 Regeln für Stadtgründer
Der Philosoph Platon (428 - 348 v. Chr.) schreibt:
Die Stadt soll in der Mitte des Landes liegen. [...] Zuerst soll man die Burg bauen. Dort soll ein Heiligtum für Hestia, eins für Zeus und eins für Athene errichtet werden. Eine Mauer soll sie umgeben. Stadt und Land sollen in zwölf Teile geteilt werden. Sie sollen gleichen Wert haben, indem man gutes Land kleiner, schlechteres größer macht. [...] Der Acker, der am nächsten bei der Stadt liegt, wird mit dem, der am weitesten entfernt ist, zu einem Besitz vereinigt, bis alle Äcker vereinigt sind. Jeder Bürger soll einen solchen Besitz bekommen.

Platon, Nomoi 6,745 – Werke in acht Bänden, hrsg. v. Günter Eigler, Bd. 8.1, Darmstadt ³1990, S. 333 f.

M 5 Friedliche Bauern oder Eindringlinge?
Der Historiker Karl-Joachim Hölteskamp beschreibt Probleme, die die Kolonisation gebracht hat:
Kriegerische Auseinandersetzungen waren gar nicht so selten. Ein gutes Beispiel ist Metapont in Süditalien. In der Gegend um die spätere Stadt lebten Griechen und Einheimische mehrere Generationen lang friedlich zusammen. Die Konflikte entstanden, als die Zahl der Siedler zunahm und das Ackerland immer begehrter wurde. Etwa um 600 v. Chr. wurde die einheimische Siedlung gewaltsam zerstört. Erst danach entstand die Stadt Metapont.

Karl-Joachim Hölteskamp, Das dritte Griechenland. Geo Epoche 37, 2004, S. 98 - 101, hier S. 100

M 7 Griechen ziehen nach Afrika
Die Bürger von Thera gründen um 630 v. Chr. eine Kolonie in Nordafrika. Der Grieche Herodot schreibt zwei Jahrhunderte danach:
Grinnos war König auf der Insel Thera. Er reiste nach Delphi und brachte eine großes Opfer. Als er das Orakel fragte, was er tun sollte, bekam er die Anweisung, eine Stadt in Libyen zu gründen. Die Bürger aber taten nichts, denn niemand wusste, wo Libyen liegt. Von nun an regnete es auf der Insel Thera sieben Jahre nicht mehr. Alle Bäume bis auf einer verdorrten. In ihrer Not befragten die Einwohner Theras noch einmal das Orakel. Die Priesterin wiederholte ihren Spruch. [...] Auf Kreta trafen sie einen Mann namens Korobios. Er berichtete, dass er einmal auf hoher See vom Kurs abgetrieben wurde. Dadurch sei er zur Insel Platea vor der Küste Libyens gekommen. Mit Korobios erkundeten einige Männer nun Libyen und die Insel. Danach fuhren die Leute aus Thera zurück in ihre Polis. Sie erzählten, dass sie eine Insel in Libyen besetzt hätten. Die Bürger beschlossen, auszulosen, wer dorthin geschickt werden soll. So sandten sie zwei Schiffe mit je fünfzig Ruderern nach Platea.

Josef Feix (Hrsg.), Herodot. Historien griechisch-deutsch, Bd. 1, München ²1977, S. 613 f. (vereinfacht nacherzählt von M. Sanke)

M 6 Gefahren der Seefahrt
Griechische Vasenmalereien, 5. und 8. Jh. v. Chr. (Umzeichnungen)

---

1. Beschreibe Ursachen, Folgen und Ablauf der Kolonisation (Darstellungstext S. 88, M1 - 7) in einer Tabelle.
2. Entwickle eine Geschichte: Der Bauer Kylos und seine Frau Aglaia aus der Polis Athen haben sich mit ihren Kindern in Sizilien niedergelassen. Am besten erzählst du in zeitlicher Reihenfolge: Was erlebte die Familie in Griechenland? Was unternahm sie dann? Wie wanderte sie aus? Was tat sie am neuen Siedlungsort? Wie ging es ihr nach der Aussiedlung? Berücksichtige den Darstellungstext und M1 - 7.
3. Noch immer nehmen viele Menschen schwere und lange Wege auf sich, um ihre Heimat zu verlassen. Vergleicht die Ursachen damals und heute.

Ausgewählte Kolonien (vgl. M2); gegründet von (Mutterstadt): Syrakus • Korinth | Tarent • Sparta | Byzanz • Megara | Platea • Thera | Massalia • Phocaea | Olbia • Milet

Zeit der griechischen Kolonisation

800 v. Chr. — 700 v. Chr. — 600 v. Chr. — 500 v. Chr.

Das Meer verbindet Menschen

M 1 Nachbau eines griechischen Schiffes
Foto von 1986
Im Jahr 1965 entdeckte ein Taucher bei Kyrenia an der Nordküste Zyperns das Wrack eines griechischen Schiffes. Es wurde von Archäologen untersucht und gehoben. Das Schiff aus dem 4. Jh. v. Chr. war so gut erhalten, dass 1985 ein genauer Nachbau angefertigt werden konnte.
Überlegt mithilfe der Karte hinten im Buch, welche Gebiete die Griechen über das Meer leicht erreichen konnten, welche mit größerer Mühe.

Schiffe – die wichtigsten Verkehrsmittel

Jahr für Jahr strömen Touristen nach Griechenland. Sie wollen die Kunst und Kultur der alten Griechen kennenlernen oder Sonne, Meer und Ruhe auf einer der vielen Inseln in der Ägäis genießen. Bis Athen kommen die Reisenden meist mit dem Flugzeug, aber auf die Inseln gelangen sie oft nur mit Fähren. Griechenlands lange Küsten und die vielen Inseln machten das Schiff schon im Altertum zu einem unentbehrlichen Verkehrsmittel für Menschen und Waren. Es ermöglichte den Griechen kulturelle und geschäftliche Kontakte zu ihren Nachbarn und die Gründung von Tochterstädten.

Ideen kommen über das Meer

Ein- und Auswanderung sowie Handel förderten die Begegnung der Hellenen mit anderen Kulturen. Schon in der Mitte des 2. Jahrtausends v. Chr. wurden Metalle und Luxusgegenstände aus Ägypten, Syrien und Kleinasien nach Griechenland eingeführt. Durch den Handel lernten die Griechen die Schrift der Phönizier kennen, die an den südlichen und westlichen Küsten des Mittelmeers lebten. Aus ihr entwickelten sie im 9. Jh. v. Chr. ihr Alphabet.
Auch die Münzen, die die Griechen seit dem 7. Jh. v. Chr. prägten, haben sie nicht selbst erfunden: Sie übernahmen sie vom Volk der Lyder in Kleinasien. Die Geldwirtschaft löste den Tauschhandel ab.

Fremde Kulturen – neue Einflüsse

Von Kretern, Phöniziern, Babyloniern, Persern und Ägyptern erhielten die Griechen wichtige Anregungen für ihre Religion, Kunst und Wissenschaft. Dieser Kulturaustausch hinderte die Griechen nicht daran, alle Menschen mit einer für sie fremden Sprache, Religion und Lebensweise **Barbaren** zu nennen. Sie verwendeten diesen Begriff, weil die Sprache der Fremden in ihren Ohren so unverständlich wie „barbar" klang. Anfangs war das nicht böse gemeint, später aber sahen sie die Kultur der „Barbaren" als minderwertig an. So machten sie im Krieg besiegte Fremde ganz selbstverständlich zu Sklaven.

Warenaustausch, Personenverkehr

Mit Schiffen kamen begehrte Waren nach Griechenland. Im Gegenzug wurden wertvolle Produkte ausgeführt. Griechische Ärzte und Baumeister, die in Persien oder Ägypten arbeiten wollten, bestiegen in Athens Hafen ein Schiff. Andererseits lockten berühmte Philosophen und Redelehrer viele Interessierte aus den Ländern am Mittelmeer zu Studien nach Athen. Außer zu den großen Spielen und Heiligtümern reisten die Griechen nur in dringenden geschäftlichen Angelegenheiten. Dabei waren Schiffsreisen schneller und trotz der Piraten meist sicherer als der Landweg. Die Griechen benötigten viele Schiffe, deren Bau sie von den Phöniziern gelernt hatten. Auf den Werften war der Bedarf an Bauholz so enorm, dass ganze Wälder verschwanden.

M 2 Griechische Amphore
Höhe: 69 cm, 5. Jh. v. Chr.
Amphoren (dt. Doppelträger) waren die wichtigsten Transport- und Aufbewahrungsgefäße der Antike. In ihnen wurden Öl, Wein, Oliven, Datteln, Getreide, Honig und vieles mehr verschifft.
Amphoren fassten zwischen 5 und 50 Liter. Einfache Amphoren waren „Einwegbehälter": am Bestimmungsort wurden sie oft weggeworfen.

Barbaren

Leben im antiken Griechenland

Phönizisches Alphabet ca. 1000 v. Chr.	Bedeutung	Griechisches Alphabet ca. 800 v. Chr.	Bedeutung	Lateinisches Alphabet ca. 500 v. Chr.
⨯	'	A	A(lpha)	A
⋑	b	B	B(eta)	B
△	d	Δ	D(elta)	D
⋺	h	E	E(psilon)	E
⋏	k	K	K(appa)	K
⋛	m	M	M(y)	M
⋛	n	N	N(y)	N
⋒	r	P	R(ho)	R
w	š	Σ	S(igma)	S
Y	u	Y	Y(psilon)	Y
—	—	Ω	O(mega)	O

M 3 Die Entwicklung des Alphabets

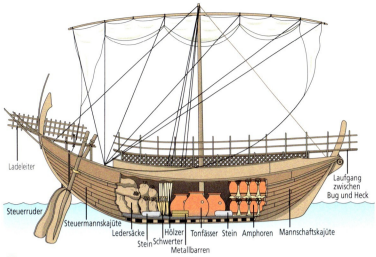

M 4 Griechisches Frachtschiff
Rekonstruktionszeichnung
Die Handelsschiffe waren selten über 20 m lang.
Sie konnten zwischen 70 und 150 t laden.

M 5 Handeln und herrschen
In einer Schrift aus dem 5. Jh. v. Chr. wird festgestellt:
Die Athener allein sind imstande, über die Schätze Griechenlands und die der Barbarenländer zu verfügen. Denn, wenn irgendeine Stadt Überschuss an Schiffsholz, Eisen, Kupfer oder Flachs hat, wohin
5 soll sie es exportieren ohne die Einwilligung Athens, des meerbeherrschenden Volkes? [...] Dem meerbeherrschenden Staat gewährt der Verkehr auch die Mittel zu allerlei Genüssen. Was es in Sizilien, Italien, auf Zypern, in Ägypten, in Libyen,
10 in Pontusländern[1] oder in der Peloponnes oder sonst wo an Delikatessen gibt, das ist alles in Athen vereinigt.
Nach: Michel Austin und Pierre Vidal-Naquet, Gesellschaft und Wirtschaft im alten Griechenland, München 1984, S. 259

[1] **Pontusländer**: Länder am Schwarzen Meer

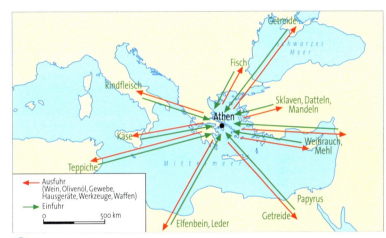

M 6 Athen – Zentrum des Handels

1. Stelle fest, welche Waren nach Athen eingeführt wurden und woher sie kamen (M4-6). Präsentiere das Ergebnis in einer Tabelle.
2. Ein Schiff schaffte normalerweise 5 bis 6 Kilometer pro Stunde. Finde heraus, wie lange damals eine Fahrt von Athen nach Platea dauerte. Nutze dazu die Karte M2, S. 88.
3. Erläutere an Beispielen, woher wir einige unserer Kenntnisse über die Schifffahrt und den Handel der Griechen haben.
   Ein Tipp: Damalige Unglücke sind heute unser Glück. Vgl. M1.
4. Stelle zusammen, woher die Waren stammen, die wir heute alltäglich benutzen. Betrachte Lebensmittel, Kleidung, Möbel, technische Geräte, Unterhaltungsgüter. Kommen mit diesen Dingen auch „Ideen" zu uns?

Zwei Kriege verändern Hellas

M 1 Perserkönige
Relief aus Persepolis, Hauptstadt des Perserreiches, 500 v. Chr.
Auf dem Thron sitzt König Dareios I. Hinter ihm steht sein Sohn, Thronfolger Xerxes. Vor Dareios wird Weihrauch abgebrannt. Ein Bote berichtet dem König. Beide Herrscher führten Krieg gegen Hellas.
Erinnert dich diese Darstellung an ein Bild aus dem vorigen Kapitel? Was besagt die Ähnlichkeit über die Königsherrschaft der Perser?

Gefahr aus Asien?

Um 540 v. Chr hatten mächtige Könige ein **persisches Großreich** gegründet. Ihre Bogenschützen eroberten ein Gebiet nach dem anderen. Die Herrschaft reichte von Kleinasien bis Indien.

Die persischen **Großkönige** sahen sich als „Herrscher der Welt". Die Bewohner der eroberten Länder mussten Abgaben zahlen, durften aber ihre Religion und Kultur behalten.

Um 490 v. Chr. erschienen in den Städten Griechenlands Boten des Perserkönigs Dareios I. Als Zeichen der Unterwerfung forderten sie Erde und Wasser.

Gemeinsam gegen die Perser

Um 500 v. Chr. erhoben sich einige Städte Kleinasiens gegen die persische Herrschaft. Sie stürzten die Stadtherren und riefen Athen zu Hilfe. 498 setzten sie die persische Stadt Sardes in Brand. Um den Aufstand niederzuschlagen, zerstörten die Perser *Milet*. Daraufhin brachen die *Perserkriege* aus.

Im Jahr 490 v. Chr. siegten die Athener bei *Marathon*. Zehn Jahre später kehrten die Perser unter ihrem König Xerxes zurück, um ihre Niederlage zu rächen. Inzwischen hatten die Athener eine starke Kriegsflotte aufgebaut und ein Bündnis mit Sparta und anderen Stadtstaaten geschlossen. In der Seeschlacht bei *Salamis* unterlagen 480 v. Chr. die Perser. Ein Jahr später schlug ein griechisches Heer mit einer großen Zahl spartanischer Soldaten die Perser bei *Plataiai* auch zu Lande.

M 2 Ein Zweikampf
Weingefäß, Mitte 5. Jh. v. Chr.
Die Szene zeigt rechts einen persischen Krieger. Er hat alle Pfeile verschossen. Nun bleibt ihm nur noch sein Schwert gegen Schild und Lanze des Hopliten aus Sparta.

Vom Bündnis zum Bürgerkrieg

Um künftig gerüstet zu sein, gründete Athen 477 v. Chr. den Attischen Seebund. Die meisten Städte der Ägäis traten ihm bei. Athen nahm darin großen Einfluss auf die Politik seiner Partner. Sein schneller Aufstieg zur Seemacht und seine Macht in Hellas machten Sparta Sorgen. Es fürchtete um seine Unabhängigkeit. 431 v. Chr. brach der Krieg zwischen Athen und Sparta und ihren Bündnispartnern aus. Dieser *Peloponnesische Krieg* dauerte 27 Jahre.

Schwere Zeiten für Athen

Die Athener hatten schon 460 v. Chr. begonnen, Athen und den Hafen Piräus mit den „Langen Mauern" zu umgeben. Kein Heer sollte die Stadt vom Meer abschneiden. Als die Spartaner anrückten, holten die Athener die Bewohner Attikas in die Stadt, führten die lebenswichtigen Güter mit Schiffen ein und griffen ihre Feinde von See aus an. Doch etwa ein Drittel der Menschen hinter den Schutzmauern starb an einer Seuche.

Trotzdem hielten die Athener stand. Die Entscheidung fiel erst, als der persische Großkönig eingriff – mit Geld. Er half Sparta beim Bau einer Flotte. Dafür ließ Sparta es zu, dass die Perser die griechischen Städte Kleinasiens eroberten. Schließlich ergaben sich die Athener. Die Langen Mauern wurden abgerissen, der Attische Seebund löste sich auf.

Athen wurde nie wieder so mächtig wie vor dem Krieg. Sparta aber blieb zu schwach, um auf Dauer ganz Griechenland zu beherrschen.

persisches Großreich   Großkönig

Leben im antiken Griechenland

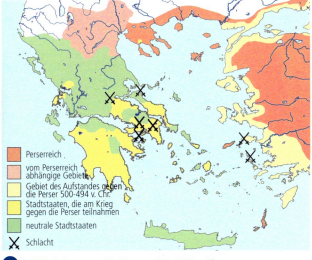
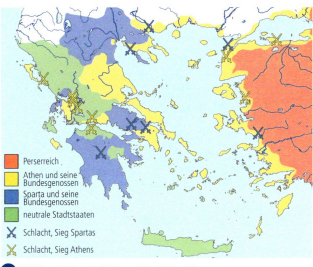

M 3 Bündnis gegen die Perser, 500–479 v. Chr.
Die Karte zeigt, welche Stadtstaaten sich zum Kampf gegen die Perser zusammenschlossen.

M 4 Bürgerkrieg in Hellas, 431–404 v. Chr.
Die Karte zeigt, welche Städte im Peloponnesischen Krieg auf welcher Seite standen.

M 5 Wer hat Griechenland gerettet?

Der Geschichtsschreiber Herodot beurteilt den Sieg über die Perser:

Der Feldzug des Xerxes richtete sich dem Namen nach gegen Athen. Er hatte es in Wirklichkeit aber auf ganz Hellas abgesehen. Das wussten die Griechen, aber sie waren nicht alle einer Meinung: Etliche überreichten dem Perser Erde und Wasser und hofften, der Feind würde ihnen nichts tun. Andere aber gaben nichts, und die lebten in großer Furcht, weil die Zahl der Schiffe in Hellas den Angriff nicht hätte aushalten können und die Masse der Griechen am Krieg nicht teilnehmen wollte, sondern recht persisch eingestellt war. [...]
Hätten die Athener die Gefahr gefürchtet und ihre Heimat verlassen oder sich dem Xerxes ergeben, dann hätte keiner versucht, sich dem König zur See entgegenzustellen. Wäre ihm zur See keiner entgegengetreten, dann wäre es zu Lande ähnlich gegangen. Dann wäre Hellas unter die Perser gekommen. Wer die Athener die „Retter von Hellas" nennt, der hat Recht. Denn auf welche Seite die Athener sich wendeten, das gab den Ausschlag. Und sie zogen die Erhaltung der Freiheit von Griechenland vor.

Nach: Herodot, Historien, Buch VII. 138 f. – Historien griech.-dt., hrsg. v. Josef Feix, Bd. 2, Düsseldorf ⁷2006, S. 973

M 6 Athener Untaten

Melos bleibt im Peloponnesischen Krieg neutral und bleibt dem Seebund fern. Athen will es 416 v. Chr. zum Beitritt zwingen. Die Melier:

„Unser Vorschlag ist, dass wir eure Freunde sind, keiner Partei feind, dass ihr unser Land verlasst und wir einen Vertrag schließen, wie er zweckmäßig scheinen mag uns beiden."
Darauf lassen sich die Athener nicht ein. Sie belagern die Stadt viele Monate. Thukydides schreibt: Im folgenden Winter [...] ergab sich Melos auf Gnade oder Ungnade. Die Athener richteten alle erwachsenen Melier hin, soweit sie in ihre Hand fielen. Die Frauen und Kinder verkauften sie in die Sklaverei. Den Ort gründeten sie selber neu, indem sie später 500 attische Bürger dort ansiedelten.

Thukydides, Geschichte des Peloponnesischen Krieges V.112 und 116, übers. v. Georg Peter Landmann, München/Zürich 1993, Bd. 2, S. 807–811 (gekürzt und vereinfacht)

Tipp: Schau dir noch einmal die Methode „Kartenarbeit" auf S. 82 f. an.

1. Beschreibe, wie sich im 5. Jh. v. Chr. die Lage für das Perserreich, für Athen und seine Partner und für Sparta und seine Partner geändert hat (M3–4).
2. Arbeite heraus, wie Herodot den Anteil der Athener an den Perserkriegen beurteilt (M5). Was war nach Herodot die Absicht der Athener?
3. Du bist Spartaner. Ein Soldat aus Athen erzählt dir voller Stolz von Herodots Urteil (M5). Entwirf eine Gegenrede.
   Finde mit dem Darstellungstext den Anteil deiner Polis am Krieg heraus.
4. Bewerte die Handlungen der Athener gegen Melos (M6).

4 Herrscht in Athen das Volk?

M 1 Abstimmungsscherbe, 482 v. Chr.
Bei einem Scherbengericht ritzten die Bürger auf eine Scherbe den Namen eines Politikers, den sie aus der Stadt schicken wollten. Wurden über 6000 Scherben abgegeben, musste der gehen, dessen Name am häufigsten genannt wurde.
Diskutiert Vor- und Nachteile dieses Verfahrens. Wäre es heute noch möglich?

Die Herrschaft ändert sich
Im Stadtstaat Athen herrschten zunächst Könige (**Monarchie**, von griech. *monarchia*: Alleinherrschaft). Im 8. Jh. v. Chr. wurden sie von Adligen entmachtet. Das waren Angehörige alter, reicher Familien, die von den Einkünften ihrer großen Landgüter lebten. Sie nannten sich *aristoi*, „die Besten". Diese Herrschaft heißt daher **Aristokratie**.
Es kam vor, dass einer der Adligen ohne Zustimmung der anderen die Alleinherrschaft an sich riss. Dies nannten die Griechen **Tyrannis**.

Von der Aristokratie zur Demokratie
Im Krieg mussten alle Athener die Polis verteidigen. Nach den Perserkriegen fanden immer mehr Bürger die Herrschaft weniger Adliger ungerecht. Ab Mitte des 5. Jh. v. Chr. wurden alle wichtigen Entscheidungen in **Volksversammlungen** beschlossen. So entschieden die Bürger gemeinsam über Gesetze, Krieg und Frieden, Einnahmen und Ausgaben. Jeder konnte einen Antrag stellen. Jede Stimme zählte gleich viel. Die Mehrheit der Stimmen entschied. Um alle gleich zu behandeln, wurden jährlich 6000 Athener als Laienrichter ausgelost. Vor ihrem Gericht durften Kläger und Beklagte ihre Standpunkte öffentlich vortragen. Am Ende urteilten die Richter geheim.

Volksherrschaft mit Grenzen
An Volksversammlungen durften Männer ab 18 Jahren teilnehmen, am Gericht ab 30. Sie mussten aus Athener Familien stammen. Ausgeschlossen waren Frauen, Sklaven[1] und Personen aus anderen Poleis. Trotzdem war diese Ordnung ein Fortschritt: Nicht mehr wenige Reiche bestimmten über die Polis. Jeder durfte mitentscheiden. Nach den griechischen Wörtern *demos* (Volk) und *kratein* (herrschen) heißt diese politische Ordnung **Demokratie**.

[1] Zur Sklaverei im antiken Griechenland lies S. 104 f.

Angst vor zu großer Macht
Die Athener wollten verhindern, dass ein Einzelner oder der Adel wieder die Macht an sich reißen konnte. Dazu schufen sie Regeln:
- Grundsätzlich wurde jeder Athener für fähig angesehen, öffentliche Aufgaben zu übernehmen.
- Jährlich wurde ein Rat aus 500 Bürgern ausgelost. Er tagte öffentlich und überprüfte, ob Beschlüsse umgesetzt wurden.
- Jeder Athener durfte nur zweimal im Leben Mitglied des Rates sein.
- Der Rat bereitete bis zu 40 Volksversammlungen im Jahr vor und prüfte Ausgaben und Einnahmen.
- Die Geschworenengerichte bestanden aus Richtern, die jährlich neu ausgelost wurden.
- Jährlich konnte ein „Scherbengericht" entscheiden, ob ein Mann für zehn Jahre verbannt wurde.
- Die Amtszeit aller Beamten dauerte ein Jahr.

M 2 Politik in Athen – kein Verlustgeschäft
Seit etwa 480 v. Chr. wurde die Teilnahme an Volksversammlungen und Gerichten vom Staat bezahlt: Teilnehmer erhielten für jeden Tag eine Wertmarke. Sie konnte gegen den entgangenen Tageslohn eingewechselt werden.

Herrschte wirklich die Mehrheit?
Trotz der demokratischen Ordnung blieb die Regierung in den Händen einiger reicher Männer. Dies lag am hohen Ansehen der adligen Familien. Die Bürger zahlten keine regelmäßigen Steuern. Öffentliche Aufgaben wie den Bau von Kriegsschiffen oder die Veranstaltung von Festen bezahlten einzelne Bürger. Deshalb bewarben sich nur reiche Männer für hohe Ämter wie das der Heerführer (*Strategen*). Die Einführung einer Bezahlung für die Übernahme öffentlicher Ämter und Aufgaben änderte daran wenig.

---

1. *Stelle zusammen: Welche Regeln schufen sich die Athener, um die Mitwirkung vieler Bürger zu ermöglichen und eine Tyrannis zu verhindern?*
2. *Unser Wort „Politik" stammt von „polis". Erkläre!*

Monarchie   Aristokratie   Tyrannis   Volksversammlung   Demokratie

Leben im antiken Griechenland

M 3 Athen in der zweiten Hälfte des 5. Jh. v. Chr. Rekonstruktionszeichnung, um 1990
① Akropolis
② Pnyx, Ort der Volksversammlungen
③ Münzanstalt
④ Brunnenhaus
⑤ Säulengang
⑥ Gerichtshof
⑦ Sitz der Feldherren
⑧ Sitz des Rates der 500
⑨ Agora (Fest-, Versammlungs- und Marktplatz)
⑩ Heilige Straße

M 4 Für und gegen die Demokratie

In einem Theaterstück des Dichters Euripides von 424 v. Chr. sagt der Athener Theseus:

Niemanden hasst das Volk mehr als einen Alleinherrscher. Denn er sieht nicht die für alle geltenden Gesetze als höchstes Gut an, sondern einer allein macht Gesetze, wie es ihm passt. Das ist keine Gleichheit mehr. Wenn die Gesetze aber aufgeschrieben werden, gelten sie für Arme wie für Reiche gleich. Der Arme kann sich genauso zu Wort melden wie der Reiche, wenn ihm Unrecht geschieht. Hat er Recht, siegt auch der kleine Mann über den großen. Der Leitspruch der Freiheit lautet so: Wer eine gute Idee hat, die dem Staat nützt, der trage sie in der Volksversammlung vor. In welchem Staat gibt es also größere Gleichheit?

Euripides lässt einen Boten sagen:

In der Stadt, aus der ich komme, herrscht ein Mann allein, nicht das einfache, ungebildete Volk. Es gibt niemanden, der das Volk durch Reden in seinem eigenen Interesse mal so, mal so beeinflusst. Wie kann überhaupt das Volk den Staat lenken, wenn es nicht mal gute Reden halten kann? Ein armer Bauer mag zwar auch denken können, doch wegen seiner vielen Arbeit kann er sich nicht um das Wohl des Volkes kümmern.

Nach: Henning Ottmann, Geschichte des politischen Denkens. Die Griechen, Bd. 1/1: Von Homer bis Sokrates, Stuttgart/Weimar 2001, S. 203f. (vereinfacht)

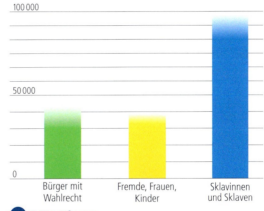

M 5 Die Athener
Mitte des 5. Jh. v. Chr. leben in der Polis Athen etwa 300 000 Menschen.
Nach: Peter Funke, Athen in klassischer Zeit, München ³2007, S. 60

1. Vergleicht die Herrschaft in Athen im 5. Jh. v. Chr. mit der in Ägypten. Stellt Unterschiede und Gemeinsamkeiten in einer Tabelle zusammen.
   Zur Herrschaft in Ägypten lest noch einmal S. 54f. und 66f.
2. Du lebst im 5. Jh. v. Chr. in Athen und bekommst Besuch von Freunden aus Korinth. Sie möchten wissen, wie ihr Athener eure Polis regiert. Biete den Gästen eine Stadtführung zu den wichtigsten Orten Athens!
   Wähle aus M3 diejenigen fünf Einrichtungen aus, die dir am wichtigsten erscheinen. Erkläre deinen Gästen jeweils ihre Funktion.
3. Erkläre, welche Herrschaftsform Theseus für die beste hält und welche der Bote bevorzugt (M4). Bewerte ihre Argumente.
4. Diskutiert, ob in Athen wirklich „das Volk" herrschte.
   Arbeitet aus M5 die ungefähre Zahl der Einwohner Athens heraus, die keine Mitbestimmungsrechte hatten.

4 Jetzt forschen wir selbst!

Wer ist das Volk?

Demokratie – in Deutschland und im antiken Athen

„Unsere Demokratie ist eine Erfindung der alten Griechen", ist eine weit verbreitete Meinung. Mit M1-5 könnt ihr euch euer eigenes Urteil bilden. (Im Unterschied zu „Meinungen" sind „Urteile" begründete Einschätzungen.) Mit eurer Auswertung könnt ihr die besten Gründe (*Argumente*) herausfinden und darüber in der Klasse diskutieren.

Unsere *heutige* Demokratie ist durch folgende Werte bestimmt: Freiheit – Gleichheit – Gerechtigkeit – Mitbestimmung.

Vorschläge für Forschungsfragen:

Thema 1: Prüfe die Aussage „So ähnlich machen wir es noch heute, zum Beispiel im Bundestag" (S. 78, M1) kritisch. M1
Thema 2: Warum konnte sich in Athen die Staatsform der Volksherrschaft (Demokratie) entwickeln? M2-5
Aber vielleicht fallen euch ja noch andere Fragen ein?

Beschreiben
Thema 1: *Arbeitet heraus*, welche Einrichtungen zur Herrschaft des Volkes unser Grundgesetz vorsieht.
Thema 2: *Schreibt heraus*: Personen mit Lebenszeiten – Ereignisse mit Daten – Orte (kopiert die Karte S. 79 auf Transparentpapier) – Griechische Begriffe, die etwas mit der Staatsform zu tun haben (z. B. M4: „Demokratie").

Untersuchen
Thema 1: *Vergleicht*, welche unserer heutigen Einrichtungen im antiken Athen bereits bestanden, welche nicht.
Thema 2: *Untersucht*, wie sich die Mitbestimmungsrechte des Volkes entwickelten und welche griechischen Begriffe zu den heutigen Werten der Demokratie passen.

Einordnen
Thema 1: *Begründet*, worin die Volksversammlung der Polis Athen sich vom Deutschen Bundestag unterschied.
Thema 2: Nehmt die Rolle einer dieser Personen an: Solon – Peisistratos – Kleisthenes. *Begründet* den Athenern in einer kurzen Rede, warum eure Handlungen gut sind.

Präsentieren
Thema 1: *Zeichne* ein einfaches Schema, mit dem du die Unterschiede zwischen der Athener Demokratie und der Demokratie in der Bundesrepublik vergleichen kannst.
Thema 2: Als Titelbild des Grundgesetzes wird ein Grieche gesucht, den man ‚Held der Demokratie' und ‚Vorbild unserer Verfassung' nennen kann. Wähle dir einen Griechen aus und vertritt ihn in einer *Podiumsdiskussion*.

M1 Aus dem Grundgesetz

Das Grundgesetz ist unsere Verfassung, also das oberste Gesetz. Es regelt, wie Deutschland regiert wird.

Artikel 20, Absatz 2: Alle Staatsgewalt geht vom Volke aus. Sie wird vom Volke in Wahlen und Abstimmungen und durch besondere Organe der Gesetzgebung [*Parlament*], der vollziehenden Gewalt [*Regierung*] und der Rechtsprechung
5 [*Gerichte*] ausgeübt.

Artikel 38, Absatz 1: Die Abgeordneten des Deutschen Bundestages werden in allgemeiner, unmittelbarer, freier, gleicher und geheimer Wahl gewählt. Sie sind Vertreter des ganzen Volkes, an Aufträge und Weisungen nicht gebunden und
10 nur ihrem Gewissen unterworfen.

Absatz 2: Wahlberechtigt ist, wer das achtzehnte Lebensjahr vollendet hat; wählbar ist, wer das Alter erreicht hat, mit dem die Volljährigkeit eintritt.

Grundgesetz für die Bundesrepublik Deutschland, hrsg. von der Bundeszentrale für politische Bildung, Bonn 1996, S. 13 und 22

M2 Solon richtet das Volksgericht ein

Als Solon zum höchsten Beamten in Athen gewählt wird (594 v. Chr.), hat der Adel die Königsherrschaft längst abgeschafft. Seither geht es darum, welche Adelsfamilie sich an die Spitze der Polis stellen kann. Der Streit der Familien wird immer heftiger. Das Volk fühlt sich ungerecht behandelt. Alle Bewohner der Polis haben Angst vor einem neuen Tyrannen. Deshalb beauftragen sie Solon, kluge Gesetze zu schaffen, die das verhindern sollen. Besonders heikel ist die Frage, wer Beschlüsse fassen darf. Bislang sind das die adligen Beamten (Archonten) und die Adelsversammlung (Areopag). Der entscheidende Gedanke Solons ist, die Macht nicht mehr nach Herkunft, sondern nach dem Vermögen zu bemessen: Je reicher, desto mehr Mitsprache. Aristoteles (384-322 v. Chr.) fasst später zusammen:

Nach geltender Ansicht gelten folgende drei Maßnahmen der Staatsordnung Solons als die volksfreundlichsten. Die erste und wichtigste war die Abschaffung der Darlehen, für die mit dem eigenen Körper gehaftet werden musste; dann das
5 Recht, dass jeder, der wollte, für diejenigen, die Unrecht erlitten hatten, Vergeltung fordern konnte; und drittens – wodurch, wie man sagt, die Menge am meisten gestärkt worden ist – die Überweisung von Rechtsverfahren an das Gericht. Denn wenn das Volk (im Gericht) Herr über den Stimmstein
10 ist, wird es auch Herr über die Staatsordnung.

Aristoteles, Der Staat der Athener, übers. u. hrsg. v. Martin Dreher, Stuttgart 1993, in: Hans-Joachim Gehrke und Helmuth Schneider (Hrsg.), Geschichte der Antike Quellenband, Stuttgart 2013, S. 38

Wer ist das Volk?

M 3 Tyrannenmord während der Athena-Festspiele

Der Adel war mit Solons Lösung nicht zufrieden: Zu viel Macht hatte er an das Volk abtreten müssen. Dennoch war die neue Ordnung zunächst ein Erfolg. Aber die Machtkämpfe im Adel hielten an. Etwa fünfzig Jahre nach Solons Reformen gelang es schließlich dem Adligen *Peisistratos*, die Macht zu ergreifen. Von 546 v. Chr. bis zu seinem Tod 527 v. Chr. herrschte er fast fünfzig Jahre als Tyrann über Athen. Peisistratos konnte sich halten, weil er viele Maßnahmen ergriff, die dem Athener Volk gefielen. So investierte er viel Vermögen, um das Stadtfest zu Ehren der Athene zu einem großen Ereignis mit vielen Besuchern aus anderen Poleis zu machen. Nach seinem Tod übernahmen seine Söhne *Hipparchos* und *Hippias* die Tyrannis. Während des Athena-Festes wurde Hipparchos 514 v. Chr. von zwei Attentätern erdolcht. Sein Bruder Hippias wurde vier Jahre später aus der Stadt vertrieben. Den Attentätern setzten die Athener später dieses Denkmal.

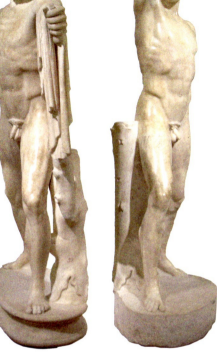

M 4 Kleisthenes, die Herrschaft des Volkes und die Gleichheit vor dem Gesetz (Isonomie)

Die Tyrannen sind tot oder verjagt – freie Fahrt also für das Volk, endlich selbst zu entscheiden? Das sehen nach 510 die Adligen Athens etwas anders. Ein wütender Kampf zwischen den prominenten Adligen Isagoras und Kleisthenes entbrennt um die Vorherrschaft in Athen. Da entwickelt Kleisthenes einen listigen Plan. Er erkennt, dass derjenige, der das Volk (Demos) auf seine Seite bringen kann, schließlich den Sieg davontragen würde. Kurzerhand entwirft er eine neue politische Ordnung, in der die Volksversammlung (erwachsene Männer) das meiste zu sagen habe. Im jährlichen Wechsel wird von dieser Versammlung ein Rat von 500 Männern gewählt, der die Regierungsgeschäfte führen soll. Isagoras erkennt die Gefahr und vertreibt Kleisthenes aus der Stadt. Doch Kleisthenes kann sich auf seine neuen Freunde verlassen, und der Rat veranlasst erfolgreich, den Volksfreund wieder in die Stadt zurückzubringen.
Der Historiker Klaus Rosen (2000) bewertet Kleisthenes' Leistung für die Demokratie kritisch:

Er [Kleisthenes] galt denn auch im Athen des 4. Jahrhunderts als der eigentliche Schöpfer der Demokratie. Eine solche Auszeichnung ist jedoch bedenklich, da diejenigen, die sie ihm gegeben haben, aus dem Rückblick sprachen und die weitere Entwicklung überblickten. Sie wussten, wie eine Demokratie aussieht.

Klaus Rosen, Griechische Geschichte erzählt, Darmstadt 2000, S. 108 f.

M 5 Ostrakismos – Vollendung der Demokratie?

Der letzte Tyrann Athens, Hippias, ist an den Hof des Perserkönigs Dareios geflohen (M3). Seine Heimatstadt sieht er erst 490 v. Chr. anlässlich des unverhofften Sieges der Athener gegen die Großmacht Persien als alter Mann wieder.

Damals war das Selbstbewusstsein der Athener gewachsen, denn sie hatten einen großen und mächtigen Feind besiegt und die Freiheit der Polis erfolgreich verteidigt. Drei Jahre nach der Schlacht von Marathon[1] machten sie sich selbst ein Geschenk: die höchsten Beamten der Polis, die Archonten, wurden von nun an durch das Los bestimmt – auch die ärmsten Bürger konnten nun Archonten werden. Und sie setzten eine Idee in die Tat um, die vielleicht schon auf Kleisthenes zurückgeht: Einmal im Jahr konnte die Volksversammlung durch Abstimmung auf Täfelchen (*ostrakoi*) unbeliebte Politiker für 10 Jahre der Stadt verweisen (*ostrakisieren*).
Ein weiterer Schub für die Volksherrschaft folgte 479 v. Chr. nach dem Sieg von Salamis.[2] Nun war klar: Die Bürger Athens konnten sich ihre Freiheit von Tyrannen und von Fremdherrschaft selbst erkämpfen, gerade weil sie alle vor dem Gesetz gleich waren. Weil einer ihrer erfolgreichsten Krieger, Kimon, sie ihrer Meinung nach nicht genügend unterstützte, wurde er 461 v. Chr. kurzerhand ostrakisiert. Die letzten Einflüsse der Areopagiten wurden beseitigt und die Bezahlung der Tätigkeit im Volksgericht und im Rat eingeführt (*Diäten*). Einer der radikalen Reformer dieser Tage war Ephialtes. Er wurde ermordet – vielleicht von einem, dem das alles zu weit ging.

Eigenbeitrag Nicola Brauch

[1] Siehe S. 92. [2] Siehe S. 92.

4 Spartaner machen vieles anders

M 1 Durch Kampf zur Macht
Umzeichnung einer griechischen Vasenmalerei, ca. 640 v. Chr. Im 10. bis 8. Jh. fochten die Griechen Zweikämpfe „Mann gegen Mann". Im 7. Jh. erfanden sie die geschlossene Schlachtreihe, die Phalanx („Walze"). Die Soldaten aus Sparta waren für diese Kampfweise berühmt.

Entnimm dem Bild, wie eine Phalanx funktionierte und welche Vorteile sie bot.

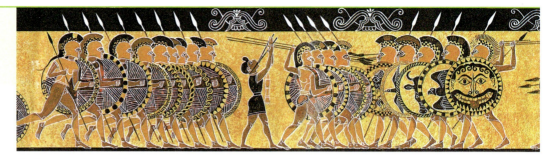

Eroberer auf der Peloponnes

Nach 1000 v. Chr. wanderten Leute aus dem Norden Griechenlands auf die Peloponnes ein. Im fruchtbaren Tal des Eurotas gründeten sie fünf Dörfer. Aus ihnen entwickelte sich der Staat Sparta. An seiner Spitze standen seit dem 7. Jh. v. Chr. zwei Könige. Als die Bevölkerung wuchs und das Land knapp wurde, eroberten die Spartaner das fruchtbare Messenien. Das neue Land teilten sie gleichmäßig unter sich auf. Die Bevölkerung machten sie zu Staatssklaven (Heloten). Diese hatten keine Rechte, mussten das Land bewirtschaften und Abgaben leisten. Die Nachkommen der Besiegten, die nicht versklavt worden waren, nannten sie Periöken (dt. Umwohner). Sie zahlten Steuern und dienten im Heer, hatten jedoch keine Mitspracherechte.

Siege haben ihren Preis

Die Eroberer mussten ständig mit dem Widerstand der Heloten rechnen. Sie taten daher alles, um unbesiegbar zu bleiben.

Ein Junge aus Sparta wurde seinen Eltern mit sieben Jahren weggenommen. Er kam auf eine staatliche Militärschule. Dort erhielt er einfaches Essen, ein Bündel Stroh zum Schlafen und ein dünnes Gewand, das er bei jedem Wetter tragen musste. Die Tage waren ausgefüllt mit Kampfübungen und Sport. Es gab keine Ferien, auch nicht an Feiertagen. Den Jungen wurde beigebracht, Schmerzen auszuhalten, ihre Gefühle zu verbergen und sich knapp auszudrücken.

Den Mädchen ging es nur wenig besser. Die Spartaner glaubten, nur kräftige Frauen könnten gesunde Kinder bekommen.

Ein Staat wie eine Kaserne

Die rund 6000 ausgebildeten Soldaten, die **Spartiaten**, wohnten getrennt von ihren Familien in Tisch- und Zeltgemeinschaften wie im Krieg. Es war ihnen verboten, auf dem Feld zu arbeiten, Handel zu treiben oder einen anderen Beruf auszuüben.

Die Spartanerinnen mussten nicht in den Krieg ziehen. Sie verwalteten das Landgut der Familie und beaufsichtigten die Heloten. Die Männer waren davon abhängig, dass ihre Frauen gut wirtschafteten, denn ein Spartiat, der nichts zum Unterhalt seiner Tischgemeinschaft beitrug, verlor seine Rechte.

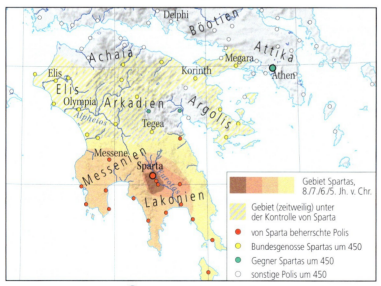

M 2 Aus fünf Dörfern wird eine Großmacht
Im 5. Jh. v. Chr. war Sparta auf dem Höhepunkt der Macht. Viele Städte waren mit Sparta verbündet. Es konnte auch über deren Soldaten verfügen.

Wenn etwas besonders einfach, anspruchslos oder karg ist, nennen wir es „spartanisch". Erkläre diese Redewendung.

Leben im antiken Griechenland

M 3 Spartanische Erziehung
Der Grieche Plutarch verfasst um 100 n. Chr. eine Lebensbeschreibung des spartanischen Gesetzgebers Lykurg. Der soll im 7. Jh. v. Chr. geherrscht haben. Zur spartanischen Erziehung heißt es darin:
Die Erziehung hielt er [Lykurg] für die größte und wichtigste Aufgabe des Gesetzgebers. Er ließ die Körper der Mädchen durch Laufen, Ringen, Diskus- und Speerwerfen kräftigen, damit sie gesunde Kinder zur Welt bringen. Weichlichkeit, Verzärtelung und alles weibische Wesen verbannte er. [...] Die Jungen der Spartaner aber gab Lykurg nicht in die Hände von Pädagogen, noch durfte jeder seinen Sohn aufziehen, wie er wollte. Vielmehr nahm er selbst alle, sobald sie sieben Jahre alt waren, zu sich und teilte sie in „Horden", in denen sie miteinander aufwuchsen, erzogen und gewöhnt wurden, immer beisammen zu sein.
Als Führer der „Horde" wählten sie denjenigen, der sich durch Klugheit und Kampfesmut auszeichnete. Sie hörten auf seine Befehle und unterwarfen sich seinen Strafen. So bestand die Erziehung wesentlich in der Übung im Gehorsam. Lesen und Schreiben lernten sie nur so viel, wie sie brauchten; die ganze übrige Erziehung war darauf gerichtet, dass sie pünktlich gehorchen, Strapazen ertragen und im Kampfe siegen lernten.
Nach: Walter Arend (Bearb.), Altertum. Geschichte in Quellen, München ³1978, S. 143 f. (gekürzt und sprachlich vereinfacht)

M 5 Sparta und Athen – ein Vergleich
Der Athener Geschichtsschreiber Thukydides urteilt um 420 v. Chr. über Sparta:
Wenn Sparta verwüstet würde und nur die Tempel und Grundmauern der Gebäude blieben, würde man später sicher [...] voller Unglauben seine Macht [...] bezweifeln. Und doch besitzen die Spartaner zwei Fünftel vom Peloponnes und stehen an der Spitze des Landes und vieler Verbündeter. Aber da sie nicht in einer Stadt beisammen wohnen und keine kostbaren Tempel und Bauten haben, sondern nach altgriechischer Art in Dörfern siedeln, könnte Sparta eher armselig wirken.
Wenn es aber Athen ebenso ginge, so würde seine Macht nach der sichtbaren Erscheinung der Stadt doppelt so hoch geschätzt werden, als sie wirklich ist.
Thukydides, Geschichte des Peloponnesischen Krieges, Buch 1.10, nach: Georg Peter Landmann (Übers.), a. a. O., S. 17-19 (frei übertragen)

M 6 Regierung in Sparta
Sparta war eine Art Monarchie: Zwei Könige aus den mächtigsten Familien regierten gemeinsam. Im Krieg führten sie das Heer, im Frieden hatten sie nur religiöse Aufgaben. Dann regierte ein Rat der ältesten, dem die Könige und 20 Männer über 60 Jahren angehörten. Sie wurden auf Lebenszeit von allen Spartaiten auf einer Volksversammlung gewählt. Auch diese war anders als in Athen: In Sparta wurde nicht über Entscheidungen diskutiert, sondern nur abgestimmt.
Eigenbeitrag Markus Sanke

M 7 Spartanischer Krieger
Bronzefigur, Höhe: ca. 13 cm, um 530 v. Chr. Auf dem Schlachtfeld sollen die Spartiaten rote Hemden getragen haben, damit das Blut nicht zu sehen war. Im Gegensatz zu den anderen Griechen hatten sie lange Haare.

M 4 Spartanisches Mädchen
Bronzefigur, Höhe: 12 cm, um 530 v. Chr. Laufen, Ringen, Diskus- und Speerwerfen gehörten zu den von Mädchen ausgeübten Sportarten.

1. *Der Schreiber eines Leserbriefes fordert: „Die heutigen Schulen sollten sich ein Beispiel an den Spartanern nehmen und ihre Erziehung daran ausrichten!" Schreibt eine Entgegnung (M3).*
   Berücksichtigt, was ihr über die Erziehung von Kindern und Jugendlichen in Sparta und ihre Gründe wisst.
2. *Stelle in einer Tabelle gegenüber: Die Rolle von Frauen/Mädchen und Männern/Jungen in der Gesellschaft Spartas (Darstellung, M3, M4, M7).*
3. *Diskutiert die Besonderheiten der Regierung von Sparta (M6). Vergleicht mit Athen (S. 94 f.).*
   Beispiele: In Sparta gab es zwei Könige. Ihre Aufgabe im Krieg war ... Die höchste Einrichtung in Athen war ...
4. *Erkläre Thukydides' Urteil (M5) mit der Lebensweise der Spartaner.*
5. *Sparta stellte bei den Olympischen Spielen jahrhundertelang die meisten Sieger. Finde mögliche Ursachen.*

4 Methode

Textquellen …

… sind die wichtigsten geschichtlichen Zeugnisse. Ein Text aus der Vergangenheit kann beim ersten Lesen schwierig sein – sogar für Profi-Historiker! Wir müssen also zuerst den Inhalt **verstehen**. Dazu ein paar Tipps:

① Lies den Text sorgfältig durch. Oft erschließt sich sein Sinn beim zweiten Lesen schon besser.

② Notiere dir unbekannte Begriffe und Namen. Kläre sie mithilfe eines Lexikons (Buch, Internet).

③ Ausdrücke, die dir unverständlich bleiben, kannst du im Unterricht klären.

Im nächsten Schritt sollst du den Text **einordnen**:

④ Finde heraus, *wann und wo* der Text entstand.

⑤ Ermittle den *Autor*. Welchen Beruf, welche Aufgabe hatte er, als er den Text schuf? Was war der Anlass? Ein Lexikon kann dir dabei helfen.

⑥ Lies in deinem Geschichtsbuch nach, was wir über die *Zeit der Textquelle* wissen.

⑦ Um welche *Art von Quelle* handelt es sich? Ein Gesetz hatte andere Absichten als ein Gedicht oder eine Rede.

Überlege, was der Text **bewirken** sollte und an wen er sich richtete.

⑧ Stelle fest, was der Autor in seiner Zeit mit dem Text *bewirken* wollte und *warum*.

⑨ Finde heraus, ob die beabsichtigte Wirkung erzielt wurde (etwa: *„Was geschah nachher?"*).

⑩ Manchmal ist wichtig, wie ein Text in unsere Zeit kam (Historiker nennen das *„Überlieferung"*). So klärst du, wie *zuverlässig* der Inhalt ist.

So kannst du dich bei Texten ausdrücken:

- *Bei dem Text handelt es sich um (eine Rede/eine Inschrift/ein Gesetz …).*
- *Der Text soll von … im Jahr … aufgeschrieben worden sein.*
- *Er stammt aus (der Stadt …/dem Land …).*
- *Zur dieser Zeit war für die dortigen Menschen (das Ereignis …) sehr wichtig, weil …*
- *Der Text wurde (vom Autor … selbst aufgeschrieben/von … überliefert).*
- *Die wichtigsten Stellen/Kernaussagen des Textes sind: a) …, b) …, c) …*
- *Der Autor möchte mit seinem Text (wahrscheinlich) erreichen, dass …*

M 1 Eine Rede, die die Athener bewegt

Im Jahr 431 spricht Perikles, Athener Heerführer und Politiker, zu den Athenern. Kurz nach Ausbruch des Peloponnesischen Krieges hat Athen die ersten Toten zu beklagen. Perikles hält daher eine Trauerrede. Der Historiker Thukydides hat sie miterlebt, aber erst 30 Jahre später aufgeschrieben:

Unsere Verfassung ahmt nicht die Einrichtungen anderer nach. Sie ist sogar ein Vorbild für andere. Ihr Name ist „Volksherrschaft", denn die Macht liegt nicht in den Händen
5 weniger, sondern einer größeren Zahl von Bürgern. […]

Mag jemand noch so arm sein, so ist ihm doch der Weg zur Auszeichnung nicht versperrt – wenn er nur dem Vaterland nützt.
10 Wegen der Größe unserer Stadt bekommen wir aus der ganzen Welt, was wir wünschen, Erzeugnisse fremder Länder ebenso wie die unserer Heimat.

Wir öffnen allen den Zutritt zu unserer Stadt.
15 […]

Andere wollen schon die Kinder mit Härte zur Tapferkeit drillen. Wir leben ohne solchen Zwang! Aber wir stellen uns genauso mutig jeder Gefahr, selbst wenn uns ein
20 gleich starker Feind gegenübersteht.

Unsere Staatsmänner verstehen es, ihre eigenen Interessen und die der Gemeinschaft zu berücksichtigen. […]

Ich fasse zusammen: Erstens ist unsere Stadt
25 eine Schule für ganz Griechenland. Zweitens kann sich in unserer Verfassung jeder Bürger bestmöglich entfalten. Deshalb werden uns die Menschen in Gegenwart und Zukunft bewundern!

Thukydides, Geschichte des Peloponnesischen Krieges, Buch 2, 35-46, nach: Georg Peter Landmann (Übers.), a. a. O., S. 235-249 (gekürzt und vereinfacht)

---

④ Entstehungszeit

⑤ Der Autor und sein Amt

⑥ geschichtlicher Zusammenhang. Wann war das? Wer kämpfte? Warum? Lies nach auf S. 92.

⑦ Art des Textes. Was sollte er bewirken?

⑩ Überlieferung. Wie genau kann ein Zuhörer die Rede nach so langer Zeit noch wiedergegeben?

③ Begriff klären: *Verfassung* = Gesetze, die die Einrichtungen in einem Staat regeln und festlegen, wie regiert wird.

② Begriff klären: *Volksherrschaft* = deutsche Übersetzung des griechischen Wortes „Demokratie".

⑥ Einordnung. Stimmt das? Lies nach auf S. 94 und 96 f.

⑥ Einordnung. Warum betont Perikles das? Lies nach auf S. 90 f.

⑥ Einordnung. Wen meint Perikles mit „Andere"? Lies nach auf S. 98 f.

⑥ Einordnung. Warum behauptet Perikles das? Lies nach auf S. 94 oben rechts.

⑥ Bewertung: Warum behauptet Perikles das?

⑧ Fast alle Quellen in Schulbüchern sind gekürzt und/oder vereinfacht, ohne den Sinn zu verändern, damit ihr sie leichter bearbeiten könnt.

Wenn du die Fragen am Rand beantwortet hast, hast du den Text sicher verstanden. Alle Personen und Begriffe hast du geklärt und wichtige Informationen über die Zeit der Quelle nachgeschlagen. Nun kannst du deine eigene Deutung aufschreiben. Berücksichtige dazu die Arbeitsschritte links!

Textquellen verstehen, einordnen und auswerten

Perikles lebte von etwa 490 v. Chr. bis 429 v. Chr. in Athen. Er stammte aus einer Adelsfamilie. Perikles hatte großen Einfluss auf die Politik. In Reden verteidigte und festigte er die Demokratie.
15 Jahre wurde er immer wieder zum Befehlshaber der Truppen gewählt.

Thukydides lebte von etwa 454 v. Chr. bis 396 v. Chr. in Athen. Er war ein bedeutender Historiker. Seine „Geschichte des Peloponnesischen Krieges" gilt als zuverlässige Quelle für den Kampf der Athener um die Macht in Griechenland.

M 2 Eine mögliche Deutung der Rede des Perikles
Ein Fachmann für griechische Geschichte hat folgende Interpretation verfasst. Deine eigene Lösung könnte aber auch anders ausfallen!

Der Historiker Thukydides hat eine Rede des Athener Politikers und Heerführers Perikles überliefert. Er soll sie 431 v. Chr. gehalten haben. Dies war das erste Jahr des Peloponnesischen Krieges, in dem Athen gegen Sparta kämpfte.	Zuerst wird die Quelle in ihre Zeit, ihren Raum und ihren Zusammenhang eingeordnet.
Perikles lobt die Herrschaft des Volkes, die Demokratie. In Athen könne sich jeder Bürger, ob arm oder reich, am Staat beteiligen.	Hier fasst der Autor die wesentlichen Aussagen der Quelle zusammen.
Seine Mitbürger, die Athener, grenzt Perikles von „Anderen" ab, die mit Zwang regieren. Er meint damit Athens Gegner, die Spartaner, die ihr ganzes Leben dem Krieg unterordnen.	Diese Aussage erscheint dem Historiker besonders wichtig.
Perikles betrauert die Bürger, die im Krieg gefallen sind. In dieser schlimmen Lage will er den Stolz der Athener auf ihre Polis und ihre Kampfbereitschaft stärken: Alle sollen wissen, dass sie ihre großen Opfer zur Rettung der Demokratie erbringen. Die Athener haben danach noch 26 Jahre weitergekämpft.	Deutung: Der Historiker beantwortet die Frage, warum Perikles die Rede hielt und was sie damals bewirken sollte.
Thukydides hat die Rede erst 30 Jahre später aufgeschrieben. Sicher hielt er sie nicht wörtlich fest. Er könnte die damalige Meinung des Perikles aber richtig wiedergegeben haben, denn heutige Historiker halten ihn für zuverlässig.	Am Ende der Darstellung bewertet der Autor die Zuverlässigkeit seiner Quelle.

Eigenbeitrag Markus Sanke

M 3 Jetzt bist du dran
In der gleichen Rede rät Perikles den Athenern:

Mit den Gefallenen als Vorbilder sollt auch ihr das Glück in der Freiheit sehen. Sucht die Freiheit mit Mut und blickt nicht zu viel auf die Gefahren des Krieges. Wer keine Hoffnung mehr hat, hat auch keinen Grund, sein Leben hinzugeben. Wir aber hoffen auf die Verbesserung unserer Lage, und wir wissen, was wir verlieren, wenn wir aufgeben. Für einen stolzen Mann ist es schmerzhafter, feige zu sein, als einen kaum gespürten Tod zu erleiden.

Thukydides, Geschichte des Peloponnesischen Krieges II.43, a. a. O., Bd. 1, S. 146 (gekürzt und vereinfacht)

1. Bildet zwei Gruppen: Gruppe 1 sammelt Informationen zu Perikles, Gruppe 2 zu Thukydides. Stellt eure Person der jeweils anderen Gruppe in einem Kurzreferat vor. Berichtet auch über eure Informationsquellen.
2. Vergleiche die Quelle M1 mit der Deutung M2. Arbeite heraus, was eine historische Quelle von einer Deutung unterscheidet.
3. Finde für jede Aussage in der Deutung M2 heraus, auf welcher Information in der Quelle M1 sie beruht.
4. Verfasse eine Deutung von M3. Berücksichtige, was du bereits über die Quelle (M1) und ihre Interpretation (M2) erfahren hast.

Familienleben in Athen

M 1 Frauen bleiben unter sich
Vasenmalerei, um 550 v. Chr.
Griechische Frauen und Mädchen aus der Oberschicht leisteten Arbeit im Haus. Dort lebten sie in eigenen Frauenräumen. Ihr Auftreten in der Öffentlichkeit galt den Männern als unfein.
Diskutiert, ob wir Athen wirklich eine „Demokratie" nennen dürfen, obwohl Frauen von vielen Lebensbereichen ausgeschlossen waren.

Männer herrschen auch im Alltag

Die meisten Bürger von Athen waren Bauern. Hinzu kamen selbstständige Handwerker und Markthändler. Die Hauptmahlzeit nahm die Familie abends ein. Es gab Brot, Käse, Oliven, Feigen, Honig, Gemüse und Fisch. Fleisch aßen viele Athener nur bei Opferfesten.

Reiche Bürger luden oft Freunde, Gelehrte und Künstler zu besonderen **Gastmählern** ein. Dabei traf man sich ohne Ehefrauen. Die Treffen begannen mit einem Opfer für die Götter, dann aßen, tranken, sangen oder diskutierten die Gäste.

Frauen ohne Rechte?

Die Frauen Athens standen unter der Vormundschaft eines Mannes: Vater, Bruder oder Ehemann bestimmten über sie und vertraten sie vor Gericht. Sie hatten keine politischen Rechte und konnten keinen Grundbesitz erwerben. Zu ihren Aufgaben gehörte es, Kinder zu bekommen und zu erziehen, den Haushalt zu führen sowie Alte und Kranke zu pflegen. Töchter wuchsen im Haus auf und wurden auf ihre Rolle als Ehefrau und Mutter vorbereitet.

Frauen aus einfachen Familien mussten auch außerhalb des Hauses arbeiten, etwa als Weberinnen, Hebammen, Kindermädchen oder Händlerinnen.

Wer den angesehenen Familien angehörte, verließ das Haus nicht einmal zum Wasserholen oder Einkaufen, dies erledigten Sklaven.

Eine Möglichkeit gab es für Frauen, öffentlichen Einfluss auszuüben: Sie konnten Priesterinnen werden.

Kinderleben

Der Vater entschied über die Bildung der Kinder. Sie war nicht kostenlos. Deshalb lernten viele Kinder weder Lesen noch Schreiben. Reiche Eltern stellten Erzieher an. Das waren Sklaven, die die Söhne zum Lehrer begleiteten und die Hausaufgaben der Kinder überwachten. Neben dem Unterricht im Lesen, Schreiben, Rechnen und Sport mussten die Jungen Verse berühmter Dichter auswendig lernen.

Nur Mädchen aus reichem Hause lernten Lesen, Schreiben, Musizieren und Tanzen. Die Schulzeit der Jungen dauerte bis zum 18. Lebensjahr. Dann mussten sie Soldat werden. Viele heirateten erst zwischen 20 und 35. Mädchen wurden meist schon mit 14 Jahren verheiratet.

M 2 Haus eines reichen Kaufmanns
Rekonstruktion, nach Ausgrabungen in der Stadt Olynth
① Eingangshalle; ② offener Innenhof; ③ Hausaltar; ④ Lagerraum; ⑤ Vorraum und ⑥ Männergemach, beide mit Mosaikfußboden; ⑦ Küche; ⑧ Rauchabzug, zugleich Räucherkammer; ⑨ Treppe; ⑩ offene Galerie; ⑪ oben Frauengemach, im Erdgeschoss Speiseraum der Familie; ⑫ im Erdgeschoss Empfangsräume

Gastmahl (Symposium)

Leben im antiken Griechenland

M 3 Scheidung und neue Liebe

Über die Liebe des Perikles zu seiner zweiten Frau Aspasia schreibt der Historiker Plutarch um 100:

Aspasia war in Milet geboren [...]. Man sagt ihr nach, dass sie [...] sich nur für die mächtigsten und angesehensten Männer interessiert habe. [...] Wie einige glauben, wurde Aspasia von Perikles bloß
5 wegen ihrer Weisheit und Staatsklugheit geschätzt, [...] obwohl sie kein ehrbares oder anständiges Gewerbe betrieb, sondern eine Menge Hetären[1] unterhielt. Bei alledem ist nicht zu leugnen, dass der Neigung des Perikles zu Aspasia eine wirkliche Lie-
10 be zugrunde lag. Denn er hatte [ursprünglich] eine Verwandte zur Gemahlin [...]. Da aber diese Verbindung beiden nicht gefiel, gab er sie mit ihrer Einwilligung einem anderen zur Frau und nahm nun selbst die Aspasia, die er auf das zärtlichste liebte,
15 sodass er sie, wie man sagt, alle Tage, wenn er auf den Markt ging und wenn er wieder nach Hause kam, umarmte und küsste. [...] Aspasia soll in einem so großen Ruf gestanden haben, dass sogar Kyros [der König von Persien] der geliebtesten
20 seiner [Frauen] den Namen Aspasia gab.

Nach: Plutarch, Parallelbiographien: Perikles 24. – Große Griechen und Römer (übers. v. Konrat Ziegler), Bd. 2, Düsseldorf ³2010, S. 137 f.

[1] **Hetären**: Siehe Info rechts.

M 5 Im Haus – und außerhalb

Der Schriftsteller Xenophon schreibt zwischen 390 und 355 v. Chr. in einem Buch über Hauswirtschaft:

Es scheint mir, dass die Götter das Weibliche und das Männliche zusammengefügt haben, damit sie füreinander nützlich sind. Zuerst heiratet das Paar, um Kinder zu zeugen, damit die Menschen nicht
5 aussterben. Dann wird durch die Vereinigung erreicht, dass sie sich im Alter gegenseitig stützen. Bei Menschen ist es nicht wie bei Tieren üblich, im Freien zu leben. Menschen benötigen ein Dach über dem Kopf. Wenn sie Vorräte unter dem Dach
10 anlegen wollen, brauchen sie aber jemanden, der die Arbeit unter freiem Himmel verrichtet. Denn Pflügen, Säen, Pflanzen und Weiden sind Beschäftigungen im Freien. Aus diesen wird der Lebensunterhalt gewonnen. Sobald alles untergebracht ist,
15 ist aber jemand erforderlich, der es verwahrt und die Arbeiten verrichtet, die innerhalb des Hauses anfallen. Der Schutz des Daches ist notwendig bei der Versorgung neugeborener Kinder. Unter einem Dach muss die Verarbeitung der Ernte und die Her-
20 stellung von Kleidung stattfinden. Da beide Tätigkeiten, die im Innern und die im Freien, ausgeführt und beaufsichtigt werden müssen, hat Gott die körperliche Beschaffenheit entsprechend ausgestattet. Und zwar die der Frau für Arbeiten und Be-
25 sorgungen im Innern, die des Mannes hingegen für Tätigkeiten und Beaufsichtigungen außerhalb.

Nach: Thomas Späth und Beate Wagner-Hasel (Hrsg.), Frauenwelten in der Antike, Stuttgart 2000, S. 327

Info: Hetären

(griech. „Gefährtinnen") waren Frauen, die die männlichen Gäste eines Gastmahls (*Symposium*) unterhielten. Sie sagten Gedichte auf, machten Musik und tanzten. Sie sollten an der Unterhaltung der Männer teilnehmen und klug über Politik, Philosophie und Kunst sprechen. Während griechische Männer die geistige Bildung ihrer Ehefrauen für unnötig hielten, waren Hetären gebildet und informiert. Sie galten den Männern fast als ebenbürtig.

M 4 Frau und Kind

Figurengruppe aus gebranntem Ton, Höhe: ca. 11 cm, gefunden in Attika, 5. Jh. v. Chr.
Solche Tonfiguren könnten als Kinderspielzeug gedient haben, wurden aber auch in Tempeln geopfert.

---

1. Beschreibe mithilfe von M2 den Lebensraum einer Athener Frau.
2. Überprüfe heutiges Spielzeug darauf, ob Kinder damit bestimmte Rollen aus der Welt der Erwachsenen nachspielen. Stelle Beispiele vor. Vergleiche mit M4.
3. Fasse zusammen, wie Xenophon (M5) die unterschiedlichen Rollen von Frauen und Männern begründet. Vergleiche seine Meinung mit unserer heutigen Ansicht über die Rechte und Pflichten der Geschlechter.
   Du kannst in diesen Schritten vorgehen:
   a) Finde heraus, warum sich Frauen und Männer nach Xenophon binden.
   b) Nenne Arbeiten, die Männer, und solche, die Frauen verrichten sollen.
   c) Suche im Text nach Begründungen für diese Unterscheidung.
   d) Beantworte die gleichen Fragen aus unserer heutigen Perspektive.
4. Arbeite aus M3 heraus, welche Möglichkeiten griechische Frauen und Männer hatten, eine Ehe einzugehen und aufzulösen.
5. Bewerte, ob die Geschichte der Aspasia typisch für Frauen in Athen war.

Eine ungleiche Gesellschaft

M 1 Silberbergwerk Laurion, Attika
Rekonstruktionszeichnung von Oliver Frey (2009)
In den Silberbergwerken von Laurion arbeiteten bis zu 20 000 Sklaven. Sie gehörten verschiedenen Besitzern oder waren angemietet. *Fasse mit eigenen Worten alle Arbeiten zusammen, die du auf dem Bild erkennst.*

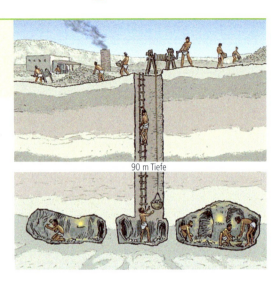

90 m Tiefe

Metöken – frei, aber keine Bürger

Jeder zehnte Bewohner Athens zur Zeit des Perikles war ein eingewanderter Fremder, ein **Metöke**. Die Metöken durften ihre Berufe frei wählen. Meist waren sie Kaufleute, die durch Fernhandel zu Athens Reichtum beitrugen. Athener selbst waren selten Händler.

Metöken konnten ihren Wohnort frei wählen, aber kein Land kaufen. Sie mussten mit in den Krieg ziehen, eine besondere Steuer zahlen und durften an den religiösen Festen der Athener teilnehmen. Politische Rechte besaßen sie aber nicht. Vor Gericht mussten sie sich von einem Athener vertreten lassen. Die Aufnahme in die Bürgerschaft war möglich, wenn 6000 Bürger in einer Volksversammlung zustimmten.

Sklaven – keine Menschen, sondern Sachen

Im 5. Jh. v. Chr. war jeder dritte Bewohner Athens ein **Sklave**. Die meisten Sklaven kamen als Gefangene nach Athen. Ihre Zahl wuchs ständig, denn auch ihre Kinder blieben Sklaven. Griechen waren kaum darunter, denn den Athenern wurde im 5. Jh. v. Chr. verboten, Hellenen als Sklaven zu kaufen. Die meisten kamen vom Schwarzen Meer oder aus Kleinasien. Sklaven galten als „Menschenvieh" oder als Sachen, da sie angeblich keine Vernunft besaßen und nur zum Gehorchen geboren seien. Kaum ein Grieche bezweifelte das.

Eine Ausnahme war Alkidamas. Dieser griechische Philosoph aus dem 4. Jh. v. Chr. meinte: „Die Götter haben alle Menschen frei erschaffen, die Natur hat niemanden zum Sklaven gemacht."

Wofür wurden Sklaven gebraucht?

Die meisten Sklaven arbeiteten als Hausdiener, Lehrer oder Musiker. Reiche Bürger leisteten sich bis zu 50 Haussklaven. Andere arbeiteten in Handwerksbetrieben und Geschäften. Ihr Leben unterschied sich kaum von dem einfacher Bürger. Einzelne Sklaven gelangten als Verwalter eines Gutes oder Betriebes zu Wohlstand. Sie konnten freigelassen werden. Darüber entschied ihr Herr. Einige Reiche vermieteten Sklaven als Erntehelfer an kleine Bauern.

Der größte bekannte Sklavenhalter Athens um 430 v. Chr. war Nikias. In den Silbergruben von Laurion beschäftigte er über 1000 Sklaven. In engen, dunklen Stollen förderten sie beim Qualm der Öllampen unter fürchterlichen Bedingungen kostbares Silbererz.

M 2 Grabstein einer Athenerin
Höhe: 1,52 m; um 410 v. Chr., gefunden in Athen
Die Frau rechts ist die verstorbene Hegeso. Dem Kästchen, das ihre Dienerin ihr reicht, entnimmt sie ein Schmuckstück. Es war aufgemalt und ist heute nicht mehr erkennbar.

Leben im antiken Griechenland

M 3 In einer Tongrube
Tontafel, 6. Jh. v. Chr., gefunden in Korinth
Mit einer Hacke löst ein Arbeiter (ein Sklave?) Tonklumpen von der Wand. Ein anderer sammelt den Ton in einem Korb. Ein dritter hebt einen Korb aus der Tongrube.

M 5 Athen – eine Sklavenhaltergesellschaft?
Der Althistoriker Stefan Rebenich beleuchtet 2006 die Rolle der Sklaven in der Athener Gesellschaft:
Sklaven waren im Athen des 5. Jh. v. Chr. allgegenwärtig. Der wirtschaftliche Aufschwung ermöglichte vielen Bürgern und Metöken den Sklavenkauf. Sklaven waren grundsätzlich persönlich unfrei und
5 Eigentum ihres Herrn. Ihre Tötung wurde nur als Totschlag geahndet. Sklaven waren meist Handelsware oder Kriegsgefangene. Die Mehrzahl kam aus dem Hinterland der Kolonisationsgebiete.[1]
Am politischen Leben hatten Sklaven keinen An-
10 teil. Schwere Strafen drohten ihnen, wenn sie eine Volksversammlung oder Ratssitzung besuchten.[2] Mehrheitlich waren sie in der Wirtschaft tätig. Dennoch war Athen keine „Sklavenhaltergesellschaft", da die athenische Wirtschaft nicht aus-
15 schließlich auf der Arbeit von Sklaven basierte. Ein Bauer mit einem kleineren Anwesen hatte höchstens 1 - 2 Sklaven. Auf größeren Gütern gab es mehr, teilweise auch einen Gutsverwalter, der unfrei war. Besitzer großer Handwerksbetriebe hat-
20 ten in seltenen Fällen bis zu 120 Arbeitssklaven. Es gab keinen Wirtschaftszweig, in dem nur Sklaven arbeiteten. Auf den Baustellen der Akropolis, in Steinbrüchen und Bergwerken waren immer auch freie Bürger und Metöken beschäftigt.

Nach: Stefan Rebenich, Die 101 wichtigsten Fragen – Antike, München ²2008, S. 53 f. (gekürzt und vereinfacht)

[1] Siehe S. 88, M2.   [2] Siehe S. 94.

M 4 Keinesfalls mit ihnen scherzen …
Der Athener Philosoph Platon äußert sich um 350 v. Chr. über die richtige Behandlung von Sklaven:
Sklaven sind ein Besitz, der sehr schwer zu handhaben ist. Das zeigt sich in ihren häufigen Aufständen, Diebstählen und Räubereien und dem dadurch hervorgerufenen Leiden.
5 Es gibt zwei Lösungen: Erstens soll man nicht Griechen, sondern vielmehr Leute von möglichst verschiedener Sprache zu Sklaven zu nehmen. Diese werden sich ihrem Schicksal williger fügen. Zweitens soll man sie richtig behandeln, nicht nur
10 ihretwegen, sondern viel mehr für uns selbst: Wir sollen gegen unsere Sklaven weder Schandtaten noch Bosheiten begehen. Denn gerade gegenüber Leuten, bei denen es ungefährlich ist, ihnen Unrecht zu tun, zeigt sich, ob man in seinem Wesen
15 das Recht liebt und das Unrecht verabscheut. Freilich muss man aber die Sklaven, wenn sie es verdienen, bestrafen. Man darf sie nicht verwöhnen, indem man sie wie freie Leute nur mit Worten ermahnt. Die Anrede an einen Sklaven muss fast
20 immer ein Befehl sein. Man darf keinesfalls mit ihnen scherzen, mit Mägden so wenig wie mit Knechten, wie es viele tun. Das macht den Sklaven das Leben schwerer zum Gehorchen, ihnen selbst aber zum Befehlen.

Platon, Nomoi 6, 777 f. – Werke in acht Bänden, hrsg. v. Günter Eigler, Bd. 8.I, Darmstadt ³1990, S. 353 f. (gekürzt und vereinfacht)

---

1. *Nenne den Unterschied zwischen Metöken und Sklaven (Darstellung).*
2. *Erkläre, warum Hegeso auf ihrem Grabstein (M2) zusammen mit ihrer Dienerin gezeigt wird.*
   Frage dich, wer oder was sonst noch auf einem Grabdenkmal abgebildet sein könnte (vgl. S. 70, M1).
3. *Beurteile, ob das Bild M2 eine zuverlässige Quelle für den Umgang der Griechen mit ihren Hausklaven ist.*
   Berücksichtige, dass die Stele auf einem Friedhof öffentlich aufgestellt war, und frage dich, was der Auftraggeber wohl aussagen wollte.
4. *Vergleiche M3 mit M1. Begründe, wofür Griechen so viel Ton brauchten.*
   Hinweise geben dir Bilder auf S. 79, 81, 84, 87 (M2), 90, 95 und 102.
5. *Ein Sklave war für die Griechen ein „sprechendes Werkzeug". Erkläre diese Haltung und weise sie mithilfe von M4 nach.*
6. *Gib wieder, wie S. Rebenich (M5) die Frage beantwortet: „War Athen eine Sklavenhaltergesellschaft?" Wie begründet er sein Urteil?*
7. *Erkläre, warum die antiken Griechen die Sklaverei für notwendig und erlaubt hielten. Begründe, warum Sklaverei bei uns heute verboten ist.*

105

4 Die Kunst blüht auf

M 1 „Phidias zeigt seinen Freunden den Fries im Parthenon" Ölbild von Lawrence Alma-Tadema, 1868, 72 x 110 cm
Der Maler stellte sich vor 150 Jahren den Künstler Phidias vor. Der hatte den größten Tempel Athens gebaut, den Parthenon auf der Akropolis (vgl. M4). *Die bunten Reliefs waren hoch oben am heiligsten Raum des Tempels angebracht. Einfache Besucher konnten sie nicht sehen. Wem sollten sie wohl gefallen?*

Tipp zu M2:
Auf S. 51 findest du ein Bild, das erklärt, woher die Griechen den Stil solcher Statuen übernommen haben.

Künstler entdecken das „Ich"
Im 5. Jh. v. Chr. lösten sich griechische Bildhauer und Maler von alten Vorbildern. Aus genauer Beobachtung und mit Gespür für Vollkommenheit schufen sie neuartige Bildnisse: Sie zeigten Menschen als Einzelpersonen in ganz verschiedenen Situationen oder mit individuellen Gefühlen. Wie die Bürger in der Demokratie ihre Persönlichkeit verwirklichen wollten, so versuchten die Künstler, Persönlichkeit im Bild festzuhalten. Maler und Bildhauer entwickeln einen persönlichen Stil, und immer mehr Künstler kennen wir auch mit Namen. Griechische Kunstwerke dieser Zeit gelten noch heute als vollendet. Wir bezeichnen sie als „**klassisch**".

Schönheit im Alltag
Griechen liebten das Schöne und die Kunst. Reiche Stadtbewohner ließen ihre Häuser von Künstlern ausmalen und mit Mosaiken verschönern. Bürger diskutierten leidenschaftlich über neue Statuen, die in ihrer Stadt aufgestellt wurden. Auch bei Dingen des Alltages legten sie Wert auf schöne Gestaltung. Das Geschirr für ihre Gastmähler war von den Töpfern mit Szenen aus der Welt der Götter und der Heroen oder mit Alltagsszenen bemalt worden.

Tempel – Bauwerke für Kult und Kunst
Den größten Aufwand betrieben die Künstler bei den Tempeln. Zu ihnen gingen alle Griechen. Die ersten Tempel im 8. Jh. v. Chr. bestanden noch aus Holz. Später wurden sie vor allem aus Marmor gebaut. Ein griechischer Tempel hatte einen großen, fensterlosen Raum, in dem das Götterbild stand. Er war von Säulen umgeben. Diesen Kultraum durften nur Tempeldiener betreten. Außen waren die Tempel mit reichem Schmuck versehen. Länge und Breite, Zahl und Abstand der Säulen und die Maße aller Bauteile sollten perfekt zueinander passen – die Griechen strebten nach **Harmonie**.
Tempel waren keine Versammlungsräume für die Gläubigen wie unsere Kirchen. Gottesdienst und Opfer fanden unter freiem Himmel am Altar statt.

M 2 Jüngling („Kouros")
Höhe 1,94 m, Statue eines Mannes, 520 v. Chr., gefunden in Attika
Laut Inschrift stand diese Figur auf dem Grab eines gefallenen Kriegers.

M 3 „Diskuswerfer"
Höhe 1,55 m; römische Kopie einer Statue des Bildhauers Myron aus Athen, 460 v. Chr.
Das bronzene Original der Statue ist verloren. Es stand in Delphi oder Olympia. Das Werk war so berühmt, dass die Römer später viele Kopien aus Marmor anfertigten.

Harmonie   klassisch

Leben im antiken Griechenland

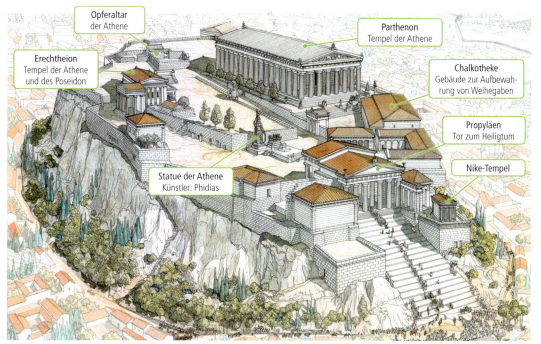

M 4 Die Akropolis von Athen am Ende des 5. Jh. v. Chr.
Ansicht von Westen; Rekonstruktion von Jean-Claude Golvin, 2005

Auf dem Berg befand sich im 8. Jh. v. Chr. die Burg der Polis.[1] Als Athen wuchs, verlor die **Akropolis** (griech. *Oberstadt*) ihre Verteidigungsfunktion und wurde in ein Heiligtum verwandelt. Ein Tempel für Athens Stadtgöttin Athene, der **Parthenon**, wurde gebaut. 480 v. Chr. zerstörten die Perser alle Bauten.[2] Der Politiker Perikles[3] setzte einen Neubau durch: Die Akropolis sollte alle anderen griechischen Heiligtümer übertreffen. Die Bauleitung hatte sein Freund **Phidias**. Der **neue Parthenon** wurde 447 - 433 v. Chr. gebaut. Darin stand ein Kultbild der Athene aus Gold und Elfenbein. Die Giebel trugen bunt bemalte Götterfiguren. Im **Erechtheion** (*Erechtheus*: angeblicher König der Frühzeit) waren die ältesten Kulte angesiedelt. Weiter östlich stand der **Altar**, an dem die Bürger opferten. Eine 9 m hohe **Athene-Statue** stellte Phidias im Freien auf. Den Glanz ihrer vergoldeten Lanzenspitze konnten Seeleute von Ferne sehen.

[1] Siehe S. 80.
[2] Siehe S. 92.
[3] Siehe S. 100 f.

Link-Tipp
Viele Informationen zur Akropolis von Athen früher und heute bekommt ihr unter
31051-07

M 5 Kunst-Touristen

Phidias hat auch das Zeus-Standbild im Tempel von Olympia geschaffen. Der griechische Philosoph Epiktet spottet um 100 n. Chr.:

Ihr reist nach Olympia, um das Werk des Phidias zu sehen, und jeder von euch hält es für ein Unglück, zu sterben, ohne es besichtigt zu haben. Dabei ist gar keine Reise dorthin nötig: Die Gottheit
5 ist nämlich überall anwesend und in ihren Werken gegenwärtig. Und dort wollt ihr nicht hinschauen? [...]
Stöhnt ihr da [in Olympia] nicht unter der Hitze? Bekommt ihr dort keine Platzangst vor lauter Ge-
10 dränge? Müsst ihr euch da nicht unter einfachsten Verhältnissen waschen? [...] Seid ihr nicht Lärm, Geschrei und all den anderen Übeln ausgesetzt?

Nach: Kai Brodersen, Die Sieben Weltwunder. Legendäre Kunst- und Bauwerke der Antike, München 7 2007, S. 61 (vereinfacht)

1. Überprüfe, was von den alten Bauwerken der Akropolis von Athen (M4) heute noch erhalten ist (Link-Tipp!). Erarbeite eine Führung
   a) als antiker Fremdenführer für Besucher des alten Athen (die gab es damals an allen bedeutenden Orten) oder
   b) als heutiger Reiseleiter für eine moderne Touristengruppe.
2. Vergleiche die Statuen M2 und M3. Beschreibe Gemeinsamkeiten und Unterschiede.
3. Beurteile die Entwicklung der Kunst in der Zeit zwischen M2 und M3. Welches der beiden Kunstwerke gefällt dir besser? Begründe.
   Lies noch einmal den Abschnitt „Künstler entdecken das ,Ich'". Kannst du einzelne Aussagen in den Kunstwerken wiederfinden?
4. Versetze dich in die Rolle des Perikles um 450 v. Chr. Der Neubau der Akropolis-Bauten wird die Bürger sehr viel kosten. Versuche, die Athener in der Volksversammlung von deinem Plan zu überzeugen.
   Finde Gründe, die an die Religion der Athener anknüpfen, und solche, die sich auf Macht und Ansehen der Polis Athen beziehen.
5. Arbeite heraus, was Epiktet (M5) an den Griechen kritisiert.

4 Philosophen erklären die Welt

M 1 Sieben Weise Männer aus Athen Mosaik aus Pompeji (Italien), 1. Jh. v. Chr.
In Griechenland begannen Menschen damit, den Erscheinungen der Welt mit dem eigenen Verstand auf den Grund zu gehen. Manche dieser Denker entdeckten Zusammenhänge, die noch heute gültig sind.
Erkläre, warum sich ein Hausbesitzer in Italien ein Mosaik mit bedeutenden griechischen Denkern einbauen ließ.

Philosophen fragen
Wie entstand die Welt? Warum geht die Sonne auf? Solche Fragen haben sich die Menschen seit jeher gestellt. Wie andere Völker glaubten die Griechen an übermenschliche, ewige Götter. Sie hätten die Welt erschaffen und seien verantwortlich für alles, was geschieht. Donner und Blitz erklärten sie sich damit, dass der Göttervater Zeus zornig sei. Für den Lauf der Sonne sei der Gott Helios verantwortlich, der mit seinem Wagen täglich von Ost nach West über den Himmel fahre. Mit solchen Mythen erklärten die Menschen sich das Geschehen auf der Welt.

Neugier notwendig
Seit etwa 600 v. Chr. gab es in Griechenland Männer, die die Natur mit anderen Augen ansahen: Sie waren neugierig, beobachteten genau und schrieben auf, was sie sahen. Und sie stellten noch schwierigere Fragen: Wie entstand das Leben? Was war am Anfang von allem?
Diese fragenden Männer nannte man Philosophen (griech. *philos*: Freund; *sophia*: Weisheit). Ihnen verdanken wir die Anfänge der europäischen **Philosophie**. Einer von ihnen war *Thales von Milet*. Er schloss aus Beobachtungen, dass das Wasser der Ursprung der Welt sei. Denn ohne Wasser sei kein Leben denkbar. Außerdem sei dieses Element allen anderen überlegen, weil es nicht nur fließen, sondern auch wie Luft fliegen und hart wie Erde sein könne.

Link-Tipp
Mehr über griechische Philosophen und ihre Art, über Probleme nachzudenken, erfährst du unter **31051-08**

Vom Mythos zum Logos
Thales und andere Denker wie *Pythagoras* stellen fest, dass man in der Natur immer wieder auf dieselben Zahlen und einfachen Figuren stößt und diese nach bestimmten Regeln zueinander in Beziehung stehen. So fand Thales heraus, dass der Durchmesser jeden Kreis in zwei gleich große Hälften teilt. *Mathematik* und *Geometrie* wurden Wissenschaften, mit denen allgemeine Lehrsätze aufgestellt und schwierige Beweise erbracht werden konnten. An die Stelle der Mythen trat die **Logik** (griech. *logos*: Sprache, Vernunft). Das „logische" Denken wurde Grundlage der Wissenschaften.

Gut oder böse?
Die Philosophen des 5. und 4. Jh. v. Chr. fragten auch: Was können wir überhaupt wissen? Was ist gut oder böse? Wie sollen wir leben? Welches ist die beste Staatsform?
Bei ihren Antworten nahmen sie immer weniger Rücksicht auf die Götter. Oft stritten sich die Anhänger des alten Glaubens und die Befürworter der „logischen" Sichtweise. Eines der ersten Opfer dieser Auseinandersetzungen wurde Ende des 5. Jh. v. Chr. *Protagoras*. Wegen seiner Zweifel an den Göttern verurteilten ihn die Athener zum Tode. Er konnte entkommen, starb aber bei der Überfahrt nach Sizilien. Seine Schriften wurden verbrannt. Ein anderes Opfer wurde *Sokrates*. Sein Ziel war es, durch ständiges Fragen das Gute und Gerechte herauszufinden. Auch ihn verurteilten die Athener zum Tode. Er nahm das Urteil an und lehnte es ab zu fliehen.

Vom Marktplatz in die Schule
Kein Wunder, dass die Philosophen mit ihren Stellungnahmen zu Fragen des öffentlichen Lebens vorsichtiger wurden. Sie zogen von der *Agora*, dem Markt- und Versammlungsplatz, in die Schule und begannen dort, genauer über alle Bereiche des Lebens und der Natur nachzudenken. So gründete *Platon* um 385 v. Chr. in Athen eine bedeutende Schule: die *Akademie*. Aus ihr ging *Aristoteles* hervor, einer der bedeutendsten Denker aller Zeiten. Er war Platons Schüler, erforschte alle Wissensgebiete und schrieb über Physik, Biologie und Politik.

Leben im antiken Griechenland

M 2 Sokrates und der Soldat Trasybulos

Sokrates will die Menschen zur Selbsterkenntnis führen und so zu einem sinnvollen Leben anregen. Deshalb verwickelt er die Leute gern in Gespräche:

Trasybulos: Guten Morgen, Sokrates!
Sokrates: Guten Morgen, Trasybulos! Gut siehst du aus in deiner Rüstung. Du bist wohl ein tüchtiger Soldat?
T(rasybulos): Klar! Ich habe im Kampf schon zehn Thebaner totgeschlagen.
S(okrates): Brav, Trasybulos; denn die Thebaner sind alle Lumpen.
T: Das hat unser General auch gesagt, Sokrates.
S: Und der General der Thebaner hat seinen Soldaten gesagt, alle Athener sind Lumpen.
T: Aber das stimmt doch nicht, Sokrates! Wir Athener sind keine Lumpen.
S: Sind denn die Thebaner Lumpen?
T: Meinst du etwa, unser General habe nicht Recht?
S: Ich weiß nicht, Trasybulos. Wir wollen das nächste Mal darüber weitersprechen.

Nach: Gustav A. Süß, Sokrates – der Archetypus des Wahrheitssuchers, in: Praxis Geschichte 3/2003, S. 28

M 3 Sokrates verteidigt sich

Platon berichtet, wie sich sein Lehrer Sokrates 399 v. Chr. vor dem Gericht der Athener verteidigt hat:

Ihr könntet sagen: „Sokrates, wir lassen dich frei, wenn du mit deiner Fragerei aufhörst und nicht mehr nach Weisheit suchst. Wenn wir dich aber noch einmal dabei erwischen, musst du sterben!"
Dann würde ich antworten: Ich bin euer Freund. Aber solange ich atme, werde ich nicht aufhören, nach Weisheit zu suchen und euch zu ermahnen. Wenn ich euch treffe, werde ich mit meinen gewohnten Reden fortfahren: „Bester Mann, schämst du dich nicht, für Geld, Ruhm und Ehre zu sorgen, aber nicht für Einsicht, Wahrheit und deine Seele?" Ich glaube, dass unserer Polis niemals ein größerer Dienst geleistet wurde. Ich tue nichts anderes, als Jung und Alt zu überreden, für ihre Seele zu sorgen. Nicht aus Reichtum entsteht die Tugend, sondern aus Tugend der Reichtum. Ob ihr mich nun freisprecht oder nicht: Ich werde nie anders handeln, und wenn ich noch so oft sterben müsste!

Platon, Apologie 29 d - 30 c – Werke in acht Bänden, hrsg. v. Günter Eigler, Bd. 2, Darmstadt ³1990, S. 1-69

M 4 Denken ist gefährlich!

Der Althistoriker Udo Hartmann schreibt:

In Athen bildete sich seit Mitte des 5. Jahrhunderts v. Chr. das wichtigste Zentrum der Philosophie heraus. Die Stadt war aber auch ein Ort der Verfolgung zahlreicher Philosophen. Eine Reihe wurde wegen „Gottlosigkeit" unter Anklage gestellt. Dieser Vorwurf wurde meist nur erhoben, um politische Ziele zu erreichen. Das Volk mag durch die Meinungen der Philosophen in seinen religiösen Gefühlen verletzt gewesen sein. Hinter den Anklägern standen aber in der Regel politische Gruppen. So wurde gegen Anaxagoras eine Gottlosigkeitsklage angestrengt. Anaxagoras wird in den Quellen als Lehrer des Perikles[1] bezeichnet. Kleon klagte ihn an, weil er die Sonne für einen glühenden Metallklumpen erklärt hatte. Nur dank der Verteidigung des Perikles wurde er zu einer Geldstrafe verurteilt und in die Verbannung geschickt.
Plutarch schreibt, dass kurz vorher ein Orakeldeuter[2] namens Diopeithes einen Gesetzesantrag[3] vorlegte: Jemand, der nicht an die Götter glaubt und Vorträge über Himmelserscheinungen hält, sei zu bestrafen. Das eigentliche Ziel der Bemühungen gegen Anaxagoras sei Perikles gewesen. Dessen Gegner zielten auf einen Freund und Berater des Staatsmanns, weniger auf einen gottlosen Philosophen. Perikles' Position sollte geschwächt werden.

Nach: Udo Hartmann, Griechische Philosophen in der Verbannung, in: Andreas Goltz, Andreas Luther und Heinrich Schlange-Schöningen (Hrsg.), Gelehrte in der Antike, Wien/Köln/Weimar 2002, S. 59 - 86, hier S. 60 - 62 (gekürzt und vereinfacht)

[1] Siehe S. 100 f.   [2] Siehe S. 84 f.   [3] Siehe S. 94.

M 5 Sokrates
Marmorfigur, Höhe 27,5 cm, 2. Jh. v. Chr. Sokrates philosophierte in der Öffentlichkeit und verfasste keine Schriften. Seine Lehre kennen wir v. a. aus den Büchern seines Schülers Platon. Im Jahr 399 v. Chr. wurde Sokrates vorgeworfen, die Götter nicht anzuerkennen und die Jugend zu verderben. Das Volksgericht verurteilte ihn zum Tode: Er musste einen Becher mit Gift trinken.

---

1. Das Gespräch M2 zeigt, wie Sokrates Fragen stellte, um die Menschen zum Nachdenken zu bringen. Entwickle eine Fortsetzung des Gesprächs mit Trasybulos. Notiere Fragen, die Sokrates noch stellen könnte.
2. Erkläre mit M2 und M3, warum manche Athener Sokrates (M5) für gefährlich hielten und vor Gericht stellten.
   Versetze dich in die Lage von Trasybulos (M2) und in die der Athener (M3, Z. 8-11). Beurteile, wie sie Sokrates' Fragen empfunden haben.
3. Erläutere mit M4, warum in Athen viele Philosophen verfolgt wurden.
   Frage dich, welche Rolle dabei die Lehre der Philosophen, die Religion der Athener und die Politik spielten.
4. Sokrates sagte einmal: „Ich weiß, dass ich nichts weiß." („... dass ich ein Nichtwissender bin.") Erkläre, was er damit gemeint haben könnte.
   Berücksichtige die „Frage-Technik" des Sokrates (M2).

Alexander erobert ein Weltreich

M 1 Alexanders Eroberungszüge
Nenne die heutigen Länder, durch die Alexanders Heer zog. Nutze die Karte hinten im Buch.
① Alexander opfert am Ort des antiken Troja.
② Nach einer Sage soll Asien beherrschen, wer zwei verknotete Seile löst. Alexander trennt den Gordischen Knoten – mit seinem Schwert.
③ Alexander nimmt Dareios' Familie gefangen.
④ Alexander lässt sich zum Pharao krönen.
⑤ Das Heer überquert den Euphrat und betritt persisches Kernland.
⑥ Alexander lässt sich in Babylon zum König von Asien ausrufen.
⑦ Das Heer erobert die persische Hauptstadt.
⑧ König Dareios stirbt.
⑨ Diener planen einen Mordanschlag auf Alexander. Er schlägt fehl.
⑩ Alexander will auch Indien erobern, aber seine Soldaten wollen in die Heimat zurück.
⑪ 10 000 Soldaten werden mit persischen Frauen verheiratet.

Makedonen unterwerfen Griechen

Im Norden Griechenlands herrschte ein *König* über das Volk der Makedonier. Die selbstständigen griechischen Stadtstaaten waren im 4. Jh. v. Chr. untereinander zerstritten. So konnte König *Philipp II.* die makedonische Herrschaft über Griechenland ausdehnen. Sein Sohn und Nachfolger **Alexander** war von griechischen Lehrern erzogen worden und bewunderte die griechische Kultur. Er soll sich hellenische Helden zum Vorbild genommen haben.

Ein Weltreich entsteht

Alexander wollte das Großreich der Perser bekämpfen. Makedonen und Griechen sollten gemeinsam den persischen Überfall vor 150 Jahren rächen.
334 v. Chr. zog Alexander mit einem Heer aus etwa 30 000 Makedoniern und Griechen nach Kleinasien – der Krieg gegen Persien begann. Alexanders Truppen besiegten die Streitmacht des persischen Großkönigs *Dareios III.*, der zuletzt auf der Flucht starb.
In den eroberten Gebieten setzte Alexander oft einheimische Männer als Stellvertreter ein. Er selbst behielt jedoch die oberste Macht in der Hand und regierte ohne jede Beschränkung. Zeigte sich Widerstand, schlug er ihn rücksichtslos nieder.

Im Jahr 327 v. Chr. drang Alexander nach Nordindien vor. Ein Jahr später stand er am Indus. Er wollte immer weiter – bis an das Ende der Welt. Doch seine Truppen waren müde und wollten zurück nach Griechenland. So kehrte das Heer um.
Zurück in Persien bemühte sich Alexander, Griechen, Makedonier und Perser zu vereinigen. Er selbst übernahm die Rolle des persischen Gottkönigs: Besucher mussten sich vor ihm auf den Boden werfen. Er heiratete persische Prinzessinnen, darunter die Tochter Dareios III. Seine Beamten, Heerführer und Soldaten forderte er auf, ebenfalls Ehen mit Perserinnen einzugehen.

Der König stirbt – sein Reich zerfällt

Alexander plante einen neuen Feldzug nach Arabien, da wurde er krank. 323 v. Chr. starb er mit 32 Jahren in Babylon. Das riesige Reich fiel in die Hände seiner obersten Feldherren. Diese Diadochen (griech.: Nachfolger) kämpften gegeneinander um die Macht. Drei Herrschaften konnten sich behaupten. Griechische Königsfamilien herrschten seither in Ägypten, in Vorderasien sowie in Makedonien und Griechenland.

Leben im antiken Griechenland

M 2 Alexanderschlacht
Fußbodenmosaik, 5,82 x 3,13 m; Pompeji, um 100 v. Chr.
Das Mosaik könnte die Kopie eines griechischen Gemäldes aus dem 3. Jh. v. Chr. sein. Dargestellt ist, wie Alexander (links) auf den persischen König Dareios III. trifft.

M 3 Anerkennung und Kritik

a) Der griechische Geschichtsschreiber Diodor stellt rund 200 Jahre nach Alexander fest:

In kurzer Zeit hat dieser König große Taten vollbracht. Dank seiner eigenen Klugheit und Tapferkeit übertraf er an Größe der Leistungen alle Könige, von denen die Erinnerung weiß. In nur zwölf Jahren hatte er nämlich nicht wenig von Europa und fast ganz Asien unterworfen und damit zu Recht weitreichenden Ruhm erworben, der ihn den alten Heroen und Halbgöttern gleichstellte.

b) Im 1. Jh. n. Chr. schreibt der römische Politiker und Philosoph Seneca:

Den unglücklichen Alexander trieb seine Zerstörungswut sogar ins Unerhörte. Oder hältst du jemanden für geistig gesund, der mit der Unterwerfung Griechenlands beginnt, wo er doch seine Erziehung erhalten hat? [...] Nicht zufrieden mit der Katastrophe so vieler Staaten, die sein Vater Philipp besiegt oder gekauft hatte, wirft er die einen hier, die anderen dort nieder und trägt seine Waffen durch die ganze Welt. Und nirgends macht seine Grausamkeit erschöpft halt, nach Art wilder Tiere, die mehr reißen als ihr Hunger verlangt.

Nach: Hans-Joachim Gehrke, Alexander der Große, München ⁵2009, S. 9

1. Beschreibe die möglichen Probleme, die Alexanders Heer während der Eroberungszüge in Asien lösen musste.
   Berücksichtige die Zahl der makedonisch-griechischen Soldaten, die feindliche Bevölkerung und die Größe des Raums (M1, Maßstab!).
2. Erzähle Alexanders Feldzug nach. Nutze dazu den Darstellungstext, die Karte M1 und die Angaben zu den Ereignissen während des Krieges.
   Die Ereignisse auf dem Feldzug kannst du so erzählen: Im Jahr ... entschied Alexander / kämpfte das Heer ..., weil ... / Das führte zu ... .
3. Jahrhunderte nach Alexanders Tod wurde das Mosaik (M2) gelegt. Beschreibe, wie Alexander und sein Gegner dargestellt wurden.
   Vergleiche die Gesichtsausdrücke. Welcher Moment der Schlacht ist zu sehen? Kannst du erkennen, auf welcher Seite der Künstler steht?
4. Vergleiche die Ansichten Diodors und Senecas (M3 a und b). Wessen Urteil überzeugt dich mehr? Begründe!
5. Diskutiert, ob Alexander den Beinamen „der Große" verdient hat.

Die Kultur des Hellenismus

M 1 Laokoon-Gruppe
Römische Marmorkopie einer griechischen Bronzeplastik, um 200 v. Chr.
Die Gruppe zeigt den Trojanischen Priester Laokoon. Er soll die Trojaner vor dem griechischen Geschenk des „Trojanischen Pferdes" gewarnt haben. Die Göttin Athene, die auf Seiten der Griechen stand, habe ihm daraufhin zwei Giftschlangen geschickt, die ihn und seine Söhne töteten.
Beschreibe, welcher Moment der Sage hier dargestellt ist. Vergleiche das Kunstwerk mit M3 auf S. 106.

Die griechische Kultur wird verbreitet
Alexander der Große hatte in den eroberten Gebieten zahlreiche Städte nach griechischem Vorbild gründen lassen. Viele erhielten seinen Namen. In diese Städte zogen Griechen und Makedonen als Händler, Beamte oder Siedler. Ihre Sprache und Religion behielten sie. Griechisch wurde zur wichtigsten Sprache und blieb in den Ländern im östlichen Mittelmeerraum noch Jahrhunderte vorherrschend. Griechische Architektur prägte bald das Bild der Städte. Überall entstanden Tempel und Theater. Die vornehmen Einheimischen passten ihre Lebensweise an. Umgekehrt übernahmen die Griechen vieles aus der orientalischen Kultur. Dazu zählten die Verherrlichung der Herrscher als Götter, neue Formen der Kriegsführung und vieles mehr. Diese Zeit bezeichnen wir als **Hellenismus**.
Während Wissenschaft und Künste in den Städten eine Blüte erlebten, veränderte sich auf dem Lande wenig. Hier, wo die große Mehrheit der Bevölkerung lebte und arbeitete, blieben die Menschen bei ihren ägyptischen oder orientalischen Sitten und Bräuchen.

Alexandria – eine Weltstadt
Alexander hatte 332 v. Chr. im westlichen Mündungsgebiet des Nils die Stadt Alexandria gegründet. Nach griechischen Plänen entstand hier ein Zentrum der hellenistischen Kultur.
Alexandria erhielt das Recht auf den Alleinhandel mit Papyrus, Parfüm und Glas. Vor allem durch den Getreidehandel konnte die Stadt an Bedeutung gewinnen. Schiffswerften wurden errichtet und große Betriebe, die Waren für den Export herstellten. Alexandria zählte bis zu 500 000 Einwohner. Hier lebten Ägypter, Syrer, Juden, Araber, Perser, Afrikaner. Aber nur Griechen und Makedonen hatten Bürgerrechte.

M 2 Ein hellenistisches Königreich in Indien
Silbermünze, geprägt um 180 v. Chr.
In Nordindien setzten sich im 3. Jh. v. Chr. griechische Könige durch. Sie prägten solche Münzen. Der Elefant ist im Buddhismus heilig, das Rind im Hinduismus. Dies waren die vorherrschenden Religionen. Die Umschrift „König Apollodotos, Retter" ist griechisch und indisch.

Erfinder und Gelehrte
Der Ruhm der Stadt ging auf eine königliche Forschungsstätte zurück. Nach den Musen, den griechischen Göttinnen der Künste und der Wissenschaften, war sie *Museion* benannt. Hier forschten und lehrten zahlreiche Wissenschaftler. Für ihren Lebensunterhalt sorgte der Herrscher. Den Gelehrten stand die größte und beste Bibliothek der Antike zur Verfügung. Sie soll rund 700 000 Schriftrollen besessen haben. Im 3. Jh. v. Chr. forschten in Alexandria bedeutende Gelehrte: *Euklid* verfasste ein Lehrbuch der Geometrie, das bis ins 19. Jh. verwendet wurde. *Archimedes* erfand eine Schraubenpumpe und den Flaschenzug. *Eratosthenes* berechnete den Erdumfang erstaunlich genau und vermutete, man könne von Spanien aus westwärts nach Indien segeln.

Leben im antiken Griechenland

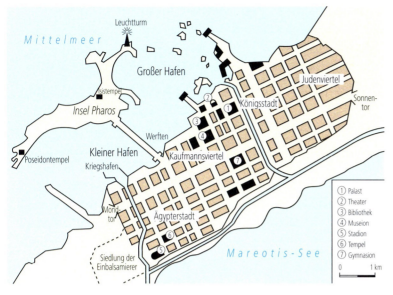

M 4 Plan von Alexandria
Die Angaben beruhen weitgehend auf Vermutungen.

M 3 Eine Beschreibung Alexandrias

Der griechische Geograf und Geschichtsschreiber Strabon, der an der Wende vom 1. zum 2. Jh. n. Chr. gelebt hat, beschreibt die Stadt so:

Vielseitig ist die Gunst der Lage: Von zwei Meeren wird der Platz umspült, von Norden her durch das „Ägyptische" Meer, im Süden durch den Mareotischen See. Ihn speist der Nil mit vielen Kanälen,
5 auf denen weit mehr eingeführt wird als vom Meer. Dafür ist im Meereshafen die Ausfuhr aus Alexandria höher als die Einfuhr.
Die Grundfläche der Stadt erinnert in ihrer Form an einen Mantel, dessen Längsseiten vom Meer
10 umspült werden und etwa 30 Stadien [5,5 km] aus machen. Die ganze Stadt wird von Straßen durchschnitten, die Platz für Reiter und Wagen bieten. Zwei sind besonders geräumig und mehr als ein Plethron breit [etwa 31 m]; sie schneiden sich im
15 rechten Winkel. Die Stadt hat sehr schöne öffentliche Bezirke und den Bezirk der Königspaläste, die ein Viertel oder Drittel des Umfangs ausmachen. Der Wohlstand der Stadt aber ist vor allem darin begründet, dass in ganz Ägypten nur dieser Platz
20 zu beidem geschaffen ist: zum Seehandel wegen der guten Hafenverhältnisse und zum Binnenhandel, weil der Strom wie ein bequemer Fährmann alles transportiert und an einem Platze zusammenführt, der der größte Handelsplatz der Welt ist.

Nach: Walter Arend (Bearb.), Altertum. Geschichte in Quellen, München ³1978, S. 367f. (gekürzt und vereinfacht)

M 5 Der Leuchtturm von Alexandria

Rekonstruktionszeichnung, um 2000
Für die Seeschifffahrt wurde Anfang des
3. Jh. v. Chr. auf der Insel Pharos vor Alexandria ein etwa 100 Meter hoher Leuchtturm errichtet. Dessen Feuer wurde durch einen Hohlspiegel so verstärkt, dass es noch 50 km entfernt zu sehen war. Er war der erste von einem Architekten entworfene Leuchtturm der Welt und das Vorbild aller weiteren Leucht- und Kirchtürme sowie Minarette. Der Leuchtturm von Alexandria wurde in der Antike zu den Sieben Weltwundern gezählt. Er zerfiel im 14. Jh. n. Chr.

Link-Tipp
Vieles über die berühmten Sieben Weltwunder erfährst du unter
31051-09

---

1. Weise anhand der Münze M2 nach, dass die Toleranz ein wesentliches Merkmal der hellenistischen Kultur war.
   Was ist Toleranz? – Zähle auf, welche verschiedenen Kulturen auf der Münze vertreten sind. Beurteile, ob eine über die anderen vorherrscht.
2. Nenne die Gründe, die Strabon für den Reichtum der Stadt angibt (M3).
3. Beschreibe den Straßenverlauf der Stadt (M4). Vergleiche ihn mit dem deines Schul- oder Wohnortes. Stelle die Lage der bedeutenden Einrichtungen fest. Für wen waren sie bestimmt? Begründe deine Antworten.
4. Der Leuchtturm von Alexandria (M5) ist eines der Sieben Weltwunder der Antike. Informiert euch über die anderen Weltwunder. Sucht Bilder und schreibt erläuternde Texte dazu.
   Berücksichtigt den Link-Tipp. – Bei der Beschreibung der Weltwunder könnt ihr auch eine Vermutung äußern, warum den Menschen der Antike das jeweilige Bauwerk als „Wunder" vorkam.

4 Das weiß ich – das kann ich!

Am Anfang dieses Kapitels steht die Leitfrage: *Welche Leistungen der Griechen sind für uns heute von Bedeutung?* Mit den Arbeitsfragen zu den fünf Kategorien auf Seite 78 kannst du sie nun beantworten:

Wirtschaft und Umwelt
Die fruchtbaren Gebiete in Griechenland sind durch Berge und Buchten voneinander getrennt, außerdem gibt es viele Inseln. Daher gründeten Griechen kleine, selbstständige Poleis. Das Meer lieferte ihnen Nahrung und war Handels- und Verkehrsraum. Silber- und Goldminen schufen Reichtum – Sklaven gewannen das Metall. Marmor war für öffentliche Bauten begehrt. Mit Schiffen wanderten Griechen an andere Küsten aus und gründeten Kolonien.

Herrschaft
In den Poleis regierten anfangs Könige (Monarchie). Reiche Familien setzten sie ab und bildeten Adelsherrschaften (Aristokratie). Einfache Leute mussten kämpfen und Abgaben zahlen, daher wollten auch sie mitbestimmen. In vielen Poleis setzten sie die Beteiligung des Volkes durch (Demokratie). In Athen war sie am größten. In Sparta dagegen unterdrückten wenige Spartiaten die Bewohner eroberter Gebiete (Heloten). König Philipp II. aus Makedonien eroberte später viele Poleis. Sein Sohn Alexander schuf ein riesiges griechisches Weltreich.

Weltdeutung und Religion
Griechen stellten sich ihre Götter wie Menschen mit übernatürlichen Kräften vor. Von ihnen erzählten viele Mythen. Auch Heroen der Vergangenheit, etwa vom Kampf um Troja, galten als Götter. Vor wichtigen Entscheidungen wurden Orakel befragt. Sportwettkämpfe wie die Olympischen Spiele wurden zu Ehren der Götter veranstaltet. Künstler stellten den Menschen in vollendeter Harmonie dar. Ihre Werke gelten bis heute als "klassisch". Philosophen fragten nach den Ursachen aller Dinge. Sie ergänzen den Mythos durch die Logik.

Gesellschaft
Die Hellenen fühlten sich als ein Volk, obwohl sie in verschiedenen Stadtstaaten lebten. Die gemeinsame Sprache, Religion und Kultur verband sie. Die kleinste Einheit der Gesellschaft war der Oikos. Männer übten Berufe aus und trafen Entscheidungen. Sie luden einander oft zu Gastmählern (Symposien) ein. Die Frauen arbeiteten im Haus, das sie selten verließen. Sklaven waren persönlicher Besitz des Hausherrn. Viele mussten härteste Arbeit tun, einige waren auch angesehene Pädagogen.

Begegnung
Durch Handel und Migration kamen Griechen in Berührung mit anderen Kulturen. Kolonisation verbreitete griechische Lebensweise im ganzen Mittelmeerraum. Fremde Völker galten den Griechen als Barbaren. Als der Großkönig des Perserreiches Griechenland erobern wollte, schlossen sich viele Poleis zusammen. In den Perserkriegen wehrten sie den Angriff ab. Alexanders Heer brachte griechischen Einfluss in viele Länder. Nach dessen Ende blühte griechische Kultur im Hellenismus weiter. Die Weltstadt Alexandria ist dafür ein Beispiel.

Kompetenz-Test
Einen Fragebogen, mit dem du überprüfen kannst, was du schon erklären kannst und was du noch üben solltest, findest du unter **31051-10**.

1. Partnerarbeit: Frage deinen Sitznachbarn ab, ob er die gelb markierten Begriffe erklären kann, ohne ins Buch zu sehen. Wechselt euch ab.
2. Stellt euch weitere Fragen zum Inhalt der Karten.
3. Besprecht, welche Leistungen der Griechen euch beeindrucken und was euch an ihnen nicht gefällt. Begründet eure Meinung!

Leben im antiken Griechenland

M 1 Was Schiffswracks erzählen

Die Griechen der Antike haben viele Gegenstände ihres alltäglichen Lebens mit Schiffen über das Meer transportiert. Die Schiffe sanken oft. Manche wurden später gefunden und von Archäologen untersucht. Ihre Ladung gibt uns viele Hinweise auf die griechische Kultur.

① Schiffswrack von Kyrenia (Zypern), gesunken 300 v. Chr.; ② Münzen der Polis Korinth, um 480 v. Chr.; ③ Hand einer weiblichen Marmorstatue, um 440 v. Chr.; ④ Wein-Amphoren aus Rhodos, um 250 v. Chr.; ⑤ Amphore, die dem Sieger eines Wettkampfes überreicht wurde, 530 v. Chr.; ⑥ Bronzestatue eines Gottes (Zeus oder Poseidon), 460 v. Chr.; ⑦ Brustpanzer, Speerspitze, Helm, 500 - 100 v. Chr.; ⑧ Ladung von Säulenteilen, um 400 v. Chr.

M 2 Athen nach Perikles

Der Philosoph Aristoteles (384-322 v. Chr.) ist kein Freund der Demokratie. In einem Buch über Politik beschreibt er die Verhältnisse in Athen:

Solange Perikles Vertreter des einfachen Volkes war, stand es ganz gut um den Staat. Nach Perikles' Tod ging es viel schlechter. Da wählte das Volk nämlich erstmals einen Vorsitzenden, der bei den
5 Angesehenen einen schlechten Ruf hatte. Vorher hatten immer die Tüchtigen ihre Führung behaupten können. Nach Perikles' Tod führte Nikias die Vornehmen, Kleon das Volk. Dieser trug durch seine wilden Ausbrüche sehr dazu bei, das Volk zu
10 verderben: Als erster schrie und schimpfte er auf der Rednertribüne und hielt seine Volksreden in schlampiger Kleidung. Die anderen redeten immer anständig. Danach führte das Volk Kleophon, ein Leier-Macher. Er ließ als erster zwei Obolen an die
15 Theaterbesucher auszahlen. Eine Zeitlang fand die Zahlung so statt. Dann hob Kallikrates diese Regel auf: Er versprach, zu den zwei Obolen noch einen weiteren hinzuzufügen. Von Kleophon an übernahmen die Volksführung ohne Unterbrechung nur
20 noch die, die sich am unverschämtesten aufführten und dem Volk nach dem Munde redeten. Dabei dachten sie aber nur an den Augenblick.

Nach: Aristoteles, Der Staat der Athener 28. – Werke in deutscher Übersetzung, Bd. 10.I, übers. v. Mortimer Chambers, Darmstadt 1990, S. 35

1. Die Funde aus M1 stammen von mehreren gesunkenen Schiffen aus griechischer Zeit. Versetze dich in einen Archäologen, der einen Vortrag halten soll: Was kannst du deinen Zuhörern anhand der Fundstücke in M1 über das Leben der Griechen erzählen?
2. Erkläre die Herrschaftsform der Athener Demokratie. Arbeite aus M2 heraus, was Aristoteles dazu meint.
3. In diesem Kapitel findest du viele Bilder von Keramikfunden. Stelle fest, was auf ihnen dargestellt ist. Lege eine Tabelle an, in der du die Abbildungen nach Kategorien (Wirtschaft, Religion …) ordnest. Erläutere, warum solche Bilder wichtige Quellen der griechischen Geschichte sind.

5
Rom – vom Dorf zum Weltreich

In England gibt es einen Verein, dessen Mitglieder das Leben und Kämpfen römischer Soldaten nachvollziehen. Sie treffen sich regelmäßig in nachgebauten Rüstungen und mit handgefertigten Waffen, wie sie römische Soldaten benutzten. Hier stellen die Männer den Aufmarsch zu einer Schlacht nach.
Römische Soldaten mit Tierfellen auf den Helmen hatten eine große Ehre: Sie trugen die Feldzeichen, die der Truppe Kampfglück und Sieg verleihen sollten.

M Darsteller römischer Soldaten
Foto von 2006

Findet heraus, ob das Foto Hinweise enthält, dass sich das Dorf Rom zu einem Weltreich entwickelt hat. Oder haben vielleicht noch ganz andere Gründe zu Roms Erfolg geführt?
Was mag die Männer dazu gebracht haben, sich als römische Soldaten zu verkleiden?
Woher können sie wissen, wie die Rüstungen und Waffen aussahen?

5 Fragen an … das Römische Reich

M 1 Das Kolosseum in Rom und seine Umgebung
Luftaufnahme, 2008
Die Römer waren gute Baumeister. *Amphitheater* wie das Kolosseum nahmen bis zu 70 000 Zuschauer auf. In ihnen traf sich das Volk zur Unterhaltung. Amphitheater bauten Architekten überall, wo die Römer herrschten. Über 230 solche Anlagen sind bekannt.

Rom ist heute die Hauptstadt Italiens. Die Einwohner können auf eine jahrtausendealte und wechselreiche Geschichte zurückblicken.

Rom war einmal das Zentrum eines großen Reiches – *des Römischen Reiches*. Seine Bürger nannten sich Römer. Sie hatten Kontakt mit Ägyptern und Griechen. Sie hatten eine eigene Sprache, die bis heute in Schulen unterrichtet wird: *Latein*. Überall, wo Römer herrschten, haben sie Spuren ihrer Sprache hinterlassen: Italienisch, Spanisch, Französisch, Rumänisch – sie alle gehen auf das Latein zurück. Auch viele deutsche Worte haben dort ihren Ursprung: „Straße" heißt im Lateinischen *„via strata"*, „Frucht" heißt *„fructus"*. Besonders im Bereich der Medizin finden wir viele lateinische Worte.

Die Römer hatten viele Gebiete auch nördlich der Alpen erobert und dort ihre Lebensweise verbreitet. Sie gründeten Städte, die es noch heute gibt: zum Beispiel Köln – von den Römern Colonia genannt. Berühmte Bauwerke und technische Erfindungen wurden von den Römern erschaffen. In unserem Alltag finden wir sie wieder: Wasserleitungen und Kanalisation, mehrstöckige Häuser und Bäder.

In diesem Kapitel zur Geschichte Roms erfährst du, wie sich die Stadt Rom zu einem großen Reich entwickelt hat, wie die Römer lebten und wie sie mit anderen Völkern umgingen.

M 2 Vom Stadtstaat zum Weltreich
Wachstum des römischen Gebietes bis zum Jahr 14 n. Chr.

„Pont du Gard", Südfrankreich. Eine der größten oberirdische Wasserleitungen der Römer (Aquädukt).

Wirtschaft und Umwelt
Die Römer sind bis heute berühmt für ihre Bauwerke. Manche von ihnen sind technische Meisterleistungen.
Welchen Nutzen hatten römische Aquädukte? Wie beeinflussten Römer ihre Umwelt?

Leitfrage: *Was ermöglichte Roms Aufstieg?*

Aufstieg Roms zur Großma…
1000 v. Chr. | 900 v. Chr. | 800 v. Chr. | 700 v. Chr. | 600 v. Chr. | 500 v. Chr. | 400 v. Chr. | 300 v. Chr.

Blütezeit der griechischen Antike

Fragen an ... das Römische Reich

510 v. Chr. Ende der Königszeit
338 v. Chr. Ende der Kriege gegen die Latiner
290 v. Chr. Ende der Kriege gegen die Samniten
241 v. Chr. Ende des Ersten Punischen Krieges
146 v. Chr. Ende des Dritten Punischen Krieges
123 v. Chr. Ende der Reformen der Brüder Gracchus
63 v. Chr. Eroberung von Jerusalem
44 v. Chr. Tod von Julius Caesar
14 n. Chr. Tod von Augustus

S.P.Q.R. (Senat und Volk von Rom), Kürzel für den römischen Staat, heute auf Kanaldeckeln in Rom.

Die Grenze des Römerreiches (der Limes): befestigt und von Soldaten bewacht, aber nicht undurchlässig.

Der Adler, das Tier der höchsten Gottes Jupiter, wurde zum Wappentier des Römischen Reiches.

Vornehme Römer vertraten einfache Leute vor Gericht. Die unterstützten deren Karriere im Staat.

 Herrschaft
Die Römer gründeten einen Stadtstaat, der ständig wuchs. Daraus entstanden Probleme für das Zusammenleben der Menschen.
Wie organisierten die Römer Herrschaft über riesige Räume?

 Begegnung
Meer und Alpen konnten die Römer überwinden. Um ihr Reich zu umgrenzen, bauten sie Wälle und Mauern.
Auf welche Völker trafen die Römer bei ihrer Ausdehnung? Was wurde ausgetauscht?

 Weltdeutung / Religion
Wie die Griechen verehrten die Römer viele Götter. Gegenüber Göttern anderer Völker waren sie meist tolerant.
Welche Rolle spielte die Religion für den Alltag der Römer und für die Eroberungen?

 Gesellschaft
In der römischen Gesellschaft gab es Gruppen mit unterschiedlichen Rechten. Es war nicht leicht, seine eigene Schicht zu verlassen.
Wie veränderte sich die römische Gesellschaft mit der Zeit?

...ung eines Imperiums – Untergang des Römischen Reiches

100 v. Chr. | Christi Geburt | 100 n. Chr. | 200 n. Chr. | 300 n. Chr. | 400 n. Chr. | 500 n. Chr. | 600 n. Chr.

5 Mord am Tiber

M1 Bescheidene Anfänge
Roms Hügel (rot) und Siedlungsspuren um 900 v. Chr.
Der Fluss Tiber bildete damals die Grenze zwischen dem Volk der Latiner, zu dem die Römer gehörten, und den Etruskern.
Beschreibe, wo die ersten Römer ihre Häuser bauten. Erkläre, welche Vorteile es hatte, am Tiber zu siedeln.

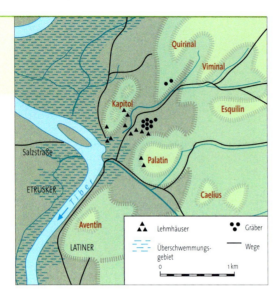

M2 Aus der Gründungssage Roms
Münze, Anfang des 2. Jh. v. Chr.

Eine sagenhafte Gründung

Schon vor mehr als 2 000 Jahren lernten die römischen Kinder, dass *Romulus* die Stadt Rom gegründet hatte. Sogar einen „Geburtstag" ihrer Stadt hatten einige römische Geschichtsschreiber festgelegt: den 21. April 753 v. Chr. Über diesen Gründungstag erzählten sich die Römer diese Sage:

„In der Nähe Roms regierte einst König *Numitor*. Er war ein Nachfahre des Helden Aeneas aus Troja. Sein Bruder *Amulius* stürzte ihn vom Thron und machte sich selbst zum König. Numitors Tochter *Rea Silvia* zwang er, eine Priesterin der Göttin Vesta zu werden. Priesterinnen durften nicht heiraten. So wollte ihr Onkel die Geburt eines Erben des Königsthrons verhindern.

Trotzdem ging Rea Silvia eine Verbindung ein: mit dem Kriegsgott Mars. Sie gebar Zwillinge, Romulus und Remus. Amulius bekam große Angst und befahl, die Knaben in den Tiber zu werfen. Seine Nichte Rea Silvia ließ er töten!

Aber der Flussgott hatte Mitleid und trieb die Jungen an das Ufer. Als sie dort weinten, lockte dies eine Wölfin an. Sie nahm die Zwillinge auf und säugte sie. Schließlich fand sie ein Schweinehirt des Königs und zog sie auf. So wuchsen Romulus und Remus zu tüchtigen Männern heran."

Die Rache der Enkel

In der **Gründungssage** heißt es weiter: „Durch Zufall trafen Romulus und Remus ihren Großvater Numitor. Er erkannte sie und berichtete, wie Amulius ihn vom Thron vertrieben hatte. Darauf erstürmten die jungen Männer den Palast, erschlugen Amulius und setzten ihren Großvater wieder als König ein.

Aus Dank erlaubte er ihnen, eine eigene Stadt zu gründen, genau dort, wo man sie ausgesetzt hatte. Über die Frage, wer die Stadt benennen und wer in der Stadt herrschen darf, gerieten die Brüder in Streit. Romulus behielt die Oberhand. Mit einem Pflug zog er eine ‚heilige Furche' um die Stadt. Sie sollte ihre Grenze sein. Remus aber sprang spottend darüber. Damit hatte er das Stadtrecht verletzt. Im Zorn erschlug Romulus seinen Bruder."

So soll Romulus der erste König von Rom geworden sein. Nach seinem Tod sei er in den Kreis der Götter aufgenommen worden. Danach hätten noch sechs weitere Könige über Rom geherrscht.

Und die Fakten?

Diese Geschichte erzählten sich die Römer. Archäologen haben versucht, herauszufinden, ob sie einen wahren Kern hat. Im Bereich der Hügel am Tiber fanden sie Spuren von Lehmhäusern und Gräbern aus dem 11. bis 9. Jh. v. Chr. Also lebten dort schon lange vor dem angeblichen Gründungsdatum Menschen. Im 7. Jh. v. Chr. eroberte das Volk der **Etrusker** die Siedlung. Könige aus verschiedenen Familien übernahmen die Herrschaft. Einer von ihnen trug den Namen *Ruma*. Die Zahl der Einwohner wuchs. Sie bauten Tempel, Häuser aus Stein und eine Brücke über den Tiber. Zudem legten sie einen zentralen Markt an, gruben einen großen Abwasserkanal, die *Cloaca maxima*, und umgaben die Stadt mit einer Mauer. Archäologen datieren die ältesten Überreste der Stadtmauer auf die Zeit um 600 v. Chr.

Erzähle, wie die Geschichte Roms begann.

Gründungssage   Etrusker

Rom – vom Dorf zum Weltreich

M 3 Gastmahl
Nachzeichnung des Wandgemäldes in einem etruskischen Grab, um 460 v. Chr. Die Malerei war an der Wand eines Grabes in Tarquinia, 87 km nordwestlich von Rom, angebracht.

M 4 Ein Grieche über Etrusker und Römer
Der griechische Geschichtsschreiber Diodor aus Sizilien, der im 1. Jh. v. Chr. eine Weltgeschichte in 40 Büchern verfasst hat, berichtet:
[Das Volk der Etrusker], das sich durch Tapferkeit auszeichnete, eroberte viel Land und gründete viele ansehnliche Städte. Gleichzeitig beherrschte es aufgrund seiner Seemacht lange Zeit das Meer […].
Auch ihre Landstreitkräfte bildeten die Etrusker mit großem Eifer aus […].
Im Hausbau erfanden sie die Vorhallen, eine gute Hilfe, um Störungen durch das Gedränge der wartenden Volksmenge zu vermeiden. Das meiste davon haben die Römer nachgeahmt und in ihr eigenes Gemeinwesen übernommen.
Auf die Weiterbildung der Wissenschaften und die Natur- und Götterlehre haben sie viel Eifer verwendet. Die Beobachtung und Deutung von Donner und Blitz haben sie mehr als alle anderen Menschen ausgebildet, um die göttlichen Vorzeichen auszulegen.
Das Land, das sie bewohnen, ist in jeder Weise fruchtbar. Durch seine Bearbeitung gewinnen sie eine nicht endende Fülle an Früchten. Sie ermöglichen ihnen über den nötigen Unterhalt hinaus reichlichen Genuss und Schwelgerei. Zweimal am Tag lassen sie sich nämlich köstliche Speisen auftischen. Auch alles andere lassen sie sich bringen, was zu übermäßiger Üppigkeit gehört: Bunte Teppiche mit Blumen breiten sie beim Mahl aus, eine Menge silberner Trinkgefäße von allen Formen stehen bereit, und eine große Zahl von Sklaven steht jederzeit dienend zur Verfügung.
Nach: Walter Arend (Bearb.), Altertum. Geschichte in Quellen, München ³1978, S. 391 (vereinfacht)

M 5 Warum gerade hier?
Die Stadt Rom wird 387 v. Chr. von Völkern aus dem Norden verwüstet. Die Römer überlegen, ob sie sie an anderer Stelle aufbauen sollen. Der Historiker Livius schreibt um 25 v. Chr. die Rede eines Römers auf, der für den Aufbau am alten Ort spricht:
Nicht ohne Grund haben Götter und Menschen diesen Platz zur Gründung der Stadt ausgewählt: gesunde Hügel, ein günstig gelegener Fluss, auf dem Früchte herabgeführt und Güter des Meeres entgegen genommen werden. Vorteilhaft nah am Meer, aber doch nicht so dicht, dass es durch fremde Flotten gefährdet ist. Mitten in Italien gelegen, für das Wachstum der Stadt von der Natur einzigartig ausgezeichnet. Ein Beweis dafür ist die Größe dieser so jungen Stadt: Wir leben im 365. Jahr der Stadt, ihr Bürger. Gegen so viele uralte Völker führt ihr Kriege. Und nicht einmal die Etrusker, so mächtig zu Land und See und in Italien von Meer zu Meer wohnend, sind euch im Krieg gewachsen.
Livius, Ab urbe condita, V 54, 4-5, übersetzt von Markus Sanke

1. Prüfe mit M1 die Aussage: „Rom wurde auf sieben Hügeln erbaut."
2. Beschreibe das Münzbild M2. Setze es in Bezug zur Gründungssage. Erkläre die Idee, die Sage auf Münzen bildlich darzustellen.
3. Arbeite aus M3 und M4 heraus, was du über das Leben der Etrusker erfährst.
   Beachte Herrschaft – Bildung – Alltag und Kleidung – Land.
4. Ein Gastmahl, wie es auf M3 abgebildet ist, hast du schon bei einem anderen Volk kennengelernt. Erkläre, wie dieser Brauch zu den Etruskern kommen konnte. Kannst du auch Unterschiede feststellen?
   Lies noch einmal S. 102 f. und 88 f.
5. Die Römer übernehmen viel von der Lebensweise der Etrusker. Finde anhand von M4 und M5 Gründe dafür.

5 Rom wird Republik

M 1 Concordia-Tempel in Rom
Rekonstruktion, 2009
Die Römer erbauten im 4. Jh. v. Chr. einen Tempel, den sie Tempel der Concordia – das heißt „Eintracht" – nannten.
Lies noch einmal nach, welche Funktion ein Tempel hatte (S. 58 f. und 106 f.). Welche Gründe könnten die Römer dazu geführt haben, einen Tempel der „Eintracht" zu bauen?

[1] Siehe S. 124.

Herrschaft verändert sich

In den ersten Jahrhunderten seiner Geschichte herrschten in Rom Könige. Die vornehmen und reichen Römer vertrieben 510 v. Chr. den letzten etruskischen Herrscher.

Sie selbst kümmerten sich nun um die öffentlichen Angelegenheiten (lat. *res publica*) Roms und gründeten eine **Republik**. Doch nur die **Patrizier** besetzten die Ämter als Beamte und Richter, wurden Priester und Feldherren. Sie waren die Nachfahren der „Väter" (lat. *patres*), die der Sage nach mit Romulus die Stadt gegründet hatten. Ihnen gehörte das meiste Land. Sie sicherten ihre besondere Stellung durch mehrere Gesetze. So durfte kein Patrizier eine Frau aus dem Kreis der übrigen Bürger Roms heiraten. Für die reichen Römer waren Handwerker, Händler, Bauern und Tagelöhner – der überwiegende Teil des Volkes – **Plebejer** (lat. *plebs*: Menge, Volk).

Die Plebejer streiken

Im Jahr 494 v. Chr. bedrohten Nachbarn Rom. Damit war die gerade errungene Freiheit von der Königsherrschaft in Gefahr. Als die Versammlung der ältesten Patrizier (Senat[1]) alle Männer zu den Waffen rief, weigerten sich die Plebejer. Sie wollten nicht kämpfen, deshalb verließen sie Rom. Für mehr Rechte traten sie in den Streik, legten also ihre Arbeit nieder.

Der Senat beriet lange, was zu tun sei. Nach langem Hin und Her stand der Patrizier Menenius Agrippa auf und versprach, zu den Plebejern zu gehen und mit ihnen zu reden. Es gelang ihm, die Plebejer zur Rückkehr nach Rom zu bewegen.

Das Volk setzt Rechte durch

Zu diesem Zeitpunkt und in den folgenden 200 Jahren erkämpften die Plebejer in den sogenannten „Ständekämpfen" Gesetze, die ihnen Rechte gaben. So wurden das Leben und das Eigentum der Plebejer vom Staat gegen ungerechte Übergriffe durch Patrizier geschützt.

Solche Gesetze wurden auf Bronzetafeln veröffentlicht. Ein Beispiel dafür ist das Zwölf-Tafel-Gesetz, das um 450 v. Chr. in Rom öffentlich aufgestellt wurde.

Jährlich durften die Plebejer jetzt *Volkstribune* aus ihren Reihen wählen. Diese konnten gegen Entscheidungen der Patrizier Einspruch einlegen (lat. *veto*: ich verbiete). Zudem konnten sie während ihrer Amtszeit weder angeklagt noch verurteilt werden.

Die Plebejer wurden an der Wahl der Heerführer beteiligt. Seit 367 v. Chr. konnten Plebejer in höchste Ämter gewählt werden. Kein Römer durfte mehr wegen zu vieler Schulden versklavt werden. Damit war die Schuldknechtschaft abgeschafft. Die Plebiszite – Beschlüsse der plebejischen Volksversammlung – waren für alle verbindliche Gesetze. Auch die Patrizier mussten sie befolgen, obwohl sie an diesen Versammlungen nicht teilnehmen durften.

Republik   Patrizier   Plebejer

Rom – vom Dorf zum Weltreich

M 2 Der Magen und die Glieder

Die Plebejer fühlen sich von den Patriziern oft schlecht behandelt. 494 v. Chr. fordern sie mehr Mitbestimmungsrechte. Viele von ihnen versammeln sich außerhalb der Stadt. Da schickt der Senat den Senator Menenius Agrippa zu ihnen. Um 25 v. Chr. schreibt der Geschichtsschreiber Livius auf, was Agrippa den Plebejern erzählt haben soll:

Stellt euch einen Körper vor mit Kopf, Armen, Beinen, Rumpf und Magen. Eines Tages empörten sich die Glieder dieses Körpers. Denn sie mussten ja schließlich alle für den Magen arbeiten, der selbst nichts anderes tat, als faul in der Mitte zu liegen und die ihm zugeführten Wohltaten zu genießen. Die empörten Glieder sprachen sich untereinander ab: Die Hände wollten keine Speisen mehr zum Mund führen, der Mund weigerte sich, Essen aufzunehmen, die Zähne hörten auf, Nahrung zu zerkleinern. Bald mussten sie aber erkennen, dass der ganze Körper verfiel! Sie selbst wurden immer schwächer, nur weil sie geglaubt hatten, sie könnten den Magen durch Hunger bestrafen und auf ihn verzichten.

Livius, Ab urbe condita II 32, 9-11, nacherzählt von Dieter Brückner

M 4 „Der Volksredner"
Bronzefigur, Höhe: 1,85 m, um 80 v. Chr.
Der Mann ist mit einer Toga gekleidet, die einen eingewebten Streifen auf dem Saum hat. Am Finger der linken Hand trägt er einen Ring. Beides kennzeichnet ihn als Patrizier.

M 3 Schema zu den Ständekämpfen in Rom

Ständekämpfe
5. - 3. Jh. v. Chr.

P..........	Ziele: Sie wollen	Ergebnisse: Sie müssen ....
↑ gegen		
P..........	Sie wollen	Sie erreichen ....

1. Arbeite die Ursachen für die Auseinandersetzungen zwischen Plebejern und Patriziern heraus (Darstellungstext).
2. Übertrage die Fabel M2 auf die damalige Situation in Rom. Erkläre, ob das Gleichnis deiner Meinung nach passt. Stelle begründet dar, ob die Fabel in ihrer Aussage noch zeitgemäß ist.
3. Zeichne eine Gesellschaftspyramide, in die du die verschiedenen Schichten der römischen Gesellschaft einträgst.
4. Übertrage das Schaubild M3 in dein Heft. Ergänze die fehlenden Stellen mithilfe des Darstellungstextes.
5. Die Redner, die im Senat oder in der Volksversammlung sprachen (M4), gehörten zu den bedeutendsten Männern im Staat. Diskutiert die Schwierigkeiten und Chancen eines Redners, seine Zuhörer zu beeinflussen.

5 Wer regiert in Rom?

M 1 Stimmabgabe in einer Volksversammlung
Münzen gehen von Hand zu Hand und werden von vielen Menschen betrachtet. Ihre Bilder können als Werbung angesehen werden. Diese römische Silbermünze wurde unter dem Münzmeister Publius Nerva um 113 v. Chr. geprägt.
Beschreibe die Szene. Erkläre, weshalb es den Römern wichtig war, die Stimmabgabe bei einer Volksversammlung auf der Münze abzubilden.

Patron und Klient
Die einfachen Römer erkämpften sich viele Rechte. Dennoch entstand in Rom keine Demokratie wie in Athen. Die Patrizier verhinderten, dass die Plebejer mächtig wurden.
Lange Zeit durften Plebejer keine Patrizier heiraten. Außerdem war es üblich, dass ärmere Bürger sich einem einflussreichen Römer unterstellten. Sie wurden zu **Klienten** eines **Patrons** (dt. Schutzherr). Die Klienten kamen regelmäßig in das Haus ihres Patrons und boten ihm ihre Dienste an. Strebte ein Patron ein Amt an, stimmten seine Klienten bei Wahlen für ihn. Im Gegenzug gewährte der Patron seinen Klienten Schutz, vertrat sie vor Gericht und half in Notfällen. Klienten und Patron gelobten sich gegenseitig lebenslange Treue.
Auf diese Weise entstand eine Führungsschicht von etwa 30 Patrizier- und Plebejerfamilien: die *Nobilität*. Sie allein bestimmte die Politik in Rom.

Macht durch Ämter
An der Spitze Roms standen zwei gewählte **Konsuln**. Sie leiteten alle Staatsgeschäfte und hatten im Krieg den Oberbefehl über das Heer.
Ihnen standen weitere Magistrate (Regierungsbeamte) zur Seite. Die *Prätoren* vertraten die Konsuln, wenn diese außerhalb der Stadt waren. Sie überwachten zudem die Rechtsprechung. Die *Ädilen* sorgten für die Sicherheit, prüften Preise, Maße und Gewichte und überwachen die öffentliche Moral. Außerdem organisierten und bezahlten sie die öffentlichen Feste und Spiele.

Quästoren verwalten die Staatskasse. Zwei *Zensoren* hatten ein besonderes Amt: Sie schätzten das Vermögen der römischen Bürger. Dies entschied darüber, in welcher Versammlung ein Bürger sein Stimmrecht hatte. Außerdem entschieden die Zensoren, wer in den Senat aufgenommen wurde. Bürger, die gegen allgemein anerkannte Regeln verstießen, durften sie öffentlich rügen.
Sollte dem Staat Gefahr drohen, konnten die beiden Konsuln einen *Diktator* ernennen, dessen Anweisungen jeder befolgen musste. Seine Alleinherrschaft war auf höchstens sechs Monate begrenzt.

Männer machen Politik
Dem „Rat der Alten", in Rom **Senat** genannt, gehörten 300 Männer auf Lebenszeit an. Erst ab einem Alter von 46 Jahren konnte ein ehemaliger Magistrat in den Senat aufgenommen werden. Der Rat tagte mehrmals im Monat. Jede Versammlung wurde von einem Konsul einberufen und geleitet. Stimmte nach einer Diskussion die Senatsmehrheit einer Meinung zu, wurde daraus ein Beschluss, dem die Magistrate folgen mussten.
Die Senatoren überwachten die Einnahmen und Ausgaben des Staates. Der Senat bereitete Gesetze und Wahlvorschläge vor. Darüber hinaus waren die Senatoren für die Außenpolitik zuständig, weil sie auswärtige Politiker empfingen und Verträge mit anderen Staaten schlossen. Aufgrund ihrer Aufgaben waren die Senatoren die einflussreichsten Männer in Rom. Ihre besondere Stellung wurde auch durch ihre Kleidung betont: Nur sie durften eine Toga mit einem breiten Purpurstreifen und rote Schuhe tragen.

Die Römer entscheiden mit
Alle wehrfähigen Männer Roms durften die Magistrate wählen, Gesetze beschließen und über Krieg und Frieden abstimmen. Dazu wurden unterschiedliche *Volksversammlungen* einberufen. Reiche Bürger tagten in anderen Versammlungen als arme. Demokratisch war dies nicht, weil die Stimmen der Reichen mehr zählten. Auch diskutierten die Teilnehmer in den Versammlungen nicht. Sie konnten nur mit Ja oder Nein abstimmen.

Rom – vom Dorf zum Weltreich

M 2 Wer bin ich?
Zehn Römer beschreiben ihre Stellung im Staat:

1. Ich prüfe auf dem Markt Preise, Maße und Gewichte. Ich sorge für Sicherheit. Aus meinem eigenen Vermögen richte ich Feste und Spiele aus.
2. Ich habe die Aufsicht über die Staatskasse.
3. Ich diene einem reichen Römer. Dafür beschützt er mich und vertritt mich bei Streitfällen.
4. Ich bin einer von 300 Männern, die sich regelmäßig treffen. Wir stimmen ab, was geschehen soll. Unsere Beschlüsse sind für alle Römer bindend.
5. Ich habe noch kein Amt in Rom. Demnächst werde ich wohl zum Quästor gewählt. Denn ich habe viele Leute, für die ich sorge und die für mich stimmen werden.
6. Ich habe die alleinige Macht, denn Rom ist in Gefahr. Alle müssen mir gehorchen. Mein Amt dauert höchstens ein halbes Jahr.
7. Ich darf zur Volksversammlung gehen und Beamte wählen, Gesetze beschließen und über Kriege entscheiden.
8. Ich teile die Bürger nach ihrem Besitz in Klassen ein. Ich entscheide, wer Senator werden darf.
9. Ich stehe an der Spitze Roms. Damit ich nicht alleine herrsche, habe ich einen Kollegen, der die gleiche Macht hat wie ich. Wir rufen den Senat zusammen.
10. Ich vertrete den Konsul, wenn er nicht in Rom ist. Ich kontrolliere die Urteile der Gerichte.

Eigenbeitrag Markus Sanke

M 3 Der römische Senat – nachgespielt im Film
Standbilder aus der britischen Fernsehserie „Rome", 2005

M 4 Was treibt einen Römer an?
Lucius Metellus hat erreicht, was ein Römer erreichen kann: Er war Oberpriester, zweimal Konsul, Diktator, Befehlshaber der Reiterei und vieles mehr. In der Totenrede 221 v. Chr. sagt sein Sohn Quintus:
Mein Vater hat die zehn höchsten und besten Güter in sich vereinigt, für die weise Männer ihr Leben einsetzen: Er hat nämlich der erste Krieger sein wollen, der beste Redner, der tapferste Feldherr. Er hat sich bemüht, unter seinem Vorsitz die wichtigsten Angelegenheiten zu verhandeln. Er hat die höchsten Ehrenämter, die größte Weisheit, die erste Stelle unter den Senatoren angestrebt. Er hat es geschafft, sehr viel Geld auf ehrenvolle Weise zu verdienen, viele Kinder zu hinterlassen und der berühmteste Mann im Staat zu sein. Alles dies ist ihm gelungen wie keinem seit der Gründung Roms.

Plinius, Naturgeschichte VII.45 (übers. von M. Sanke, vereinfacht)

1. Lies die Beschreibungen in M2 nacheinander. Ordne die Aussagen den verschiedenen Ämtern (Magistraten) in Rom zu.
   Nutze dazu den Darstellungstext auf S. 124.
2. Beschreibe den Raum auf den Filmbildern in M3. Nenne mögliche Gründe für die Form und Ausstattung des Raumes.
3. Quintus Metellus (M4) nennt zehn Ziele, die viele männliche Römer der Oberschicht hatten. Stelle sie in einer Tabelle zusammen. Ordne sie diesen Bereichen zu: Wohlstand – Macht – Ansehen – privates Glück. Welche Ziele möchtest du in deinem eigenen Leben erreichen?
4. Für die Regierungsbeamten gaben sich die Römer diese Regeln:
   - Jeder Magistrat darf sein Amt nur ein Jahr ausüben.
   - Immer zwei Magistrate teilen sich gleichzeitig ein Amt.
   - Nach jeder Amtszeit muss ein Magistrat ein Jahr Pause machen, bevor er erneut ein Amt bekleidet.

   Erkläre, welchen Zweck die jeweilige Vorschrift erfüllte.
   Dazu solltest du überlegen: „Wenn es nicht so wäre, dass ein Beamter ..., dann könnte es passieren, dass ..."

5 Der „Pater familias"

M 1 Patrizier mit Ahnenbildnissen
Marmorstatue, Höhe: 1,65 m, 1. Jh. v. Chr.
Bildnisse der Vorfahren wurden zu festlichen Anlässen gezeigt. Vornehme Römer drückten so das Weiterleben in der Erinnerung der Nachfahren aus.
Beschreibe die Statue und erkläre die Verbundenheit der drei Personen.

Info: Namen
Römer trugen mindestens drei Namen: den Vornamen (z. B. Gaius), den Familiennamen (z. B. Julius) und den Beinamen (z. B. Caesar). Für die Frauen genügte dagegen die weibliche Form des Familiennamens (z. B. Cornelia, Claudia).

Der Vater und die „familia"
Bei allen Unterschieden in Herkunft und gesellschaftlicher Stellung verband die römischen Bürger die Vorstellung, dass das männliche Familienoberhaupt über seine Angehörigen bestimmen durfte. Zur römischen *familia* zählten dabei nicht nur die Eltern und Kinder, sondern alle Generationen, dazu die Sklaven und die Freigelassenen. Frauen wurden durch Heirat Mitglied der familia ihres Ehemannes.
An der Spitze des Familienverbandes stand das älteste männliche Mitglied, der **„Pater familias"** (dt. „Vater der Familie"). Er besaß aufgrund seines Alters und seines Ansehens die uneingeschränkte Entscheidungsgewalt über alle Angehörigen der familia und das Vermögen. Nur er konnte sich und seine familia vor Gericht vertreten.

Die Macht des Vaters
Die römische Gesellschaft war geprägt vom **Patriarchat**, der starken Stellung des Pater familias. Er durfte Familienmitglieder bestrafen, sogar mit dem Tode. Er konnte bis ins 4. Jh. n. Chr. Neugeborene aussetzen, wenn sie unehelich, krank oder nicht zu ernähren waren. Er war auch das religiöse Oberhaupt der Familie. Nur er durfte den Hausgöttern Opfer bringen. Wer sich seinem Willen widersetzte, verstieß gegen die „Sitten der Vorfahren", die ungeschriebenen Gesetze einer ehrenhaften Lebensführung. Wer sie missachtete, konnte aus der Familie ausgeschlossen werden. Nur der Pater familias durfte wählen und öffentliche Ämter übernehmen.

Frauen, Ehe und Kinder
Ausschließlich Frauen aus vornehmen Familien durften Priesterinnen werden, z. B. *Vestalinnen*, die der Göttin des häuslichen Herdes (lat. *Vesta*) dienten. Frauen konnten nicht vor Gericht aussagen. Das begründeten die Männer damit, dass Frauen keinen Kriegsdienst leisten müssten. Das Familienoberhaupt bestimmte Ausbildung, Beruf und oft auch Ehepartner der Kinder. Mädchen waren mit zwölf Jahren, Jungen mit 14 volljährig. Meist wurden Mädchen zwischen 13 und 17 verheiratet. Seit Ende des 3. Jh. v. Chr. konnten Paare einen Ehevertrag abschließen. Dabei blieb die Frau im Besitz ihres Vermögens. Eine Ehe konnte geschieden werden, wenn ein Partner das wollte.
Römer erwarteten, dass die Frau im Haus arbeitet und sich um Haushalt und Kinder kümmert. Dennoch gab es viele berufstätige Frauen, vor allem aus der ärmeren Bevölkerungsschicht: Hebammen, Näherinnen, Friseurinnen, Gastwirtinnen, Haushaltshilfen und seltener Ärztinnen oder Geschäftsfrauen.
Die Frauen in Rom lebten nicht zurückgezogen. Sie nahmen an den Mahlzeiten mit Gästen teil, gingen allein in die Öffentlichkeit und besuchten Läden, Wagenrennen oder Gladiatorenkämpfe.

Vergleiche die Stellung der Frauen bei den Römern mit der bei den alten Ägyptern (siehe S. 70) und den alten Griechen (siehe S. 102).

Rom – vom Dorf zum Weltreich

M 2 Ein Mann trauert

Am Grab seiner Ehefrau Turia hält ein Römer im 1. Jh. v. Chr. diese Trauerrede:

Ehen von so langer Dauer, die durch den Tod beendet, nicht durch Scheidung getrennt werden, sind selten. War es uns doch vergönnt, dass unsere Ehe ohne eine Trübung bis zum 41. Jahr fortdauerte. Was soll ich deine häuslichen Tugenden preisen, deine Keuschheit, deine Folgsamkeit, dein freundliches und umgängliches Wesen, deine Beständigkeit in häuslichen Arbeiten, deine Frömmigkeit, frei von allem Aberglauben, deine Bescheidenheit im Schmuck, die Einfachheit im Auftreten? Wozu soll ich reden von der Zuneigung zu den Deinen, deiner liebevollen Gesinnung gegenüber der ganzen Familie? Wir haben uns so die Pflichten geteilt, dass ich die Betreuung deines Vermögens übernahm und du über dem meinen wachtest. Als ich vor politischer Verfolgung fliehen musste, warst du es, die mir mithilfe deines Schmuckes die meisten Mittel dazu verschaffte.

Wir sehnten uns nach Kindern, die ein neidisches Schicksal uns für lange Zeit verweigert hatte. Verzweifelnd an deiner Fruchtbarkeit und untröstlich darüber, dass ich ohne Kinder bleiben sollte, sprachst du von Scheidung und dass du das kinderlose Heim einer anderen, fruchtbareren Gattin abtreten wolltest. Du versichertest, ihre Kinder wie deine eigenen zu halten. Du bist bei mir geblieben; hätte ich doch dir nicht nachgeben können, ohne mir selbst Unehre und uns beide unglücklich zu machen.

Nach: Jochen Martin, Das alte Rom. Geschichte und Kultur des Imperium Romanum, München 1994, S. 188 (übers. von Hans-Jürgen Hillen, vereinfacht)

M 4 Wer hat es gekauft?

Der Dichter Apuleius heiratet um 150 n. Chr. die reiche Witwe Pudentilla. Deren Verwandten sind gegen Apuleius und verklagen ihn. Er verteidigt sich:

Du sagst, ich hätte mit viel Geld meiner Frau ein herrliches Grundstück in meinem Namen gekauft. Aber ich sage dir: nicht ich habe das kleine Gut für 60 000 Münzen gekauft, sondern Pudentilla in eigenem Namen. Pudentillas Name steht im Vertrag. In Pudentillas Namen wurden für das Gütchen Steuern bezahlt. Der Quästor ist hier, dem sie gegeben wurden. Auch der Schutzherr meiner Frau ist hier, ein ernster und würdiger Mann, Cassius Longinus. Frage ihn, Maximus, wer den Kauf getätigt hat und für wie kleinen Preis meine reiche Frau sich ein Eigentum erworben hat. Ist etwa irgendwo bei dem Kauf mein Name verzeichnet?

Apuleius, Apologia 101.4-6 (übers. von Markus Sanke, gekürzt)

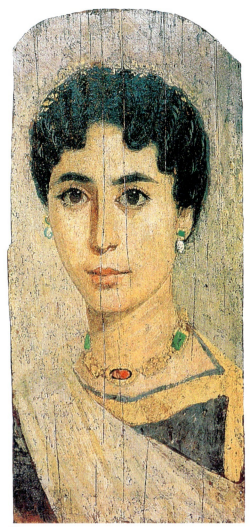

M 3 Porträt einer Frau aus der Oberschicht
Malerei auf Holz, um 180 n. Chr.

1. *Beschreibe, welche Rechte und Pflichten der Pater familias gegenüber den anderen Familienmitgliedern besaß (Darstellungstext).*
2. *Arbeite aus M2 heraus, was der Ehemann an seiner Frau schätzte.*
3. *Erkläre, warum die Frau, wenn sie kinderlos blieb, bereit war, einer anderen Frau Platz zu machen (M2).*
4. *Weise nach, dass die in M3 abgebildete Frau zur Oberschicht gehörte.*
5. *Charakterisiere die Stellung der Pudentilla in M4. Was leitest du aus diesem Beispiel über die Rechte der Frau im Römischen Reich ab?*
   In Z. 8 f. wird ein Mann genannt, der die Rechte einer römischen Frau beeinträchtigen konnte. Informiere dich über sein Amt!
6. *Nimm Stellung, welches Mitglied einer familia im antiken Rom du am liebsten gewesen wärest (Darstellungstext, M1-4).*

5 Ein Leben in Ketten?

M 1 Sklavenmarke
Rom oder Umgebung, 4. Jh. n. Chr.
Manche Sklaven trugen Marken an einem Halsband. Die abgebildete Aufschrift lautet: „Ich bin entflohen. Halte mich fest. Wenn du mich meinem Herrn, Zoninus, zurückbringst, bekommst du einen Solidus als Belohnung.

Erkläre, was es für einen Sklaven bedeutete, eine solche Marke zu tragen.

Bedeutung der Sklaven
Im 1. Jh. v. Chr. lebten im Römischen Reich etwa 2,5 Millionen Sklaven – etwa ein Drittel der Bevölkerung. Überall wurden Sklaven als billige Arbeitskräfte eingesetzt. Ohne die Sklaverei hätte die römische Wirtschaft nicht funktioniert. Auch die Eroberungen Roms waren von Sklaven abhängig: Sie durften zwar keinen Wehrdienst leisten, mussten aber während der Kriege Nahrungsmittel anbauen sowie Güter herstellen und transportieren.

Eigentum anderer
Sklaven unterstanden der Gewalt des Pater familias. Sie und ihre Nachkommen waren sein Eigentum und hatten keine Rechte. Ihr Herr durfte über sie verfügen wie über Haustiere oder Sachen. Der Herr durfte seine Sklaven zu härtesten Arbeiten zwingen und sogar töten, ohne dass ihm das ein Gesetz verbot.

Wie wurde man Sklave?
Wer als Kind einer Sklavin geboren wurde, war selbst Sklave. Römer konnten zur Sklaverei verurteilt werden, wenn sie schwere Verbrechen begangen hatten. Die meisten Menschen gerieten jedoch wie in Griechenland als Kriegsgefangene in die Sklaverei. Die Römer glaubten, sie hätten nach einem Sieg das Recht, die Unterlegenen zu töten und deren Eigentum zu übernehmen. Verschonten sie den Besiegten, so konnten sie ihn zum Sklaven machen. In Friedenszeiten wurden die Sklavenmärkte von Menschenräubern beliefert, vor allem von Piraten.
Der Preis für einen Sklaven richtete sich nach Alter, Gesundheit, Ausbildung und Charakter. Junge, gesunde Männer und Frauen kosteten in Rom Ende des 1. Jh. v. Chr. etwa den Jahreslohn eines Arbeiters. Für Spezialisten wie Lehrer für Griechisch oder Ärzte wurde das Hundertfache gezahlt.

Arzt und Bergmann
Sklaven und Sklavinnen in der Stadt wurden meist als Diener, Köche, Bäcker, Töpfer, Hausgehilfinnen oder Ammen beschäftigt, manchmal auch als Lehrer, Ärzte und Helfer von Beamten. Einige leiteten im Auftrag ihres Herrn Geschäfte und Handwerksbetriebe. Viel schlechter erging es den Sklaven, die auf den Feldern der Landgüter oder in Bergwerken und Steinbrüchen arbeiten mussten.
Römische Schriftsteller beklagten zwar den unmenschlichen Umgang mit Sklaven. Die Sklaverei selbst sahen sie aber als selbstverständlich an.

Aufstände in Italien
Wegen der elenden Bedingungen der Sklaven auf dem Land brachen im 2. Jh. v. Chr. in Sizilien Unruhen aus. Die größte dieser Erhebungen führte 73-71 v. Chr. der Sklave Spartacus an: Im **Spartacus-Aufstand** lehnten sich 120 000 Sklaven und verarmte Bürger gegen die römische Macht auf und zogen plündernd durch Italien. Sie forderten persönliche Freiheit, nicht die Beseitigung der Sklaverei – teilweise hatten diese Sklaven selbst Sklaven. Alle Aufstände endeten blutig. Überlebende starben am Kreuz.

Lebenslänglich?
Sklaven, die Geld gespart oder geerbt hatten, konnten sich freikaufen. Mancher Herr ließ einen Sklaven für besondere Leistungen oder treue Dienste frei. Häufig bestimmten Herren die Freilassung der Sklaven in ihrem Testament. So wurden ehemalige Sklaven zu römischen Bürgern. Sie durften wählen und im Heer dienen. Auch nach der Freilassung blieben sie ihrem früheren Herrn verpflichtet: Sie unterstützten ihn und gehörten zu seiner familia.

Rom – vom Dorf zum Weltreich

M 2 Sklavenschicksale

54 v. Chr. schreibt der Politiker, Redner und Philosoph Cicero (106-43 v. Chr.) seinem Schreibsklaven:

Ich bin tief beunruhigt wegen deiner Gesundheit und würde dir mehr schreiben, wenn ich glauben könnte, dass du schon gern Briefe lesen magst. So richte deinen Geist, den ich sehr hoch schätze, darauf, dass du ihn für mich und für dich bewahrst. Nachdem ich den Brief geschrieben habe, kommt endlich Hermia: Ich habe nun deinen Brief in der Hand, geschrieben mit zittrigen Buchstaben; kein Wunder, bei einer so schweren Krankheit! Ich schicke dir Ägypta – weil er ein feinfühliger Mensch ist und dich zu lieben scheint – damit er dich umsorgt; und mit ihm einen Koch. Lebewohl!

Der Philosoph und Schriftsteller Apuleius (2. Jh. n. Chr.) beschreibt das Los der Mühlensklaven:

Gute Götter, welch elende Menschlein gab es dort: Ihre ganze Haut mit grau-blauen Striemen gezeichnet, ihr zerschundener Rücken mit zerschlissenen Lumpen mehr behangen als bedeckt, einige überhaupt nur mit einem winzigen Lappen in der Schamgegend; und alle waren so wenig und schlecht bekleidet, dass man ihre Körper durch die Fetzen hindurch sah; ihre Stirn war mit Buchstaben markiert, ihr Haar halb abrasiert, ihre Fußgelenke steckten in Eisenringen.

Erster Text: Cicero, ad fam. 16,15 (übers. von Klaus Gast); zweiter Text: Werner Eck und Johannes Heinrichs (Hrsg.), Sklaven und Freigelassene in der Gesellschaft der römischen Kaiserzeit, Darmstadt 1993, S. 113

M 4 Römische Soldaten im Krieg
Relief von der Mark-Aurel-Säule in Rom, um 180 n. Chr.

Marc Aurel führte im 2. Jh. n. Chr. siegreiche Feldzüge gegen andere Völker. Ihm zu Ehren wurde in Rom die Mark-Aurel-Säule (Höhe: 40 m) errichtet. Sie beschreibt auf vielen Reliefs den Krieg der Römer gegen die Markomannen. Dieses germanische Volk siedelte an der mittleren Donau und fiel immer wieder in römisches Gebiet ein.

M 3 „Warum denken sie so?"

Der Politiker und Philosoph Seneca (4 v. Chr. - 65 n. Chr.) schreibt um 62 n. Chr. an einen Freund:

Ich lache über die, die es für schimpflich halten, mit ihrem Sklaven zu speisen! Warum denken sie so? Nur weil die überaus hochmütige Gewohnheit herrscht, dass um den Herrn beim Speisen eine Schar von Sklaven herumsteht! Dieser stopft mehr in sich hinein, als er verdauen kann, und belädt mit ungeheurer Gier seinen vorstehenden Bauch, der seine Pflicht schon nicht mehr erfüllen kann, sodass er mit größerer Mühe alles wieder hervorbringt, was er in sich hineingetan hat – aber den unglücklichen Sklaven ist nicht einmal erlaubt, die Lippen zu bewegen, um zu sprechen. Mit der Rute wird jedes Flüstern unterdrückt. Sogar unwillkürliche Laute ziehen Prügel nach sich: Husten, Niesen, Schluckauf. Jede Unterbrechung der Stille wird hart bestraft. Die ganze Nacht hindurch stehen die Armen da, stumm und ohne Essen.

Seneca, ad Lucilium 47,2-4 (übers. von Klaus Gast)

1. Arbeite heraus, was du aus den Quellen (M1-4) über die Sklaverei erfahren hast. Berücksichtige die fünf Kategorien (S. 119).
2. Entwickelt ein Rollenspiel zu folgendem Thema: Ein Pater familias hat vor mehreren Jahren viel Geld für einen griechischen Hauslehrer bezahlt. Der Sklave unterrichtet dessen einzige Tochter erfolgreich. Sie bittet den Vater um Freilassung des Lehrers.
3. Beschreibe die in M4 dargestellte Szene. Berichte, wie es der Frau und ihrem Kind (vorne rechts) anschließend ergangen sein könnte.

Ein Stadtstaat wird zum Weltreich

M 1 Römische Soldaten beim Kampf
Relief am Fuß einer Säule, gefunden in Mainz-Kästrich, 1. Jh. n. Chr.
Römische Soldaten leisteten 16 Jahre Dienst in der Armee. Danach wurden sie vom Staat versorgt und bekamen ein Stück Land zugeteilt.
Beurteile, was die Soldaten zum Kampf angetrieben hat.

[1] Punische Kriege, siehe S. 132 f.

Italien wird römisch

In den vier Jahrhunderten nach der Königsherrschaft führten die Römer mindestens 150 Jahre Krieg. Wie kam es dazu?

Die Völker Italiens lebten von der Landwirtschaft. Zuerst kämpften sie nur, um sich gegen Angreifer zu wehren. Als die Bevölkerung wuchs, änderte sich die Lage: Mehr Menschen brauchten mehr Nahrung und damit mehr Ackerland. Abenteuerlust und Hoffnung auf Gewinn verlockten zu Eroberungen. Manche Völker waren reicher als andere, das weckte den Neid.

Die Römer waren ihren Nachbarn militärisch überlegen. Bis 272 v. Chr. eroberten sie ganz Italien. Alle, die ihnen die Vormacht streitig machten, besiegten sie. Mit unterlegenen Städten schloss Rom Verträge. Solche Bündnisse ging Rom sogar schon ein, bevor es zum Krieg kam. Sie legten fest, dass die Bundesgenossen im Fall eines Krieges Rom mit Soldaten oder Schiffen unterstützten. Dafür wurden sie an der Beute beteiligt und bekamen Schutz von Rom.

Auf dem eroberten Gebiet wurden Kolonien errichtet. Römische Bauern oder Bauern der Bundesgenossen gründeten neue Siedlungen. Die Menschen hatten ein Auskommen durch die Erträge des neuen Ackerlandes. Sie sicherten zugleich die neu eroberten Gebiete für Rom.

Rom auf dem Weg zur Weltmacht

Zwischen 264 und 133 v. Chr. eroberten römische Soldaten in langen und gefährlichen Kämpfen bedeutende Teile des Mittelmeerraumes. Die außerhalb Italiens eroberten Gebiete erklärten die Römer zu **Provinzen**. Anders als die Bundesgenossen mussten die Provinzen keine Soldaten stellen. Aber die Bevölkerung musste hohe Steuern zahlen. Römische Statthalter zogen sie ein. Das waren ehemalige Magistrate, die jetzt die Provinzen verwalteten. Bündnisse, Kolonien und Provinzen trugen dazu bei, dass Rom seine Macht in den eroberten Gebieten festigte. Die neuen Bewohner des Römischen Reiches übernahmen auch römischen Lebensweisen.

Sieg über Karthago

Im Kampf um die Vorherrschaft am Mittelmeer stieß Rom auf einen mächtigen Gegner: die reiche Handelsstadt **Karthago**. In langen und verlustreichen Kriegen kämpften Rom und Karthago gegeneinander.[1] Der karthagische Feldherr *Hannibal* hätte die Stadt Rom beinahe eingenommen. 146 v. Chr. siegten die römischen Truppen jedoch endgültig. Karthago wurde, anders als die meisten von Rom besiegten Städte, vollständig zerstört. Nun war Rom die stärkste Macht im westlichen Mittelmeerraum. Mit der Eroberung Makedoniens und der griechischen Staaten bestimmten die Römer seit 133 v. Chr. auch über das östliche Mittelmeer. Aus Sicht der Zeitgenossen war Rom eine Weltmacht geworden. Diese Stellung behielt es für Jahrhunderte.

Warum waren Roms Soldaten die besten?

Gründe für die Disziplin und Kampfstärke der römischen Truppen waren:

- Die römische Armee bestand nicht aus Söldnern, also für einen Kampf angeworbenen Soldaten, sondern aus wehrpflichtigen römischen Bürgern.
- Die Soldaten waren Rom und ihrem Feldherrn (Anführer) treu ergeben.
- Sie wurden sehr hart auf den Krieg vorbereitet.
- Gut ausgebildete Befehlshaber führten sie an.
- Römische Kampftechnik und Kriegsplanung war vielen Gegnern deutlich überlegen.
- Bei Untreue oder Feigheit drohten hohe Strafen.

Provinz   Karthago

M 2 Römische Disziplin

Der griechische Geschichtsschreiber Polybios (um 200-120 v. Chr.) berichtet:

Bei Wachvergehen tritt sogleich das Standgericht der Offiziere zusammen, und wenn der Betroffene verurteilt wird, ist die Strafe das Schlagen mit Stöcken. Die meisten Verurteilten finden dabei schon
5 im Lager den Tod. Als Verletzung der soldatischen Pflicht und Ehre und als Feigheit rechnen die Römer: wenn jemand aus Furcht seinen Platz verlässt; wenn jemand während des Kampfes aus Furcht eine Waffe fortwirft. Deshalb gehen viele in
10 den Tod und wagen trotz vielfacher Übermacht des Feindes nicht, ihren Posten zu verlassen, aus Furcht vor der Strafe, die sie im eigenen Lager erwartet. Wer bei der Einnahme einer Stadt als Erster die Mauer erstiegen hat, erhält einen goldenen
15 Kranz. Ebenso, wer einem Kameraden, Bürger oder Bundesgenossen das Leben gerettet hat, indem er ihn mit seinem Schilde deckte.

Polybios, Historiai 6, 37-39: Walter Arend (Bearb.), a. a. O. S. 420 f. (vereinfacht)

M 3 Aufstieg und Herrschaft Roms

a) Livius (vgl. S. 123, M2) lässt den Feldherrn, der 197 v. Chr. Griechenland für Rom erobert, sagen:

Es gibt auf der Erde ein Volk, das auf eigene Kosten, eigene Mühen und eigene Gefahr Krieg führt für die Freiheit anderer. Dies tut es nicht nur für Menschen in nächster Nachbarschaft. Es fährt
5 über Meere, damit auf der ganzen Erde keine ungerechte Herrschaft besteht und überall Recht, göttliche Ordnung und Gesetz am stärksten sind.

b) Der Schriftsteller Tacitus (56-117 n. Chr.) berichtet von einem britischen Anführer, der vor einer Schlacht mit den Römern sagt:

Dem Übermut der Römer entgeht man weder durch Gehorsam noch durch Mäßigung. Diese
10 Räuber des Erdkreises! Nachdem sie alle Länder verwüstet haben, durchwühlen sie das Meer. Wenn ihr Feind reich ist, sind sie gierig, wenn er arm ist, ehrgeizig. Weder der Westen noch der Osten hat sie satt gemacht. [...] Stehlen, morden, rauben –
15 das nennen sie fälschlich „regieren". Wenn sie eine Wüste schaffen, nennen sie das „Frieden".

a) Livius, Ab urbe condita XXXIII 33,5-7 – b) Tacitus, Agricola 30,5-6 (übers. von Markus Sanke)

M 4 Ausrüstung eines römischen Legionärs um Christi Geburt in Germanien
Rekonstruktionszeichnung, um 1997

Am Körper trug er eine Tunika, darüber eine Rüstung aus Eisen und Leder ①. Angriffswaffen waren das Kurzschwert ② und der Wurfspeer ③. Zur Verteidigung dienten der Helm ④ und der rechteckige Schild ⑤. Essen konnte der Legionär in seinem Kochgeschirr ⑥ zubereiten. Die Nummer der Legion verriet ein Aufnäher ⑦. Die Schuhe ⑧ waren für lange Märsche ausgelegt. Für alle Soldaten wurden Werkzeuge für Erdarbeiten mitgeführt ⑨, außerdem angespitzte Holzpfähle ⑩ für Wälle und Gräben. Eimer ⑪ waren unentbehrlich für Wasser und Lebensmittel.

1. Beschreibe die Waffen und das Gepäck der römischen Soldaten (M4).
2. Nach der Rückkehr aus einem Feldzug treffen sich zwei Legionäre. Sie streiten sich über ihre Zeit in der Armee: Einer der beiden beklagt das Leben im Krieg, der andere lobt die Erfolge des römischen Militärs. Entwickle mit einem Partner dieses Streitgespräch: Jeder von euch übernimmt eine der beiden Positionen. Notiert euch jeweils wichtige Aspekte und bereitet euch darauf vor, das Gespräch vor der Klasse vorzutragen.
Ihr solltet Folgendes berücksichtigen: Die Situation der römischen Soldaten (M2, M4) – Die Ausdehnung des Römischen Reiches (S. 118 f.) – Die Bedeutung des Militärs bei Ausbau und Sicherung der Macht Roms.
3. Die Herrschaft Roms wurde und wird sehr unterschiedlich bewertet.
a) Gib die unterschiedlichen Meinungen zur Herrschaft und Herrschaftsausübung Roms wieder (M3 a und b).
b) Erkläre die Unterschiede in den Urteilen über die römische Herrschaft.
4. Erzähle, wie es den Römern gelang, ein Weltreich zu erobern und zu beherrschen (Darstellungstext, M2, M3).

5 Jetzt forschen wir selbst!

Hannibal vor den Toren

Wer beherrscht das Mittelmeer?
Auf den vorigen Seiten hast du erfahren, wie Rom erst Italien und dann die ganze Mittelmeerküste unter seine Kontrolle brachte. Es scheint fast so, als wäre es „ganz automatisch" dazu gekommen. Aber das stimmt nicht! Ein paar Mal sah es so aus, als wäre die Erfolgsgeschichte zu Ende. Und einmal marschierte ein mächtiger Gegner auf Roms Tore zu – mit Kriegselefanten!

Vorschläge für Forschungsfragen:
Thema 1: Versetzt euch in die Lage von Karthagern und Karthagerinnen in der Antike. Ihr sollt mitentscheiden, was die Bürger eurer Stadt tun sollen. M1-7

Thema 2: Ihr seid Historikerinnnen und Historiker. Ihr forscht zum Thema: „Karthago – eine vergessene Großmacht?" M1-7
Aber vielleicht fallen euch ja noch andere Fragen ein?

Beschreiben
Thema 1: *Beschreibt*, welche Einrichtungen und Vorzüge deine Stadt Karthago aufweist und welche Stellung die karthagische Herrschaft im Mittelmeer besitzt.
Thema 2: *Arbeitet heraus*, welche Tatsachen für die weitere Ausdehnung Roms, welche für ein Wachstum Karthagos sprachen.

Untersuchen
Thema 1: *Untersucht*, ob eure Heimatstadt Karthago in einem Krieg gegen Rom eine Chance hat. Welche Folgen könnte ein möglicher Sieg haben?
Thema 2: *Untersucht*, ob die Kriege zwischen Rom und Karthago unvermeidbar waren oder „in der Luft lagen".

Einordnen
Thema 1: *Beurteilt*, ob ihr dem Urteil eures Heerführers Hannibal über die Römer zustimmt oder nicht.
Thema 2: *Überprüft* die Gründe, die die Gegner in den drei Punischen Kriegen für ihre Handlungen hatten.

Präsentieren
Thema 1: *Schreibt einen Brief* an einen Römer: „Was ich euch Römer über Karthagos Geschichte sagen möchte".
Thema 2: *Geschichtliches Urteil* – Verfasst eine kurze historische Beurteilung, die so beginnt: „Karthago hätte im 2. Jh. v. Chr. …" oder „Ohne die drei Punischen Kriege wäre Rom …"

M 1 Karthago – Roms Konkurrent zur See
Seit dem 8. Jh. v. Chr. hat sich Karthago zu einer mächtigen Stadt entwickelt. Sie gründete an vielen Küsten Kolonien, kontrollierte die Inseln und war im 4. Jh. die reichste Handelsstadt des Mittelmeers. 400 000 Menschen lebten in und um Karthago. Die Römer nannten die Karthager „Punier".

M 2 Karthago im 3. Jh. v. Chr.
Rekonstruktion und Karte
Die Stadt lag am Ende einer schmalen Landzunge. Sie war mit einer Mauer gegen Angriffe von Meer und Land geschützt. Eine Burg überragte sie.

M 3 Ein Krieg, der „in der Luft lag"?
Jahrhunderte teilten sich Rom und Karthago das westliche Mittelmeer friedlich. Ab 272 v. Chr. beherrschte Rom ganz Italien. Wohin sollte es sich nun ausdehnen?
Karthago kontrollierte die fruchtbaren Inseln und hatte begonnen, die spanische Küste zu kolonisieren. Rom baute sich eine Flotte, denn weitere Gewinne waren nur zur See möglich. Der Erste Punische Krieg dauerte 23 Jahre. Karthago verlor große Gebiete und musste Rom sehr viel Geld bezahlen.

M 4 Gebietsveränderungen durch den Ersten Punischen Krieg

Hannibal vor den Toren

M 5 Der Zweite Punische Krieg bricht aus!
23 Jahre nach der Niederlage Karthagos versammelt Hannibal, der Sohn des damaligen Feldherrn Hamilkar, sein Heer in Neu-Karthago. Er hat den Ausgang des ersten Krieges nie vergessen und seinem Vater geschworen, Rom immer zu hassen. Der Jugendbuchautor Hans Baumann hat sich ausgedacht, was Hannibal einem Soldaten sagt:

Was du vor Augen hast ist das beste Heer, das die Erde je trug. Es wird Rom zermalmen. Rom darf es nicht mehr geben. Was war Rom am Anfang? Ein dreckiges Dorf. Was waren die Römer? Hartknochi-
5 ge Bauern, die nicht einmal wussten, wie man ein Ruder anfasst. Zu jener Zeit aber gehörten die Meere bereits Karthago. Wenn Karthago es nicht erlaubte, konnte kein Römer sich im Meer seine Hände waschen. So soll es wieder werden. Vor dem
10 alten Karthago hat Rom das Zittern verlernt. Auf roten Sesseln sitzen dort Männer, die mit Rom lieber reden, statt mit ihm zu kämpfen. [...]
Wir werden die Wolfsbrut unter die Erde bringen. Du musst die Römer hassen, weil sie es nicht an-
15 ders verdienen. Sie waren Mörder von Anfang an. Romulus, der erste Römer, erschlug seinen Bruder Remus, und zwar nur deshalb, weil Remus über einen Graben sprang, den Romulus gezogen hatte, um Dein und Mein abzugrenzen. Zu allen Zeiten
20 zog Rom Grenzen, die anderen das Leben kosteten. Aber nun wird Hannibal über sie kommen.

Hans Baumann, Ich zog mit Hannibal, München ³2014, S. 54 f.

M 6 218 v. Chr: Elefanten im Hochgebirge
Aquarell, um 1960

Das hätten die Römer niemals erwartet: Nicht über See kam der Vergeltungsangriff Karthagos, sondern über Land! In einem waghalsigen Unternehmen fiel Hannibal mit seinem Heer über die Alpen in Italien ein. Mit 50 000 Fußsoldaten, 6 000 Reitern und 37 Kriegselefanten griff er eine mit Rom verbündete Stadt nach der anderen an.

M 7 Zweiter Punischer Krieg, Zug des karthagischen Heeres

Am Ende hatte Rom mehr Soldaten aufbringen können als Hannibal, der in fremdem Land kämpfte. Die Karthager wurden zum Rückzug gezwungen und 202 v. Chr. bei Zama besiegt. Danach war Karthago keine Großmacht mehr.

M 8 Verschonen oder vernichten?
Der griechische Historiker Diodor schreibt um 60 v. Chr., wie die Römer nach dem Zweiten Punischen Krieg über Karthago denken und was sich nach seiner Vernichtung (146 v. Chr.) ereignet:

Nach dem hannibalischen Krieg schloss Cato bei jeder Gelegenheit im Senat seine Rede mit dem Satz, Karthago müsse aufhören zu existieren. Scipio aber vertrat die entgegengesetzte Meinung:
5 Karthago müsse unbedingt bestehen bleiben. Die Klügsten meinten, Scipio habe Recht: Man müsse Roms Stärke nicht aus der Schwäche anderer ableiten, sondern aus der Überlegenheit über die Großen. Außerdem zwang [...] die Furcht vor
10 Karthago die Römer zu Eintracht und milder Behandlung der Untertanen. Das ist das schönste Mittel, die Herrschaft zu erhalten und zu sichern. Würde aber die große Konkurrentin vernichtet, so war vorauszusehen, dass im Innern Aufruhr und
15 vonseiten der Bundesgenossen Hass gegen die Vormacht aufkommen würde, weil die Herren Habgier und Ungerechtigkeit gegen sie verüben würden. Und tatsächlich: All das trat nach der Zerstörung Karthagos wirklich ein: Gefährliche Verführung,
20 Landaufteilung, Abfall von Bundesgenossen, lange, furchtbare Bürgerkriege und all das, was Scipio vorhergesagt hatte, waren die Folge.

Nach: W. Lautemann u. M. Schlenke (Hrsg.), Geschichte in Quellen. Altertum, München ³1978, S. 454 (gekürzt und vereinfacht)

5 Rom in der Krise

M 1 Getreideverteilung
Mosaik aus Ostia, 2. Jh. n. Chr.
Das Mosaik zeigt, wie Getreide an arme Bürger verteilt wird. Gaius Gracchus forderte bereits mehr als 200 Jahre früher die verbilligte oder kostenlose Abgabe von Getreide.
Schildere die dargestellte Situation. Stelle Vermutungen an, warum in den Städten eine Versorgung mit Getreide notwendig wurde.

Kriegsgewinner ...
Die Kriegsbeute und die Steuerzahlungen (Tribute) aus den unterworfenen Länder machten Rom reich. Besonders Römer, die bereits reich und mächtig waren, gelangten zu zusätzlichem Wohlstand: Statthalter beuteten oft die Provinzen aus. Geschäftsleute bereicherten sich, indem sie im Auftrag des Staates Steuern und Kriegsschulden einzogen und Gewinne bei der Belieferung des römischen Heeres machten. Obwohl Senatoren keinen Handel treiben durften, beteiligten sie sich an diesen Geschäften. Adlige Großgrundbesitzer nutzten auch den größten Teil des römische Staatslandes, das im Krieg gewonnen wurde, und erweiterten so ihre großen Landgüter.

... und Kriegsverlierer
Verlierer des Krieges waren die kleinen Bauernfamilien: Die starken Söhne und jungen Familienväter mussten in der Armee kämpfen. Zurück blieben ihre Eltern, Ehefrauen und Kinder. Sie konnten die Höfe nur eingeschränkt bewirtschaften. So war es möglich, dass die Soldaten zwar mit einer kleinen Beute aus dem Kampf zurückkehrten, sich jedoch bei reichen Großgrundbesitzern verschulden mussten, um ihren Hof zu retten. Wenn ein junger Bauer eine Familie gründen wollte, gelang es ihm oft nicht, eigenes Land zu bekommen. Das staatliche Ackerland war nämlich bereits zu großen Teilen unter den Großgrundbesitzern aufgeteilt. Sinkende Getreidepreise und fortwährende Kriege erschwerten den Kleinbauern das Überleben zusätzlich. Viele Familien wurden arm und zogen in die Städte, vor allem nach Rom. Dort verdienten sie oft nur das Nötigste, denn billige Sklaven verrichteten bereits viele Arbeiten. Die land- und besitzlosen Römer bildeten eine immer größer werdende Schicht: die **Proletarier** (lat. *proles*: Nachkommen).

Reform der Landverteilung
Die Probleme der verarmten Bauern und der besitzlosen Stadtbewohner führten zu heftigen Auseinandersetzungen in der römischen Führungsschicht. Einige wie die Brüder *Tiberius* und *Gaius Gracchus* forderten, den Großgrundbesitzern das staatliche Ackerland zu entziehen und neu zu verteilen. Die arme Bevölkerung hätte durch diese **Landreform** wieder Ackerland bekommen. Das hätte ihre Probleme gemildert. Viele arme römische Bürger stimmten deswegen für die Vorschläge der beiden Gracchen. Sie gewannen hohes Ansehen in der Bevölkerung und politische Macht in Rom: Tiberius wurde 133 v. Chr. Volkstribun und versuchte, beim Senat seine Reformen durchzusetzen.

Unruhen in der Führungsschicht
Eine große Gruppe der Senatoren lehnte die Vorhaben der Gracchen jedoch ab. Zum einen hätten die Senatoren, die in der Regel reiche Großgrundbesitzer waren, selbst Land abgeben müssen. Zum anderen gewannen Tiberius und später Gaius so großen Einfluss, dass viele Senatoren die alte politische Ordnung Roms und ihre eigene Macht gefährdet sahen. Die Senatoren versuchten also, die Reformvorhaben der Brüder zu beenden. Erst brachten sie Tiberius und viele seine Anhänger um. Als sein jüngerer Bruder Gaius die Politik des Tiberius fortsetzte, wurde auch dieser verfolgt und getötet.
Der römischen Führungsschicht gelang es auch anschließend nicht, die Probleme der Armen zu lösen. Es kam zu **Bürgerkriegen**, blutigen Kämpfen zwischen den Bürgern Roms, mit zahlreichen Todesopfern. Diese Entwicklung trug dazu bei, dass der Senat sein bisher hohes Ansehen im Volk verlor.

Proletarier Landreform Bürgerkrieg

Rom – vom Dorf zum Weltreich

M 2 Die Situation der Kleinbauern

Der Historiker Appian blickt um 170 n. Chr. zurück:
Die Reichen hatten den größten Teil des eroberten Landes in Besitz genommen. Mit der Zeit hofften sie, dass man es ihnen nicht wieder wegnehmen werde. Kleine Äcker der Armen brachten sie durch Überredung oder Gewalt an sich. So bebauten sie nicht mehr Äcker, sondern große Landgüter. Zu deren Ausbau und als Hirten nahmen sie Sklaven, weil diese nicht wie die freien Leute von der Arbeit weg zum Kriegsdienst eingezogen wurden. [...] So wurden die Mächtigen steinreich. Auf dem Land war alles voll von Sklaven. Die [Bevölkerung] aber wurde durch Armut, Abgaben und neue Feldzüge immer weniger. Es gab schon Mangel an Männern. Auch wenn sie einmal von diesen Lasten befreit waren, waren sie doch arbeitslos, denn die Reichen besaßen das Land und nutzten Sklaven statt freier Leute zum Ackerbau.

Appian, Bürgerkriege I.7, nach: Die Bürgerkriege, übers. von Otto Veh, Stuttgart 1989, S. 17 (gekürzt und vereinfacht)

M 3 Eine Mutter ermahnt ihren Sohn

Der Geschichtsschreiber Nepos (100 - 28 v. Chr.) gibt einen Brief Cornelias an ihren Sohn Gaius Gracchus wieder. Von ihren zwölf Kindern sind neun bereits im Kindesalter gestorben.

Ich könnte schwören: Außer den Mördern des Tiberius hat mir in dieser Sache kein Feind so viel Kummer gemacht wie du. Gerade du hättest die Pflicht deiner verstorbenen Geschwister übernehmen müssen: dafür zu sorgen, dass ich in meinem Alter so wenig Aufregung wie möglich habe. Du solltest bei all deinen Taten meine Zustimmung suchen und nichts gegen meinen Willen tun. Mein Leben ist bald zu Ende. Bewegt dich nicht einmal dies, den Umsturz des Staates zu enden? Wann wird endlich Ruhe im Staat sein? Wann wird unsere Familie aufhören, sich so wahnsinnig zu verhalten? Wann werden wir beenden, uns und anderen Ärger zu machen? Wann werden wir uns schämen, den Staat in Unordnung und Verwirrung zu stürzen? Wenn dir das alles aber unmöglich ist, bewirb dich um das Tribunat, wenn ich tot bin. Mach, was du willst – aber erst, wenn ich es nicht mehr fühle!

Nach: Hermann Peter, Historicorum Romanorum Reliquiae, Bd. 2, Leipzig ²1914, S. 222 (übers. und gekürzt von M. Sanke)

M 4 Reformvorschläge des Gaius Gracchus

Der Historiker Plutarch (45 - 125 n. Chr.) stellt die Gesetzesvorschläge des Gaius Gracchus aus dem Jahr 123 v. Chr. vor:

Von den neuen Gesetzen, die er vorschlug, um die Gunst des Volkes zu erlangen und die Macht des Senats zu verringern, betraf das eine die Anlegung neuer Kolonien und die Verteilung des Staatslandes unter die Armen. Ein zweites nahm sich der Soldaten an und erlangte, dass sie auf öffentliche Kosten ohne den geringsten Abzug von ihrem Sold ausgestattet werden sollten und dass keiner unter 17 Jahren zum Kriegsdienst eingezogen werden sollte. [...] Ein viertes verordnete, dass Getreide an die Armen zu einem niedrigen Preis verkauft werden sollte.

Nach: Plutarch, Parallelbiographien: C. Gracchus 26 (5). – Große Griechen und Römer (übers. v. Konrat Ziegler), Bd. 6, Düsseldorf ³2010, S. 264f.

M 5 Cornelia mit ihren Söhnen Tiberius und Gaius Gracchus
Statue des französischen Bildhauers Pierre-Jules Cavelier, Paris 1864
Die beiden Gracchen und ihre Mutter Cornelia beeindruckten Künstler noch lange nach ihrem Tod.

---

1. *Ein Kleinbauer kann von den Erträgen seines Hofes nicht mehr leben und zieht mit seiner Familie nach Rom. Er ist fest entschlossen, dem Volkstribun über die großen Schwierigkeiten auf dem Land zu berichten. Entwickelt gemeinsam die Beschwerde des Kleinbauern vor dem Volkstribun. Schlagt dem Tribun auch vor, was er zur Lösung tun sollte.*
   Gebt vor allem die Probleme mit den Großgrundbesitzern wieder (M2). Entwickelt Forderungen an die politische Führung Roms, die die Lage aus Sicht des Bauern (kurzfristig? langfristig?) verbessern.
2. *Untersuche die Reformvorschläge des Volkstribuns Gaius Gracchus (M4): Für welche Bevölkerungsgruppen sind die einzelnen Vorschläge von Vorteil? Wem bringen sie möglicherweise Nachteile?*
3. *Cornelia beklagt die politischen Pläne ihres Sohnes Gaius (M3).*
   a) Fasse Cornelias Klage zusammen.
   b) Begründe, warum gerade Cornelia die Situation beklagt.
   c) Erkläre, warum es zu Unruhen in römischen Staat kommt.
4. *Prüfe, ob die preisgünstige oder sogar kostenlose Verteilung von Getreide (M1, M4) die Krise Roms auflösen kann.*
   Beachte hierbei die Situation der Kleinbauern, aber auch die der Großgrundbesitzer und der römischen Führungsschichten.

Münzgeschichte(n)

Münzen sind nicht nur Zahlungsmittel, sondern auch kleine Kunstwerke und Informationsträger. Wer die Bilder und Texte auf den Münzen bestimmte (der „Prägeherr"), konnte Botschaften verbreiten. Deren Bedeutung verstanden alle Zeitgenossen. Ein heutiger Betrachter muss sie erst neu interpretieren. Die Wissenschaft, die sich damit beschäftigt, heißt *Numismatik*.

Münzen wurden in riesigen Mengen geprägt. Durch Händler und Soldaten wurden sie in alle Gebiete des Reiches gebracht. Sie sind das einzige *Massenmedium* der Antike.

Münzen – wichtige Geschichtsquellen!

Um Münzen auf ihre geschichtliche Bedeutung zu prüfen, solltest du dieses Schema befolgen:
- **Befragung**: *Wer* hat *was wann wo* geprägt? Damit nennst du den Prägeherrn, den Münzwert, die Datierung und die Münzstätte.
- **Beschreibung**: Empfohlene Reihenfolge: Text der Vorderseite (*Avers*), Bild der Vorderseite – Text der Rückseite (*Revers*), Bild der Rückseite
- **Einordnung**: Welche Aussage macht der Text? Was bedeuten die Bilder? Welche religiösen/politischen Vorstellungen vertreten sie? Welche Gesamtaussage macht die Münze? Was ist der historische Hintergrund dieser Aussage? Welche Absichten verfolgte der Prägeherr damit?

Wenn du Münzen beschreiben und auswerten sollst, kannst du diese Sätze verwenden:

Der Denar (der Aureus, das As …) wurde im Jahr … in der Münzstätte … geprägt. – Die Legende auf dem Avers/Revers lautet …. – Dargestellt ist der Kopf des … nach rechts/links. – Dahinte/davor ist … abgebildet/sieht man …. – Der Prägeherr war …. – Das Bildmotiv … bedeutet, dass der Prägeherr … sich als … darstellen wollte. – Der Prägeherr wollte mit dieser Darstellung vermitteln, dass er …. – Die Münze ist eine Quelle für ….

Zu klein für große Erklärungen – kleines Lexikon der Münzabkürzungen

Münzen haben keinen Platz für lange Texte. Zum Glück kannten viele Römer die Abkürzungen, die sie auf Münzen lesen konnten. Eine kleine Auswahl:

COS	*Consul*	der höchste römische Magistrat
DICT	*Dictator*	höchstes Staatsamt in Krisenzeiten
IMP(ER)	*Imperator*	Ehrentitel, den siegreiche Truppen ihrem Feldherrn auf dem Schlachtfeld verleihen konnten
PONT MAX	*Pontifex Maximus*	Oberpriester, höchster Staatspriester
F	*Filius*	Sohn
ITER(VM)	*iterum*	wiederum, zum zweiten Mal
TER	*tertium*	zum dritten Mal
PERPET(VO)	*perpetuum*	ewig, auf Lebenszeit
S C	*Senatus consulto*	auf Beschluss des Senats
X	*Zahlzeichen „10"*	die Münze ist so viel wert wie 10 Asse (Bronzemünzen)

Zeichensprache auf Münzen: eine Auswahl der Bildmotive

Viele Römer konnten nicht lesen. Aber auch sie verstanden die Botschaften der Münzen. Denn ihre Bildmotive konnte fast jeder deuten.

Manche der abgebildeten Dinge oder Szenen können wir ohne weitere Erklärung erkennen. Für andere benötigen wir zusätzliche Informationen. Wenn wir das Motiv erkannt haben, müssen wir noch erklären, was es auf der Münze bedeuten sollte.

① Waage: **Gerechtigkeit** – ② Solche Filzkappen durften freigelassene Sklaven tragen: **neue Freiheit** – ③ Die geflügelte Siegesgöttin Viktoria hält einen Siegerkranz und eine Friedenspalme in der Hand: **Götter verleihen Sieg und Frieden** – ④ Getreideähre: **Spende von Korn an die Bevölkerung** – ⑤ Siegeszeichen aus erbeuteten Waffen und Rüstungen, links besiegter König mit seinen Söhnen, rechts der siegreiche römische Feldherr: **Sieger im Krieg** – ⑥ Ein gekrümmter Stab war das Abzeichen der Priester, die die Zukunft deuteten (Auguren): **Amt des Zeichendeuters (Augur)** – ⑦ Die abergläubischen Römer beachteten die Sterne. Besondere Himmelserscheinungen galten ihnen als gute Vorzeichen: **„Er steht unter einem guten Stern"** – ⑧ Das „Füllhorn", ein trichterförmiger Korb, reich mit Früchten und Blumen gefüllt: **Glück, Wohlstand, Überfluss**.

Wähle drei der erklärten Symbole aus und erläutere, warum sie ein römischer Münzmeister auf Münzen mit seinem Namen prägte.

z. B.: Die Münze soll aussagen, dass der Prägeherr oder seine Vorfahren … . Die Münze behauptet: „Mit meiner Familie oder mir an der Spitze … ."

Botschaften auf Münzen entschlüsseln

M 1 Silbermünze (Denar)
Geprägt von Gaius Minucius Augurinus, dem Münzmeister des Jahres 135 v. Chr. in Rom, Gewicht 3,93 g, Durchmesser 22 mm

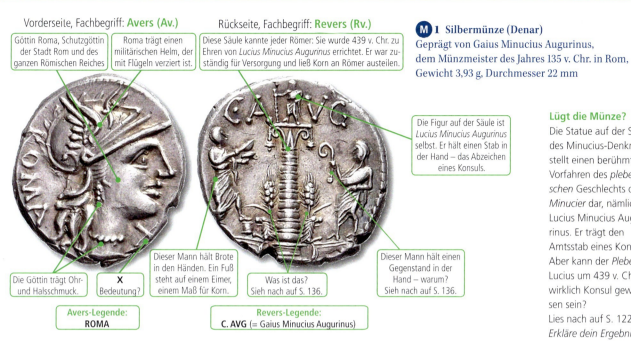

Vorderseite, Fachbegriff: **Avers (Av.)**
- Göttin Roma, Schutzgöttin der Stadt Rom und des ganzen Römischen Reiches
- Roma trägt einen militärischen Helm, der mit Flügeln verziert ist.
- Die Göttin trägt Ohr- und Halsschmuck.
- X Bedeutung?

Avers-Legende: **ROMA**

Rückseite, Fachbegriff: **Revers (Rv.)**
- Diese Säule kannte jeder Römer: Sie wurde 439 v. Chr. zu Ehren von *Lucius Minucius Augurinus* errichtet. Er war zuständig für Versorgung und ließ Korn an Römer austeilen.
- Die Figur auf der Säule ist *Lucius Minucius Augurinus* selbst. Er hält einen Stab in der Hand – das Abzeichen eines Konsuls.
- Dieser Mann hält Brote in den Händen. Ein Fuß steht auf einem Eimer, einem Maß für Korn.
- Was ist das? Sieh nach auf S. 136.
- Dieser Mann hält einen Gegenstand in der Hand – warum? Sieh nach auf S. 136.

Revers-Legende: **C. AVG** (= Gaius Minucius Augurinus)

Lügt die Münze?
Die Statue auf der Säule des Minucius-Denkmals stellt einen berühmten Vorfahren des *plebejischen* Geschlechts der *Minucier* dar, nämlich Lucius Minucius Augurinus. Er trägt den Amtsstab eines Konsuls. Aber kann der *Plebejer* Lucius um 439 v. Chr. wirklich Konsul gewesen sein?
Lies nach auf S. 122.
Erkläre dein Ergebnis.

So könntest du diese Münze beschreiben und auswerten:
Der Denar wurde 135 v. Chr. in Rom vom Münzmeister *Gaius Minucius Augurinus* geprägt. Auf dem *Avers* bildet er die Göttin Roma ab. Ihr geflügelter Helm drückt aus, dass Rom durch sein Heer schnell groß geworden ist. Auf dem *Revers* erinnert Gaius Minucius an die Geschichte seiner Familie, die *Minucier*: Einem Vorfahr wurde ein Denkmal erbaut, weil er den Römern Getreide spendete. Er soll sogar Konsul gewesen sein. Ein anderer hat sich um die Verteilung von Brot und ein gerechtes Getreidemaß verdient gemacht. Ein dritter war Augur. – Gaius Minucius bildet drei bedeutende Minucier ab und stellt sich in ihre Reihe. Der Denar wurde zwei Jahre vor dem Tribunat des *Tiberius Gracchus* geprägt. Getreidespenden und die Gerechtigkeit der Kornverteilung sind damals wichtige Themen. *Gaius Minucius* stellt sich auf die Seite der Gracchen und ihrer Reformen.

M 2 Silbermünze des Feldherrn und Politikers Gaius Julius Caesar
Denar, geprägt in Rom, 44 v. Chr., wenige Wochen vor Caesars Ermordung.
Münzmeister: Publius Sepullius Macer, Gewicht 3,40 g, Durchmesser 16 mm

- Caesar ist der erste lebende Römer, der sich auf einer Münze abbilden lässt.
- Was trägt Caesar auf dem Kopf?
- Wer ist das? Sieh nach auf S. 136.
- Göttin Venus. Caesars Familie, das Geschlecht der *Julier*, behauptete, von ihr abzustammen.
- Zepter der Venus
- Schild

Avers-Legende: **CAESAR / DICT PERPETVO**
Revers-Legende: **P(ublius) SEPVLLIVS MACER**

Jetzt bist du dran: Münzen auswerten

1. *Arbeite aus der Münze M2 heraus, was du über den Münzherrn, Julius Caesar, erfährst.* Nutze alle Zusatzangaben. Erkunde die Bedeutung der Texte und Bilder mit S. 136.

2. *Auch heutige Münzen vermitteln Botschaften. Bringt verschiedene Euro-Münzen mit.* Eine Seite (Av.) ist bei allen Münzen gleich. Die andere (Rv.) wird von den prägenden Staaten (= heutige Münzherren) gestaltet. *Diskutiert, was die Staaten mit ihrer Münzseite über sich aussagen wollen.*

3. *Für ein Schulfest wollt ihr Wertmarken anfertigen, mit denen die Gäste Getränke kaufen oder an Spielen teilnehmen können. Gestaltet eine solche Marke als „römische Münze".* Überlegt, wen oder was ihr auf Av. abbildet – vielleicht hat eure Schule einen Namensgeber? Welche Eigenschaften eurer Schule/Klasse wollt ihr auf Rv. besonders betonen?

5 Warum musste Caesar sterben?

M 1 Gaius Julius Caesar
Marmorbüste, Höhe 33 cm, angefertigt kurz nach Caesars Tod (44 v. Chr.)
In der Krisenzeit hatten viele Politiker Ansehen verloren, da sie die Probleme des Volkes nicht lösen konnten. Caesar stützte sich auf eine Macht, die kein Römer übersehen konnte: das Heer.
Diskutiert, wie ein Feldherr mit starken Truppen die Krise in Rom lösen könnte.

Info: Erstes Triumvirat
Pompeius hatte das Mittelmeer von Piraten befreit und neue römische Provinzen erobert. *Crassus* war der reichste Römer und bezahlte Caesars Schulden. Crassus starb 53 v. Chr. Pompeius wechselte auf die Seite des Senats und wurde Caesars Feind.

Info: „Caesar" heute
„Caesar" wurde zum Beinamen, später zum Titelbestandteil der römischen Kaiser. Er lebt in den Herrschertiteln „Zar" und „Kaiser" fort.

Ein politischer Aufsteiger
Gaius Julius **Caesar** wurde 100 v. Chr. in einer alten, aber verarmten Familie Roms geboren. 68 v. Chr. begann er seine Laufbahn als Quästor. Um bekannt zu werden, veranstaltete er mit geliehenem Geld prächtige Spiele. Nach seiner Wahl zum Konsul 59 v. Chr. schloss Caesar das erste *Triumvirat* („Dreimännerbund"), ein Bündnis mit dem berühmten Feldherrn *Pompeius* und dem reichen Römer *Crassus*. Nichts sollte geschehen, was einem der drei missfiel.

Militärische Erfolge und Machtgewinn
Caesar war als Feldherr sehr erfolgreich. In Oberitalien und Gallien unterwarf er 58-51 v. Chr. die noch nicht mit Rom verbündeten gallischen Völker. Die Kriegszüge füllten Caesars Kassen. Er bezahlte seine Soldaten gut – sie blieben ihm immer treu.
Die wachsende Macht Caesars missfiel einem Großteil der Senatoren in Rom. In einem nicht rechtmäßigen Senatsbeschluss wurden Caesar in Abwesenheit die Aufgaben des Statthalters und Heerführers entzogen. Caesar wusste, dass er ohne Amt und Truppen seinen Gegner ausgeliefert war, und führte seine Soldaten 49 v. Chr. gegen Rom. Ein vier Jahre dauernder Bürgerkrieg begann.

„Ich kam, ich sah, ich siegte"
Ungehindert zog Caesar in Rom ein. Seine Gegner flohen übers Meer zu den Truppen in den Provinzen, die dem Senat unterstanden. Caesar verfolgte sie rund ums Mittelmeer. Zunächst unterwarf er Spanien, dann schlug er Pompeius in Thessalien und entschied in Ägypten einen Thronstreit zugunsten von Kleopatra VII. Nach weiteren Erfolgen endete der Bürgerkrieg 45 v. Chr. Aus dieser Zeit stammen Caesars stolze Worte: „Ich kam, ich sah, ich siegte" (lat. *veni, vidi, vici*).

Caesars Reformen
Der Senat übertrug Caesar ab 48 v. Chr. immer wieder das Amt des Diktators, 44 v. Chr. sogar auf Lebenszeit. Caesar nutzte das Amt für Reformen:
- Bewohner Norditaliens erhielten das Bürgerrecht, die Städte Italiens durften sich selbst verwalten.
- Zur Altersversorgung von Legionären und Proletariern wurden auch außerhalb Italiens Kolonien gegründet.
- Die Arbeitslosigkeit wurde gesenkt – nur noch 150 000 Römer benötigten Getreidespenden.
- Die Zahl der Senatoren wurde auf 900 erhöht. Sie durften jetzt auch aus den Provinzen stammen.
- Ein neuer Kalender wurde eingeführt, da sich die Jahreszeiten verschoben hatten.

Zugleich startete Caesar ein Bauprogramm: Er wollte den Tiber umleiten, den Hafen vergrößern und Sümpfe trockenlegen.

Mord im Senat
Der neue Senat überhäufte Caesar mit Ehrungen. Er durfte das Purpurgewand des Triumphators mit goldenem Lorbeerkranz tragen, erhielt den Ehrennamen „Vater des Vaterlandes" und sein Geburtsmonat bekam den Namen Julius.
Seitdem regierte Caesar wie ein König. Dies war für die republiktreue Minderheit im Senat unerträglich. An den *Iden des März* (15. März) 44 v. Chr. wurde Caesar vor einer Senatssitzung von einer Gruppe von Senatoren durch zahlreiche Dolchstiche getötet. Unter den Mördern war sein junger Freund Brutus. Ihm soll er sterbend gesagt haben: „Auch du, mein Sohn?" Die Attentäter retteten die Republik nicht.

Rom – vom Dorf zum Weltreich

M 2 Sueton über Caesar
Der Schriftsteller Sueton (70-140 n. Chr.) schreibt über Caesar:

Seine Soldaten beurteilte er weder nach ihrer Moral noch nach ihrer äußeren Stellung, sondern nur nach ihren militärischen Fähigkeiten [...]. Weder nahm er alle Vergehen zur Kenntnis, noch bestrafte
5 er sie ihrer Schwere entsprechend, war aber gegenüber Deserteuren[1] und Meuterern ein sehr strenger Richter und Rächer; im Übrigen drückte er ein Auge zu [...]. Bei Ansprachen redete er sie nicht mit „Soldaten", sondern mit dem schmeichelhafteren
10 „Kameraden" an, und er hielt auch auf ihr Äußeres: So stattete er sie mit silber- und goldverzierten Waffen aus, einmal des Aussehens wegen, dann auch, damit sie im Kampf eher darauf achteten und Angst hätten, sie zu verlieren [...]. Auf diese
15 Weise spornte er sie zu größter Ergebenheit und Tapferkeit an. [...] Gegenüber seinen Freunden war Caesar immer zuvorkommend und nachsichtig [...]. Auf dem Gipfel seiner Macht erhob er auch Leute aus den untersten Schichten zu hohen Ehren.

Sueton, Leben der Caesaren, übers. u. hrsg. von André Lambert, Reinbek 1960, S. 38 f.

[1] Deserteur: Soldat, der seinen Platz verlässt oder zur Gegenseite überläuft

M 3 Plutarch über Caesar
Der griechische Schriftsteller Plutarch (um 45-120 n. Chr.) berichtet über Caesar:

Vor Caesars Glück indes beugten die Römer trotz alledem das Haupt und fügten sich willig ins Joch. Und da sie [...] Erholung zu finden hofften von den Leiden der Bürgerkriege, ernannten sie ihn zum
5 Diktator auf Lebenszeit. Dies bedeutete die unverhüllte Tyrannis [...].
Wenn aber der Hass gegen Caesar immer sichtbarer hervorbrach und ihn schließlich in den Tod hineinriss, so trug daran sein Streben nach der Kö-
10 nigswürde die Schuld. Für das Volk war dies der erste Anlass, sich von ihm abzuwenden, für seine Gegner [...] ein besonders günstiger Vorwand.

Plutarch, Parallelbiographien: Caesar 24. – Große Griechen und Römer (übers. v. Walter Wuhrmann), Bd. 5, Düsseldorf ³2010, S. 137 f.

M 4 Silbermünze des Brutus
Denar, geprägt 42 v. Chr. in der Heeresmünzstätte des Brutus in Griechenland,
Münzmeister: L. Plaetorius Cestianus,
Gewicht 3,72 g, Durchmesser 19 mm

Beschriftungen:
- BRUT(US) (Prägeherr)
- L · PLAET · CEST (Münzmeister)
- IMP Siehe S. 136.
- Was bedeuten diese Waffen? Siehe S. 138.
- Filzkappe siehe S. 136, Nr. 2.
- EID · MAR Eidibus Martis (Datum: Iden des März) Siehe S. 138.

---

1. Stelle die wichtigsten politischen Stationen Caesars in Stichpunkten dar (Darstellungstext, Zeitleiste).
   Du kannst Caesars Aufstieg als Treppe zeichnen: Ordne den Stufen Jahreszahlen zu. Die Stufen können unterschiedlich hoch und breit sein.
2. Erläutere die Gründe, die dazu führten, dass Caesar großes Ansehen unter seiner Soldaten genoss (M2).
3. Caesar kehrt 46 v. Chr. aus Ägypten siegreich nach Rom zurück. Fast alle Rivalen hat er besiegt. Der Senat ernennt ihn für 10 Jahre zum Diktator. Du hast seit vielen Jahren in Caesars Heer gedient. Halte auf dem Forum eine Lobrede auf deinen Feldherrn Caesar.
4. Beschreibe mit der Karte S. 118 f. den Zuwachs des Römischen Reiches von 62 v. Chr. bis zum Tod Caesars. Nenne mithilfe der Karte hinten im Buch die heutigen Länder, in die Caesar seine Legionen führte.
5. Am 15. März 44 v. Chr. ermordete ein Gruppe von Senatoren Caesar. Charakterisiere die Beweggründe für die Tat (M3).
   Ergänzend kannst du auf deine Deutung der Caesar-Münze M2 auf S. 137 zurückgreifen.
6. Interpretiere die Münze, die der Caesar-Mörder Brutus prägen ließ (M4).
   Beachte die Arbeitsschritte auf der Methoden-Seite 136. – Arbeite heraus, wofür Brutus mit dieser Prägung „Werbung" machen will.

Gaius Julius Caesar – eine römische Karriere

100 v. Chr.	90 v. Chr.	80 v. Chr.	70 v. Chr.	60 v. Chr.	50 v. Chr.	40 v. Chr.
	Tod des Vaters: Caesar ist Pater familias der Julier		Pontifex	Quästor — Pontif. maximus — Prätor — Statthalter in Spanien	Konsul — Krieg in Gallien — Bürgerkrieg — Dikt. Diktator 10 J. — Dikt. ewig	Ermordung in Rom 15.3.44 v. Chr.

5 Rettet Augustus die Republik?

M 1 Augustus Statue aus Primaporta bei Rom, um 20 v. Chr., Rekonstruktion von 1998/99

Das Original der Marmorstatue wurde in der Villa der Livia, der Frau des Augustus, gefunden. Die bunte Fassung wurde nach Farbspuren rekonstruiert. Auf dem Brustpanzer ist dargestellt, wie der König der Parther dem Kriegsgott Mars römische Feldzeichen übergibt. Die Römer hatten sie 53 v. Chr. in einer Schlacht verloren, Augustus erreichte 20 v. Chr. ihre Rückgabe. *Untersucht, was die Statue den Bürgern bereits aus der Ferne und was sie ihnen bei näherer Betrachtung über den Mann zeigen sollte.*

Gaius Octavianus erringt die Macht

Um Caesars Erbe entbrannte ein neuer Bürgerkrieg. In ihm begann der Aufstieg des *Gaius Octavianus*. Sein Großonkel Caesar hatte ihn adoptiert und zum Erben bestimmt; der 18-Jährige nannte sich nun *Gaius Julius Caesar Octavianus*. Für den Krieg gegen die Caesar-Mörder verbündete Octavian sich mit *Antonius*, einem Anhänger seines Adoptivvaters.

Nach dem Sieg wollte Octavian sein Erbe nicht mit Antonius teilen. Er warf ihm vor, eine unerlaubte und für Rom gefährliche Verbindung mit der ägyptischen Königin *Kleopatra* eingegangen zu sein. Rom erklärte Kleopatra und Antonius den Krieg.

Die Entscheidung fiel 31 v. Chr. in der Seeschlacht bei Actium an der Küste Griechenlands. Octavians Flotte siegte. Kleopatra und Antonius begingen Selbstmord.

Die Neuordnung der Herrschaft

Nach seinem Sieg ließ Octavian über 2000 politische Gegner umbringen, darunter 300 Senatoren. Seine Macht sicherte er mit vielen Ämtern und Vollmachten. Im Jahr 27 v. Chr. erklärte er im Senat überraschend den Rücktritt von allen Ämtern. Dadurch erschien es möglich, die alten Regeln der Republik wiederherzustellen.

Angst vor einem neuen Bürgerkrieg

Viele Senatoren hatten Angst vor einem neuen Bürgerkrieg. Octavian hatte viele seiner Anhänger zu Senatoren gemacht. Der Senat bat ihn, seine Ämter und Vollmachten zu behalten. Er verlieh ihm den Ehrennamen **Augustus** („der Erhabene"). Augustus hatte lebenslang den Oberbefehl über alle römischen Truppen. Er verfügte u. a. über die Rechte des Volkstribuns und des Zensors und übernahm auch das Amt des Ersten Priesters.

Augustus' Macht übertraf damit die jedes anderen Römers. Er selbst jedoch verstand sich lediglich als *Princeps*, als „erster Bürger" des Staates, der höchste Verantwortung für die Republik trage, ohne jedoch mehr Macht als andere Träger politischer Ämter zu besitzen. Somit wurde der Eindruck aufrechterhalten, Rom sei weiterhin eine Republik. Tatsächlich aber entstand mit Augustus das Kaiserreich: Augustus gilt als erster **Kaiser** Roms.

Frieden unter Augustus

Für viele Römer war es Augustus, der endlich die Bürgerkriege beendet hatte. Mit ihm begann eine Zeit des Friedens und Wohlstandes: die *Pax Augusta*. Augustus schützte die Bürger vor äußeren Feinden, aber auch vor Übergriffen durch römische Beamte. Er baute prächtige Gebäude, finanzierte Spiele und Hilfen für die Armen, z. B. Getreideschenkungen.

Zur Herrschaftszeit des Augustus wurde in Judäa **Jesus Christus** geboren. Seine Lehre von einem einzigen, gütigen Gott stellte später den Gottesglauben der Römer tief greifend infrage.

Augustus vererbte seinem Stiefsohn Tiberius mit Zustimmung des Senats all seine Rechte und seine Macht. Die Herrschaft von Kaisern in Rom sollte fast fünf Jahrhunderte andauern.

Augustus   Kaiser   Jesus Christus

Rom – vom Weltreich

M2 Augustus legt Rechenschaft ab

Der 76-jährige Augustus fasst sein Handeln in einem Tatenbericht zusammen. Nach seinem Tod wird er im Senat verlesen und an vielen Orten ausgestellt. Am Augustus-Tempel in Ankara (Türkei) hat man eine Kopie des Textes gefunden:

Ich habe zu Wasser und zu Land [...] Kriege auf dem ganzen Erdkreis geführt und als Sieger allen Bürgern Schonung gewährt, wenn sie um Verzeihung baten [...]. Die Diktatur, die mir in Abwesenheit und Anwesenheit vom Volk und Senat einstimmig angeboten wurde, habe ich nicht angenommen. Princeps des Senats war ich bis zu dem Tag, an dem ich dies schrieb, 40 Jahre lang. Die Senatsliste habe ich dreimal erneuert und drei Volkszählungen[1] durchgeführt [...]. Die Tür des Janus-Tempels, den unsere Vorfahren geschlossen haben wollten, wenn im ganzen Reich durch Siege gewonnener Friede eingetreten sei, was vor meiner Geburt seit Gründung der Stadt zweimal geschehen war, ist unter meiner Führung durch Senatsbeschluss dreimal geschlossen worden. Viermal habe ich mit meinem Geld die Staatskasse unterstützt [...]. Aus meinem Erbe habe ich in die Kriegskasse bezahlt, damit Soldaten, die 20 Jahre und mehr gedient hatten, Prämien bekamen.

Augustus, Res gestae, ausgewählt und übersetzt von Klaus Gast

[1] „Es begab sich aber zu der Zeit, dass ein Gebot von dem Kaiser Augustus ausging, dass alle Welt geschätzt würde." Kennst du diesen Text? Erkundige dich nach seiner Fortsetzung!

M3 Wie viel Macht hat der „erste Bürger"?

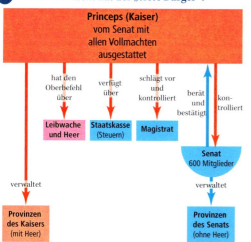

M4 Wie die kaiserliche Macht entsteht

Der wohl bedeutendste römische Historiker, der Senator Cornelius Tacitus (um 56 - 117 n. Chr.), schreibt:

Sobald Augustus das Militär mit Geschenken, das Volk durch Getreidespenden, alle miteinander durch die Annehmlichkeit einer Friedenszeit für sich gewonnen hatte, erhob er allmählich höher sein Haupt und zog die Befugnisse des Senats, der Staatsverwaltung und der Gesetzgebung an sich. Dabei fand er keinen Widersacher, da die tatkräftigsten Männer auf den Schlachtfeldern geblieben oder den öffentlichen Verfolgungen zum Opfer gefallen waren, während die übriggebliebenen Angehörigen der Nobilität bereitwillig das Joch der Knechtschaft auf sich nahmen und dafür umso höher an Reichtum und Ehren stiegen [...].
So hatte sich denn die Staatsform gewandelt [...]. Die Gleichheit der Staatsbürger war beseitigt, und alle schauten nur noch auf die Befehle des Princeps.

Tacitus, Annalen I.2, übers. v. Walther Sontheimer, Stuttgart 2000, S. 15 f. (vereinfacht)

---

1. Stelle die Schritte auf Augustus' Weg zur Macht dar (Darstellungstext).
2. Erkläre, mit welchen Mitteln Augustus seine Herrschaft sicherte (Darstellungstext, M2 - 4).
3. Arbeite Tacitus' Haltung gegenüber Augustus heraus (M4).
4. Vergleiche die Selbsteinschätzung des Augustus (M2) mit der durch Tacitus (M4).
5. Im Jahr 8 v. Chr. beschloss der Senat, den Monat „Sextilis" des römischen Kalenders in „Augustus" umzubenennen. Um diese Zeit treffen sich zwei Römer auf dem Forum. Einer der beiden ist ein überzeugter Anhänger von Augustus, der andere ein Kritiker der augusteischen Politik. Spielt das Gespräch in der Klasse vor.
   Ihr könnt dabei in diesen Schritten vorgehen:
   a) Bezieht euch auf die Ergebnisse der Aufgaben 1 bis 4. Beachtet, wie Augustus an die Macht kam, wie er seine Herrschaft ausübte und welche Folgen die Herrschaft des Augustus für Rom hatte.
   b) Sammelt Argumente, mit denen Zeitgenossen Augustus' Politik entweder unterstützen oder kritisieren könnten.
   c) Führt die Argumente zu einem Streitgespräch zusammen.
6. Augustus bezeichnete sich selbst als „erster Bürger" des Staates. Beurteile diese Einordnung.

---

späte Römische Republik | 44: Ermordung Caesars | 31: Octavian siegt bei Actium | 27: Senat überträgt Octavian alle Macht | frühe Römische Kaiserzeit

Gaius Julius Caesar — Octavianus (Augustus) — Tiberius

v. Chr. — 50 v. Chr. — Chr. Geb. — 50 n. Chr.

5 Das weiß ich – das kann ich!

Am Anfang dieses Kapitels steht die Leitfrage:
Was ermöglichte Roms Aufstieg?
Mit den Arbeitsfragen zu den fünf Kategorien auf Seite 119 kannst du sie nun beantworten:

Wirtschaft und Umwelt
Rom wurde am Tiber gegründet. Dort wuchsen Dörfer zu einer Stadt zusammen. Ihre Lage war günstig für den Handel über Land und See.
Die Römer lebten von der Landwirtschaft. Viele kleine Bauern waren bei reichen Römern verschuldet und forderten eine Landreform. Streit zwischen Landbesitzern und Bauern führte oft zu Kämpfen.
Als Rom wuchs, konnte es sich viele Reichtümer der Provinzen in Europa, Afrika und Asien aneignen.

Herrschaft
Nach der Königsherrschaft formten Römer die Republik. Die Macht hatten zuerst nur Patrizier. Die Plebejer wollten mitbestimmen. Sie erkämpften ihre Zulassung als Magistrate. Am wichtigsten war der Senat. Als Rom sich ausdehnte, wurden die Statthalter der Provinzen mächtige Männer. Caesar wollte mit der Armee die Alleinherrschaft erringen. Anhänger der Republik töteten ihn. Erst Augustus vereinigte die gesamte Macht auf seine Person. Er war der erste römische Kaiser.

Weltdeutung und Religion
Die Römer glaubten wie die Ägypter und Griechen an viele Götter; sie hatten einen Polytheismus. Wichtig war ihnen die Gründungssage ihrer Stadt Rom: Romulus und Remus sollen die ersten Könige gewesen sein. Über ihre Vorfahren waren die Zwillinge mit den griechischen Heroen von Troja verwandt.
In der Provinz Judäa wurde zur Zeit von Augustus Jesus Christus geboren. Er lehrte einen gütigen Gott und nannte ihn „Vater".

Gesellschaft
Die Gesellschaft zerfiel in Patrizier und Plebejer. Weit unten standen Proletarier, die auf Handarbeit in den Städten angewiesen waren. Im Patriarchat hatte der Pater familias Macht über Familienmitglieder und alle zugehörigen Menschen. Das System von Patron und Klient sicherte den Armen Schutz, den Reichen deren Stimmen bei Wahlen. Sklaven wurden wie Sachen behandelt. Ihre Aufstände bedrohten die Sklavenbesitzer (Spartacus-Aufstand). Alle wurden gewaltsam niedergeschlagen.

Begegnung
Bei der Ausdehnung des Reiches kämpfte Rom oft gegen andere Völker. Nicht alle wagten Krieg mit dem mächtigen Gegner. Diese machte Rom zu Bundesgenossen. Alle Völker am Mittelmeer kamen schließlich unter römische Herrschaft. Rom nahm von ihnen viele Neuerungen auf, ließ aber keine Konkurrenz zu: Das mächtige Karthago wurde völlig zerstört.
Wichtig für die römische Kultur wurde die Eroberung des hellenistischen Griechenland.

Kompetenz-Test
Einen Fragebogen, mit dem du überprüfen kannst, was du schon erklären kannst und was du noch üben solltest, findest du unter **31051-11**.

1. Stellt euch Fragen zum Inhalt der Karten.
2. Veränderungen erkennen: Wähle eine Kategorie aus. Beschreibe, was sich in diesem Lebensbereich im Verlauf des Kapitels besonders geändert hat.
3. Besprecht, ob es in den fünf Kategorien heute Ähnlichkeiten zur römischen Zeit gibt oder ob alles ganz anders ist. Begründet eure Meinung!

Rom – vom vom Dorf zum Weltreich

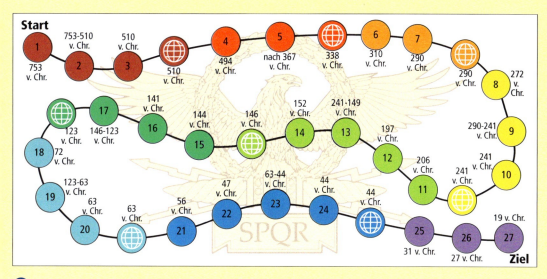

M 1 SPQR
Euer eigenes Rom-Spiel
Spielregeln:
- Auf jedem Feld muss eine Schülerin oder ein Schüler (oder eine kleine Gruppe) eine Aufgabe zur römischen Geschichte erfüllen. Erst dann darf der *Spielstein* ein Feld weiterrücken.
- Einige *Aufgaben* müsst ihr zuvor selbst erstellen! Vorschläge in M2 helfen euch dabei.
- Die *Farben der Felder* stimmen mit den Farben der Karte auf S. 119 überein. Sie zeigen an, in welchem Zeitabschnitt der Geschichte Roms ihr euch bewegt.
- Auf den Spielfeldern mit Globus habt ihr immer die gleiche Aufgabe: *Beschreibt, welche Gebiete Rom beherrscht bzw. hinzu erobert hat. Nennt die heutigen Länder, die von römischer Herrschaft berührt waren. Nutze dazu die Karte hinten im Buch.*

M 2 Spielend von der Gründung Roms bis zur Kaiserherrschaft des Augustus
Zu sechs Feldern sollt ihr eigene Fragen entwickeln. Dazu geben wir euch passende Seiten im Geschichtsbuch an.

① Dein Bruder Remus will eure neue Stadt an einem ganz anderen Ort bauen als du – überzeuge ihn von deiner Wahl! (S. 120)

② *Eure Aufgabe zu dieser Zeit*

③ Ein(e) Athener(in) kommt nach Rom. Die Römer haben gerade ihren König abgesetzt. Gib ihnen einen Rat, wie sie nun regieren sollten. (S. 94, Abs. 1)

④ Die streikenden Plebejer kannten noch keine Spruchbänder (Transparente). Wenn doch: Was hätten sie darauf schreiben können? (S. 123, M2)

⑤ Als Bauer hast du viel Geld von deinem Grundbesitzer geliehen. Die Ernte war schlecht, du kannst nichts zurückzahlen. Nun will er dich als Sklave verkaufen. Beweise ihm, dass er das nicht darf. (S. 122)

⑥ Dein Traum: Konsul sein! Aber der Weg dahin ist lang. Mach einen Plan, wie du es schaffen kannst. Deine Mitschüler sind deine Klienten – was können sie für dich tun, was tust du für sie? (S. 124 f.)

⑦ Du bist die Frau eines angesehenen Beamten. Erzähle einer Freundin auf dem Land von eurem Leben in Rom. (S. 126)

⑧ Roms Armee bedroht eure bislang selbstständige Stadt in Italien. Ihr könntet kämpfen oder einen Bündnisvertrag abschließen. Diskutiert! (S. 130)

⑨ *Eure Aufgabe zu dieser Zeit*

⑩ Streit im Senat: „Wir müssen viel mehr Fußsoldaten einziehen!" – „Falsch, unsere Kriegsflotte sollten wir vergrößern!" Teilt die Klasse in diese Gruppen. Versucht, die andere Partei von eurer Meinung zu überzeugen. (S. 130 f.)

⑪ Rom erobert die Küste des heutigen Spanien, weit entfernt vom Mutterland Italien. Erkläre, welche Schwierigkeiten das mit sich bringt. (S. 130 f.)

⑫ Als Grieche kennst du die Geschichte der Poleis und von Alexander dem Großen. Jetzt hat Rom deine Heimat erobert. Schreibe darüber. (S. 131, M3)

⑬ *Eure Aufgabe zu dieser Zeit*

⑭ „Schon zweimal haben wir Krieg gegen Karthago geführt – jetzt reicht's! Wir müssen die Karthager endlich vernichten!" Führe die Rede fort. (S.130-133)

⑮ Du kommst von einem langen Feldzug zurück. Dein Bauernhof ist verwüstet, Korn ist so billig, dass du kaum Geld verdienst. Überlege mit deiner familia, was ihr tun könnt. (S. 134)

⑯ Der Senat wählt dich zum Statthalter einer Provinz! Erkläre deiner Familie, warum ihr bald viel reicher werdet. (S. 134)

⑰ *Eure Aufgabe zu dieser Zeit*

⑱ Ein Heer von Sklaven marschiert auf Rom zu! Deine Sklavin Prisca will wissen, was los ist. Erkläre ihr aus Sicht einer Patrizierfamilie. (S. 128 f.)

⑲ *Eure Aufgabe zu dieser Zeit*

⑳ Als Feldherr hast du großen Erfolg. Du lässt eine Münze in deinem Namen prägen – zeichne sie auf. (S. 136 f.)

㉑ Ein gallischer Kriegsgefangener und ein römischer Legionär streiten, warum sie gegeneinander kämpfen. Zwei von euch spielen den Streit nach. (S. 138)

㉒ „Caesar eroberte mehr Land für Rom als alle früheren Feldherren zusammen!" Prüfe diese Behauptung. (S. 118 f.)

㉓ *Eure Aufgabe zu dieser Zeit*

㉔ „Stoppt Caesar! Er hat zu viele Gesetze unserer Republik gebrochen!" – Halte eine solche Rede im Senat. (S. 138 f.)

㉕ „Was wäre, wenn?" Nicht Octavianus hat gesiegt, sondern Antonius und Kleopatra. Erzähle, wie Rom nun regiert wird. (S. 40)

㉖ Viele bitten dich, Octavianus, die Herrschaft zu behalten! In einer Rede stimmst du zu, begründest dies und dankst den Senatoren. (S. 140)

㉗ Ein Bildhauer: „Princeps, es gibt schon viele Statuen von dir! Aber meine bildet dich perfekt ab!" – Stelle das Bildnis als „lebende Statue" nach. (S. 140, M1)

143

6 Von der Keilschrift zum Internet

Ende des 19. Jahrhunderts bekam der französische Zeichner Jean-Marc Côté den Auftrag: Male dir aus, wie das Leben im Jahr 2000 aussehen könnte. Seine Bilder zeigen, welche Erfindungen man sich vor über hundert Jahren für die Zukunft vorstellte.

M „Im Jahr 2000"
Sammelbilder von Marc Côté,
Frankreich 1899 - 1900
Aus der Serie von Bildern sind hier diejenigen abgebildet, die mit dem Kapitelthema „Medien" zusammenhängen.
Findet heraus, welche Erfindungen sich Côté 1899 für die Zukunft vorstellte. Welche seiner Ideen sind inzwischen Wirklichkeit geworden?
Diskutiert, wie Menschen in hundert Jahren miteinander in Verbindung treten könnten.

Vom Höhlenbild zur mittelalterlichen Handschrift

M 1 Wachstafel
Moderner Nachbau eines Wachstafelbuches
Die alten Griechen und Römer nutzten solche Notizbücher. Mit dem breiten Ende des Bronzegriffels konnten sie das Wachs glätten.
Überlegt, was ein solches Wachstafelbuch mit einer heutigen Computerfestplatte gemeinsam hat.

Was sind Medien?

Es ist typisch für uns, dass wir Gedanken und Gefühle anderen Menschen mitteilen. Diesen Austausch nennen wir **Kommunikation**. Wer ein Gespräch „unter vier Augen" führt, kommuniziert ebenso wie ein Schauspieler oder eine Band mit Millionenpublikum. Du siehst: Kommunikation findet auf unterschiedlichen Wegen statt. Die *Kommunikationsmittel* nennen wir **Medien**.

„Sender" und „Empfänger"

Die Menschen der Altsteinzeit drückten ihre Gedanken erstmals in Bildern und Formen aus.[1] Ihre Medien waren bemalte Höhlenwände oder geschnitzte Figuren. Ein gesprochener Satz ist schnell verklungen – Kunstwerke des frühen Homo sapiens haben sich bis heute erhalten. Die Künstler der Urgeschichte waren *Sender*, ihre Mitmenschen *Empfänger*. Ihre Absichten konnten die Menschen damals vermutlich leicht verstehen, wir dagegen haben Schwierigkeiten, die Bilder zu entschlüsseln.

Schrift: festgehaltene Sprache

Ein großer Fortschritt war die Erfindung von Zeichen, mit denen Gedanken festgehalten werden konnten: die **Schrift**. Anfangs gab es nur *Bildzeichen*. Mit ihnen hielten die Menschen sichtbare Dinge ihrer Umwelt und ihre Zahl fest („drei Rinder"). Aber wie sollten sie Eigenschaften („heiß") oder Gefühle („Liebe") zeichnen? Bildzeichen waren da unpraktisch. Deshalb erfanden sie *Lautzeichen* (Buchstaben). Mit ihnen kann man alles aufschreiben, was man aussprechen kann.

M 2 Schriftproben
Der Text „15 Rinder" in verschiedenen Schriften
① Keilschrift, Mesopotamien, um 2200 v. Chr.
② Hieroglyphen, Ägypten, um 1600 v. Chr.
③ Griechisch, 450 v. Chr.
④ Lateinisch, 150 n. Chr.
⑤ Mittelalterliche Handschrift, um 800 n. Chr.

[1] Siehe S. 32 f.
[2] Siehe S. 73.

Schrift nutzt vielen

Um 1750 v. Chr. ließ der babylonische König Hammurapi in Keilschrift festhalten, was zu seiner Zeit als Recht galt.[2] So konnte überall in seinem Reich für das gleiche Vergehen die gleiche Strafe verhängt werden. Über Geschäfte wurden schriftliche Verträge verfasst. Händler schrieben Briefe, um an fernen Orten Waren zu bestellen oder anzubieten. Auch die Herrscher benachbarter Länder schrieben einander.

Von der Schriftrolle zum Buch

Die alten Ägypter schrieben auf lange Papyrusbahnen, die auf Stäbe aufgerollt wurden. Griechen und Römer übernahmen solche Schriftrollen. Sie richteten Bibliotheken ein, die geschriebene Werke sammelten. In Alexandria sollen es über 700 000 Rollen gewesen sein! Das antike Rom hatte fast 30 öffentliche Büchereien.

Griechen und Römer kannten auch Notizbücher, die mit Wachs beschichtet waren. Darin konnten sie einen Text einritzen und später wieder löschen. Seit 200 n. Chr. verband man gefaltete Papyrusbögen miteinander. Sie wurden vernäht und mit Deckeln geschützt. So ein Buch ist praktischer als eine Schriftrolle: Der Leser kann Textstellen schneller finden. Gleichzeitig wechselte man zu *Pergament* als Beschreibstoff, denn Tierhäute sind haltbarer als Papyrus.

Bücher – kostbar und nicht für Jedermann

Nur wichtige Bücher wurden von Hand abgeschrieben. Seit sich (bei uns um 800) das Christentum durchsetzte, waren das vor allem die Bibel und Texte für den Gottesdienst. Sie wurden in Klöstern von Mönchen geschrieben, denn in den Klosterschulen gehörten Lesen und Schreiben zum Lehrplan. Auch hier gab es Bibliotheken. Aber selbst bedeutende Klöster besaßen vor 1500 höchstens tausend Bücher – viel weniger, als eine heutige Stadtbücherei.

Für die große Mehrheit, die nicht lesen konnte, blieben Bilder die wichtigsten Medien: In Kirchen vermittelten Gemälde, bunte Fenster und Figuren die Lehre der Bibel und die Geschichten der Heiligen.

Kommunikation Medien Schrift

M 3 Ein Brief – geschützt vor fremden Augen
Tontafel in Keilschrift, 1900 v. Chr., Museum Ankara
Ein Kaufmann schreibt seinem Bruder, dass er Stoffe gegen Silber und Gold eintauschen soll. Er hat sein Siegel (ein Zylinder mit Bildzeichen) auf der Tonhülle abgerollt.

M 4 Eine heilige Schrift(rolle)
Hebräischer Bibeltext (Buch Jesaia), 1. Jh. v. Chr., gefunden in einer Höhle bei Qumran, Israel (Ausschnitt)
Die Fünf Bücher Mose (*Thora*) werden noch heute von Hand auf Schriftrollen aus Pergament geschrieben. Judentum, Christentum und Islam sind die „Buchreligionen": Sie haben heilige Bücher, die Gottes Wort enthalten.

M 5 Buchherstellung im Mittelalter
Buchmalereien aus Bamberg, um 1160
① Aus einer Tierhaut wird Pergament hergestellt.
② Gefaltete Bögen werden zu einem Buch vernäht.

M 6 In der Schreibstube
Buchmalerei aus Echternach, um 1050
Zu einem Kloster gehörte im Mittelalter eine Schreibstube, das *Scriptorium*. Hier wurden Bücher abgeschrieben, Gelehrte verfassten aber auch eigene Texte. So trug *Bischof Isidor von Sevilla* (Spanien) um 600 das erste „Lexikon" zusammen: In 20 Büchern fasste er zusammen, was frühere Schriftsteller über Mathematik, Medizin, Geografie, Religion, Philosophie, Landwirtschaft und Handwerk geschrieben haben. Isidors Werk überlieferte die Kenntnisse griechischer und römischer Wissenschaftler in das Mittelalter. Studenten an den Universitäten diente es für Jahrhunderte als Nachschlagewerk.

M 7 Leiden eines schreibenden Mönches
Ein Schreiber des 9. Jh. wendet sich an die künftigen Leser seines Buches:
O glücklichster Leser, wasche deine Hände und fasse so das Buch an, drehe die Blätter sanft, halte die Finger weit ab von den Buchstaben. Der, der nicht weiß zu schreiben, glaubt nicht, dass dies eine Arbeit sei. O wie schwer ist das Schreiben: Es trübt die Augen, quetscht die Nieren und bringt zugleich allen Gliedern Qual. Drei Finger schreiben, der ganze Körper leidet.
Nach: Josef Kirmeier, Alois Schütz und Evamaria Brockhoff, Schreibkunst. Mittelalterliche Buchmalerei aus dem Kloster Seeon, Regensburg 1994, S. 122

1. Stelle Vor- und Nachteile der Medien Bild und Schrift gegenüber (Tabelle).
2. Noch heute verwenden wir Bildzeichen. Finde Beispiele und begründe, warum wir sie benutzen.
3. Erkläre, wie der Inhalt des Briefes M3 vor fremden Augen geschützt war. Was tun wir heute, um vertrauliche Nachrichten zu verschicken?
4. Für wen wurden die Bücher im Mittelalter abgeschrieben?
   Berücksichtige, wer sie herstellte, wer damals lesen und schreiben konnte, welchen Inhalt die meisten Bücher hatten und wie aufwändig ihre Herstellung war. Lies noch einmal die Bildunterschrift zu M6.

Vom Holzschnitt zur Zeitung

M 1 Ein eigenes Bild
Holzschnitt, bemalt, 20,1 x 13,7 cm, um 1430
Die Umrisse des Bildes wurden aus einem Holzbrett geschnitzt. Mit schwarzer Farbe wurde es auf Papier gedruckt und danach ausgemalt. Dieses Blatt zeigt eine Jesusfigur aus dem Kloster Lambach (Österreich). Wer es kaufte, musste nicht dorthin reisen, sondern hatte sein eigenes Heiligenbild im Haus.
Erkläre, wie man ohne Holzschnitte Bilder besitzen konnte. Warum kauften die Menschen solche Drucke?

Papier ersetzt Pergament
Eine Erfindung aus China wurde um 1100 in Europa bekannt: *Papier*. Zermahlener Leinenstoff wird mit Wasser vermischt. Daraus schöpft man mit Sieben eine faserige Schicht, die nach dem Trocknen beschrieben werden kann. Für ein Buch brauchte man nicht mehr Dutzende von Kälbern. Die Massenherstellung von Papier seit 1350 machte Bücher billiger.

Bücher verlassen das Kloster
Im Mittelalter wurden Bücher für immer mehr Personen anziehend, denn das Lesen verbreitete sich außerhalb der Klöster: Studenten an den neuen Universitäten brauchten Bücher. Adlige liebten Ritterromane. Händler wollten mehr über fremde Länder lernen. Bücher wurden nicht mehr nur in Latein, sondern auch in den Volkssprachen geschrieben.

Die Erfindung des Herrn Gutenberg
In Mainz machte der Goldschmied *Johannes Gutenberg* um 1450 eine bedeutende Erfindung: Er setzte spiegelverkehrte Buchstabenstempel aus Blei in einem Rahmen zu ganzen Buchseiten zusammen. Die Stempel bestrich er mit schwarzer Farbe und druckte in einem Arbeitsgang die ganze Seite auf Papier. Gutenberg hatte den **Buchdruck** mit beweglichen Buchstaben (Lettern) erfunden. Mit seinen Handwerkern stellte er in zwei Jahren 180 Bibeln her. Ein Schreiber hätte mit dem Schmuck der Seiten etwa genauso lange benötigt – für eine einzige Bibel!

Schnelle Nachrichten aus aller Welt
Schon vor dem Buchdruck gab es *Holzschnitte*: Ein einzelnes Blatt mit einem Bild und etwas Text informierte über besondere Ereignisse. Mit dem Buchdruck konnten solche **Flugblätter** schneller und in größerer Zahl hergestellt werden. Aus Blättern, die nur bei Bedarf gedruckt wurden, entwickelten sich wöchentlich erscheinende **Zeitungen**. Etwas später wurden auch Tageszeitungen gedruckt. Sie werden als die ersten **Massenmedien** angesehen.

Das neue Medium verändert das Leben
Gutenbergs Erfindung veränderte die Kultur. Buchdrucker wollten Geld verdienen mit Büchern, die viele Menschen interessieren. Der Beruf des *Schriftstellers* entstand, der vom Bücherschreiben leben konnte, wenn er genug Leser fand. Wissenschaftler machten ihre Entdeckungen öffentlich. Dies regte andere zum Weiterforschen an. Das Wissen über die Welt nahm zu – gedruckte *Lexika* und *Atlanten* machten es für alle erreichbar.
Menschen, die mit etwas unzufrieden waren, verfassten Schriften gegen diese Zustände.

Lesen und Schreiben wird Bildungsziel
Seit es gedruckte Bücher zu allen Themen gab, wurde das Lesen für die Menschen immer wichtiger. Auch die Herrscher erkannten den Vorteil gebildeter Bürger: Sie konnten bei der Verwaltung der Länder mithelfen oder Gewinn bringende Erfindungen machen. Seit dem 17. Jh. führten nach und nach alle Staaten die *Schulpflicht* für Kinder ein.
Das Lesen von Büchern und Zeitungen blieb bis ins 19. Jh. die einzige Möglichkeit, etwas über die Welt zu erfahren. Diese Epoche wird daher als „Zeitalter des Buchdrucks" bezeichnet.

Die Erfindung des Buchdrucks wird heute meist als „Revolution", als bedeutende Umwälzung eingeschätzt. Nimm Stellung zu dieser Aussage.

Buchdruck   Flugblatt   Zeitung   Massenmedium

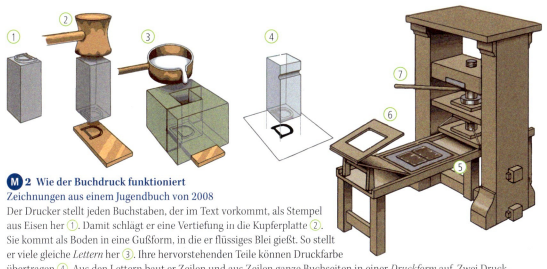

M 2 Wie der Buchdruck funktioniert
Zeichnungen aus einem Jugendbuch von 2008

Der Drucker stellt jeden Buchstaben, der im Text vorkommt, als Stempel aus Eisen her ①. Damit schlägt er eine Vertiefung in die Kupferplatte ②. Sie kommt als Boden in eine Gußform, in die er flüssiges Blei gießt. So stellt er viele gleiche *Lettern* her ③. Ihre hervorstehenden Teile können Druckfarbe übertragen ④. Aus den Lettern baut er Zeilen und aus Zeilen ganze Buchseiten in einer *Druckform* auf. Zwei Druckformen von Seiten, die nebeneinander stehen sollen, legt er in die Druckerpresse ⑤. Alle Lettern bestreicht er mit Druckerschwärze. Dann klappt er einen angefeuchteten Papierbogen in einem Rahmen darauf ⑥. Er schiebt alles unter die Druckerpresse und presst mit dem Hebel ⑦ das Papier kurz und fest auf die geschwärzten Formen.

M 3 Endlich Friede!
Einblattdruck mit Holzschnitt, 1648 (Ausschnitt)

Der Text lautet in heutigem Deutsch: „Neuer, aus Münster am 25. Oktober abgeschickter, Freude und Frieden bringender Postreiter"
30 Jahre herrschte in Europa Krieg – 1648 wurde in Münster Frieden geschlossen. Das Flugblatt informierte die Menschen darüber. Unter dem Bild folgt ein langes Gedicht, das den Segen des Friedens für alle Berufe rühmt.

Zeit	Zahl der einzelnen Veröffentlichungen	Gesamtzahl der Drucke (Auflage)	Anteil der Lesefähigen
15. Jh.	15 000 bis 30 000	zwischen 1,5 und 20 Millionen	ca. 12 %
16. Jh.	120 000 bis 150 000	zwischen 70 und 150 Millionen	ca. 18 %
17. Jh.	265 000	200–300 Millionen	ca. 25 %
18. Jh.	500 000	750 Millionen bis 1 Milliarde	ca. 31 %

M 4 Explosion des Wissens?
Wie viele Bücher wurden seit Gutenberg gedruckt?
Wie viele Menschen in Europa konnten lesen?
Rudolf Stöber, Deutsche Pressegeschichte, Konstanz 2000, S. 260; Eltjo Buringh/Jan Luiten van Zanden, Charting the "Rise of the West". Manuscripts and Printed Books in Europe, in: The Journal of Economic History 69.2 (2009), S. 409–445

1. *Beurteile, was es den Menschen bedeutete, ein Bild wie M1 zu besitzen.*
2. *Du willst um 1500 eine Druckerei wie Gutenberg betreiben. Finde mit M2 heraus, welche Werkstoffe du dir beschaffen musst. Was müssen deine Mitarbeiter können?*
3. *Zeichne ein Schaubild mit folgenden Kästen: Zahl der Bücher steigt – mehr Leute lesen und schreiben – Leute möchten lesen – Schulpflicht wird eingeführt – Wer etwas mitteilen will, kann es drucken lassen*
   Verbinde die Kästen mit Pfeilen, die bedeuten „... führt zu ...".
   Setze dein Schaubild in Beziehung zu M4.
4. *M3 ist ein Medium, das von Händlern verkauft wurde. Das Bild zeigt ein anderes Medium dieser Zeit – informiere dich über seine Geschichte.*

Vom Telegrafen zum Web 2.0

M 1 Kommunikation
Anna schreibt Jan eine SMS aus Paris.
Wende das Schema auf das Fernsehen (M4) und auf andere Kommunikationsmittel an. Erweitere es um die Angaben „Wie viele Personen senden?" und „Wie viele Personen empfangen?".

Telegraf und Telefon

Im 19. und 20. Jh. entstanden neue Medien, die die Kommunikation veränderten:
1833 nutzten *Carl Friedrich Gauß* und *Wilhelm Weber* in Göttingen die Elektrizität, um Signale durch Drähte zu schicken. *Samuel Morse* erfand 1840 ein System zur Umsetzung von Text in Stromstöße. So wurde die **Telegrafie** möglich. In vielen Ländern entstanden Telegrafennetze. 1866 wurden Europa und Amerika mit Seekabeln verbunden.
Philipp Reis gelang es, Töne in Strom umzuwandeln, ihn durch Drähte zu leiten und wieder hörbar zu machen. Am *Telefon* konnten Teilnehmer miteinander sprechen. Ein neues Netz wurde gebaut, zuerst in Großstädten. Anfangs diente es nur Behörden und Banken. Seit Anfang des 20. Jh. zog es in Privathaushalte ein.

Stehende und laufende Bilder

Auch die Chemie schuf neue Medien: Die Franzosen *Joseph Niépce* und *Louis Daguerre* erfanden seit 1826 Verfahren, Bilder auf beschichteten Platten festzuhalten. Viele Forscher entwickelten die *Fotografie* weiter. Ende des 19. Jh. waren Fotoapparate so klein und billig, dass viele Menschen Bilder aufnehmen und vervielfältigen konnten.
Seit 1870 versuchten Techniker, auch Bewegungen abzulichten. 1895 wurden erste kurze Filme öffentlich vorgeführt – das **Kino** war geboren. In vielen Städten wurden „Lichtspielhäuser" gebaut.
Der Film wurde eine eigene Kunstform. Außerdem erfuhren Kinobesucher in „Wochenschauen" Aktuelles aus aller Welt. Durch die Erfindung der *Tonaufzeichnung* (u. a. durch *Thomas Edison*) wurde der Stummfilm seit 1926 vom Tonfilm abgelöst, später setzte sich der Farbfilm durch.

Es geht auch ohne Drähte!

Die Entdeckung der elektromagnetischen Wellen durch *Heinrich Hertz* 1888 wurde sofort zur Nachrichtentechnik genutzt. Die Reichweite konnte stetig gesteigert werden. 1901 funkte der Italiener *Guglielmo Marconi* ein Telegramm über den Atlantik.
Nach dem Ersten Weltkrieg (1914-1918) begannen in vielen Ländern regelmäßige Sendungen von Musik und Sprache. Das *Radio* wurde ein Medium für viele, da die Empfänger bald billiger wurden.
Bis bewegte Bilder drahtlos verbreitet wurden, dauerte es länger. Nach dem Zweiten Weltkrieg (1939-1945) war das *Fernsehen* ausgereift. Ab 1953 wurde in Deutschland regelmäßig gesendet. Die Geräte waren anfangs so teuer, dass die Zahl der Zuschauer nur langsam stieg. Vor allem die Übertragung interessanter Ereignisse förderte die Anschaffung von Fernsehern. Radio und Fernsehen waren die ersten *elektronischen Massenmedien*.

Computer – weltweit vernetzt

Inzwischen hatten Techniker den *Computer* entwickelt. Anfangs war er nur ein Rechengerät. In den 1960er-Jahren verband man beim Militär und an Universitäten mehrere Rechner zu „Netzwerken". Um 1980 wurden Computer so klein und billig, dass Privatleute sie sich angeschafften („*PC*", *personal computer*). Auch sie wollten ihre Geräte verbinden. In den 1990er-Jahren entstand so das **Internet**.
Anfangs war es wie eine große Bibliothek: Menschen stellten Informationen hinein, andere Leute nutzten sie. Ab etwa 2000 wurde das Internet auch ein „Mitmach-Medium": Nutzer veröffentlichen Netz-Tagebücher, die andere Leser kommentieren können (*Blogs*). Menschen arbeiten gemeinsam an Wissensseiten (*Wikis*) oder teilen ihr Privatleben in „sozialen Netzwerken" mit (z. B. *Facebook*).
Das Internet enthält heute verschiedene Medien: Texte, Fotos, Karten, Diagramme, Sprach- und Musikaufnahmen, Filme. Es vereinigt Dienste, für die es ältere Medien gibt: Brief und Telefon, Buch und Zeitung, Kino, Radio und Fernsehen. Das Internet ist ein Vielfach-Medium, es ist *multimedial*.

M 2 Fernsprecher Berlin, um 1895
Kein Tastenfeld, keine Wählscheibe – beim Abheben des Hörers landete man immer beim „Amt". Dort wurde die gewünschte Verbindung mit Kabelsteckern hergestellt.

Telegrafie Kino Internet

M3 Das lebendige Kabel

1866 berichtet eine Zeitung über das neue Unterseekabel zwischen England und den USA:

Es bringt die Welt zusammen. Es verbindet die getrennten Erdhalbkugeln. Es vereinigt entfernte Völker, lässt sie spüren, dass sie Glieder einer großen Familie sind. Ein Seekabel ist keine eiserne Kette, die kalt und tot in den eisigen Tiefen des Atlantiks liegt. Es ist ein lebendiges, fleischliches Band zwischen getrennten Teilen der Menschenfamilie. Auf ihm werden ewig Signale der Liebe und Zärtlichkeit hin- und herlaufen. Durch so starke Bindungen trägt es dazu bei, die menschliche Rasse in Einheit, Frieden und Eintracht zu verknüpfen.

Tom Standage, The Victorian Internet. The remarkable Story of the Telegraph and the nineteenth century's On-line pioneer, New York 1998, S. 104 (übersetzt von Markus Sanke)

M5 Fernsehen als Gemeinschaftserlebnis
Foto von Josef Heinrich Darchinger, Fritzlar 1956

In den Anfangsjahren des Fernsehens in Deutschland kosteten die Geräte zwei bis vier durchschnittliche Monatsgehälter eines Angestellten. Die ersten Bildschirme standen oft in Gaststätten, wo man sich zum Fernsehen traf.

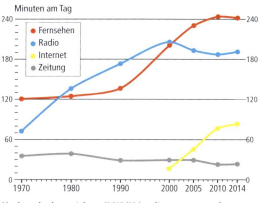

M6 Mediennutzung früher und heute

Nach: gedankenstrich.org/2012/10/mediennutzung-tendenz-steigend (aktualisiert)

Link-Tipp:
Eine interaktive Zeitreise zur Geschichte der Musikindustrie kannst du aufrufen unter
31051-12

M4 Sprache und Musik – festgehalten
Phonograph, hergestellt in Orange (New Jersey) 1895

1877 erfand der Amerikaner Thomas Edison die Schallaufzeichnung auf drehenden Walzen. Er stellte Aufnahme-/Abspielgeräte her, verkaufte leere Wachswalzen zum Selbstaufnehmen sowie mit Musik bespielte Walzen. Zehn Jahre später erfand der Deutschamerikaner Emil Berliner die Schallplatte. Sie war dem Wachszylinder überlegen, denn sie hatte eine längere Spieldauer. Außerdem konnten von einer Tonaufnahme fast beliebig viele Schallplatten gepresst werden.

Durch die Erfindungen von Edison (Phonograph) und besonders von Berliner (Grammophon) wurde Musik erstmals zur Ware. Eine „Musikindustrie" entstand.

1. *Zeichne die Zeitleiste für ein Medium in dein Heft. Ermittle, welche Fortschritte darin gemacht wurden, und trage wichtige Neuerungen ein.*
Beispiel „Film": Tonfilm – Farbfilm – …
2. *Der Autor von M2 beeendet seinen Zeitungsartikel mit einer Einschätzung des Telegrafenkabels. Nimm Stellung zu seiner Hoffnung.*
Im Abschnitt „Es geht auch ohne Drähte!" stehen zwei versteckte Hinweise zur Voraussage des Autors.
3. *Nimm Stellung zu den letzten Sätzen der Bildunterschrift von M4.*
Berücksichtige die heutige Situation. Nutze den Link-Tipp!
4. *Beurteile M6. Stelle eine Vermutung über die Zukunft der Medien an.*
5. *Fasse zusammen, wie sich Informationsbeschaffung und Unterhaltung von 1800 bis heute verändert haben. Bewerte diesen Wandel.*

Lexikon zur Geschichte: Begriffe

*In allen Darstellungstexten sind wichtige Begriffe hervorgehoben und auf der jeweiligen Seite unten wiederholt. Erklärungen für diese Worte gibt dir unser „Lexikon zur Geschichte".
Viele Begriffe, die ein Geschichtsforscher braucht, kommen in verschiedenen Zeiten immer wieder vor. Manche ändern dabei auch ihre Bedeutung. Andere Begriffe hängen miteinander zusammen oder erklären einander.*

Wenn wir bei der Erklärung eines Wortes einen anderen Eintrag in das Lexikon verwenden, machen wir dies mit dem ▸ Pfeilsymbol deutlich. Dies kannst du dir beim Nachschlagen zunutze machen: Folge einfach den Pfeilen, dann erschließt du ein ganzes zusammenhängendes Themenfeld. Probier es einmal aus, zum Beispiel mit dem Begriff „Mittelsteinzeit".

Abgaben: Zahlungen der Einwohner an den ▸ Staat, z. B. Waren oder Geld. Der Herrscher bezahlt damit Beamte, Soldaten, Priester, Tempel, Paläste und das Leben seiner Familie.

Ackerbau und Viehhaltung: Lebensweise, in der Menschen ihre Nahrung durch Aussäen von Pflanzen und die Haltung von Nutztieren gewinnen und nicht als ▸ Jäger und Sammler.

Altsteinzeit: erster Abschnitt der Geschichte, der vor 2,5 Millionen Jahren begann. Die Menschen lernten, das Feuer zu gebrauchen und Werkzeuge und Waffen aus Stein, Knochen und Holz herzustellen. Sie lebten als ▸ Jäger und Sammler.

Arbeitsteilung: Jede Gemeinschaft teilt ihre Arbeiten wie Jagen, Sammeln, Kochen, Herstellen von Werkzeugen nach Fähigkeiten untereinander auf. In den ▸ Hochkulturen entstanden so die Berufe.

Aristokratie (griech. *aristos*: Bester, *kratia*: Herrschaft: „Regierung der Besten"): Ordnung des Zusammenlebens, in der die Abstammung von einer vornehmen Familie (Adel) Voraussetzung für Macht war.

Barbaren: ursprünglich eine Bezeichnung der antiken Griechen für alle nicht-griechisch sprechenden Menschen, später abwertend für die Perser und sogar die griechisch sprechenden Spartaner (▸ Spartiaten).

Bronze: Mischmetall aus ▸ Kupfer und 5-30 % Zinn. Bronze ist härter als Kupfer, schmilzt aber bei niedrigerer Temperatur. Dies erkannten im 3. Jahrtausend v. Chr. Handwerker in Vorderasien. Die Bronzeherstellung verbreitete sich nach Europa und löste Kupfer für Waffen und Geräte ab.

Buchdruck: Verfahren zur Vervielfältigung von Texten. Den Buchdruck mit beweglichen Lettern erfand um 1450 Johannes Gutenberg. Vorher mussten Bücher einzeln abgeschrieben werden. Gemeinsam mit der Erfindung von Papier machte der Buchdruck die Bücher billiger und für mehr Menschen verfügbar.

Bürgerkrieg: Krieg, bei dem die Bewohner eines Landes gegeneinander kämpfen. Der Bürgerkrieg am Ende der römischen ▸ Republik (130-30 v. Chr.) hatte seine Ursache im Konflikt zwischen reichen Adligen und verarmten Bauern. Er führte schließlich unter ▸ Augustus zur Herrschaft der ▸ Kaiser.

Darstellung: Erzählung über die Vergangenheit, die sich auf ▸ Quellen aus der jeweiligen Zeit stützt und den Methoden der Geschichtswissenschaft folgt.

Demokratie (griech. *demos*: Volk; *kratia*: Herrschaft): Herrschaft des Volkes über sich selbst. In Athen konnten sich seit Mitte des 5. Jh. v. Chr. die wehrfähigen Bürger an der Regierung und Rechtsprechung beteiligen. Bei Abstimmungen entschied die Mehrheit der Stimmen.

Eisen: Metall, das in der Natur fast nur als Eisenerz vorkommt. Um daraus Eisen zu gewinnen sind ho-

Lexikon zur Geschichte

he Temperaturen nötig. Anders als bei ▸ Bronze müssen für Eisengeräte keine Metalle gemischt werden.

Etrusker: Volk des Altertums, das um 800 v. Chr. in Mittel- und Norditalien siedelte. Die Etrusker wurden seit dem 4. Jh. v. Chr. von den Römern unterworfen, die viel aus deren Kultur übernahmen.

Flugblatt: einzelnes Blatt aus Papier, das Schrift und manchmal Bilder enthält. Flugblätter werden in großer Zahl gedruckt (▸ Buchdruck), um Nachrichten, Forderungen und Meinungen zu verbreiten. Flugblätter des 16. Jh. sind eine Vorstufe der ▸ Zeitung.

„Fürstengrab": Der Begriff „Fürstengrab" wurde früher für alle Gräber mit sehr reichen ▸ Grabbeigaben oder besonders aufwändiger Bauweise verwendet. Ein Fürst ist ein Herrscher über eine größere Gegend. Weil wir nicht wissen, ob in reichen Gräbern wirklich solche Fürsten bestattet wurden oder ob der Reichtum andere Gründe hatte, setzt man das Wort heute in Anführungszeichen.

Gastmahl (Symposium): festliche Versammlung griechische Männer im Haus eines Gastgebers. Es wurde geopfert, gegessen, getrunken und diskutiert. ▸ Sklaven bedienten die Männer, Ehefrauen waren nicht zugelassen.

Gesellschaft: alle Menschen in einem Reich, einem ▸ Staat oder einem ▸ Stadtstaat.

Grabbeigaben: Gegenstände, die einem Toten in das Grab gelegt wurden. Sie können für das Leben nach dem Tod bestimmt sein (Totenreich) oder Reichtum und Macht des Verstorbenen zeigen.

Großkönig: ein König, der über mehrere Reiche herrscht. Die Könige des ▸ persischen Großreiches nannten sich so, nachdem sie Königreiche in Asien und Ägypten erobert hatten (vgl. ▸ Kaiser).

Gründungssage: Erzählung über den Anfang einer Stadt wie Rom (Romulus und Remus), eines Reiches oder einer Familie. Sie enthält oft übernatürliche Erklärungen (▸ Mythos). Geschichtsforscher betrachten sie deshalb nicht als Wirklichkeit.

Harmonie (griech. *harmonia*: Ebenmaß): Verhältnis der Teile eines Ganzen zueinander, das als schön, ausgewogen und angenehm empfunden wird. Die Griechen versuchten, Harmonie durch bestimmte Verhältnisse von Maßen und Formen zu erreichen.

Hellenismus: Zeit zwischen dem 3. und 1. Jh. v. Chr., in der die griechische Architektur, Kunst und Sprache über den Mittelmeerraum und Nordasien verbreitet wurden.

Heros (griech. Held): Held in den griechischen Mythen (▸ Mythos). Heroen stammen meist von einem Gott und einem Menschen ab, daher heißen sie auch „Halbgötter". Sie haben übermenschliche Kräfte und bestehen große Gefahren. Heroen wurden wie Götter verehrt. Viele ▸ Gründungssagen berufen sich auf Heroen.

Hierarchie (griech. *hieros*: heilig; *archè*: Herrschaft): Stufen einer Gesellschaft. Menschen aus oberen Stufen dürfen denen aus unteren Stufen Befehle erteilen, sind angesehener und wohlhabender. In Ägypten stand der ▸ Pharao auf der obersten Stufe der Hierarchie.

Hieroglyphen (griech. *hieros*: heilig; *glyphe*: Eingeritztes): Schriftzeichen der alten Ägypter. Die Bilder und Symbole stehen für Wörter, Laute und Silben. Es gab etwa 700 verschiedene Zeichen.

Hochkultur: Ihre Kennzeichen sind Städte, große Bauwerke (▸ Pyramiden), Schrift (▸ Hieroglyphen), Verwaltung, Religion, Gerichte, Handwerk, Handel und ▸ Arbeitsteilung. Erste Hochkulturen entstanden in Mesopotamien (heute Türkei, Irak und Syrien), am Nil (Ägypten) sowie am Indus in Indien und am Hwangho im Norden Chinas.

Höhlenmalereien: Abbildungen, die der frühe ▸ Jetztmensch in der ▸ Altsteinzeit auf den Wänden von Höhlen schuf.

Hominiden: Bezeichnung (biologische „Familie") der heutigen Menschenaffen (Schimpanse, Gorilla, Orang-Utan), des Jetztmenschen (Homo sapiens) und ihrer ausgestorbenen Vorfahren (▸ Vormenschen – Urmenschen – Jetztmenschen).

Internet: weltweites ▸ Medium zur Verbindung von Computern; entstanden in den 1970er-Jahren für Wissenschaft und Militär, seit den 1990er-Jahren für alle zugänglich. Das Internet hat die ▸ Kommunikation der Menschen ebenso grundlegend verändert wie der ▸ Buchdruck.

Jäger und Sammler: Menschen, die in der Natur umherzogen (Nomaden), um sich von wilden Tieren und Pflanzen zu ernähren. Diese Lebens- und Wirtschaftsform dauerte von der ▸ Altsteinzeit bis zur ▸ Jungsteinzeit an (▸ „neolithische Revolution").

Jetztmenschen ▸ Vormenschen – Urmenschen – Jetztmenschen

Jungsteinzeit: Zeitabschnitt, der in Mitteleuropa nach der letzten Eiszeit um 6000 v. Chr. begann und in dem die Menschen keine umherziehenden ▸ Jäger und Sammler mehr waren, sondern ▸ Ackerbau und Viehhaltung betrieben und sesshaft waren.

Kaiser (von ▸ Caesar): Herrschaftstitel, der die oberste Befehlsgewalt über ein großes Reich beschreibt. Erster römischer Kaiser war Caesars Adoptivsohn ▸ Augustus. Im Römischen Reich herrschten Kaiser bis 476 n. Chr. („römische Kaiserzeit"). Aber auch nach dem Ende der Römerzeit gab es noch Kaiser, die über mehrere Königreiche herrschten und sich auf die römische Kaiseridee bezogen.

Karthago: ehemalige Großstadt in Nordafrika (heutiges Tunesien), Hauptstadt des Karthagischen Reiches. Dies war ein großer Konkurrent des Römerreiches im Mittelmeer. Rom führte drei Kriege gegen K. (die Römer nannten seine Einwohner „Punier", daher „Punische Kriege"). Im dritten wurde K. völlig zerstört.

Kino: a.) Gebäude für die Vorführung von Filmen; b.) die Kunst der „bewegten Bilder", ermöglicht durch fotografische Erfindungen am Ende des 19. Jh.; erste öffentliche Kinoveranstaltung: Berlin 1895.

klassisch: Bezeichnung einer Epoche der griechischen Geschichte, etwa von 500 v. Chr. bis zum Tod Alexanders des Großen 323 v. Chr. In dieser Zeit schufen Künstler besonders in der ▸ Polis Athen hervorragende Kunstwerke. Diese werden wegen ihrer ▸ Harmonie als „klassisch" bezeichnet. Auf die klassische Zeit folgte der ▸ Hellenismus.

Klient ▸ Patron und Klient

Kolonie ▸ Tochterstadt (Kolonie)

Kolonisation (von lat. *colere*: Land bebauen): Seit dem 8. Jh. v. Chr. wanderten Griechen aus. Sie gründeten rund ums Mittelmeer und an den Küsten des Schwarzen Meeres ▸ Tochterstädte. Gründe waren Bevölkerungswachstum, Landknappheit, Streit zwischen ▸ Aristokratie und Volk, Kriege, Handelsinteressen und Abenteuerlust.

Kommunikation (lat. *communicatio*: Mitteilung): Austausch von Informationen. Die Wege heißen Kommunikationsmittel (▸ Medien).

Konsul (lat. *consul*): einer von zwei Inhabern des höchsten Staatsamtes in der Römischen ▸ Republik. Sie wurden für ein Jahr gewählt und besaßen im Krieg den Oberbefehl über die Armee. Nach ▸ Augustus ernannten die römischen ▸ Kaiser die Konsuln, gleichzeitig verloren sie ihre Rechte.

Kult (lat. *cultus*: Verehrung [der Götter]): Handlungen von Menschen, um mit Gott oder Göttern in Kontakt zu treten: Gebet, Opfer, Verehrung von Bildern, Aufführung von religiösen Spielen und Musik, Wettkämpfe zu Ehren der Götter. Die meisten Kulthandlungen fanden in ▸ Tempeln statt, andere zu Hause.

künstliche Bewässerung: Anlagen, die das Wasser von Flüssen aufstauen, zurückhalten oder umleiten. Dadurch konnten Bauern größere Felder nutzen und hatten noch Wasser, wenn der Fluss zurückging (▶ Nilschwemme). Sie war ein Merkmal früher ▶ Hochkulturen.

Kupfer: Metall, das in der Natur selten rein vorkommt. Mehr Kupfer kann aus Kupfererz gewonnen werden. Dies lernten die Menschen am Ende der ▶ Jungsteinzeit. Kupfer ist weich und nutzt sich schnell ab. Die Erfindung der ▶ Bronze löste dieses Problem.

Landreform: neue Verteilung des Landbesitzes. Großgrundbesitzer müssen Teile ihres Landes abgeben, Kleinbauern und landlose ▶ Proletarier bekommen Land zugeteilt. Im alten Rom scheiterte eine Landreform der Brüder Tiberius und Gaius Gracchus. In der Folge verschärfte sich der ▶ Bürgerkrieg.

Logik (griech. *logos*: Sprache, Vernunft): Verfahren des Denkens über Gegenstände und ihre Beziehung. Die Logik sucht nach vernünftigen Beweisen für alle Behauptungen. Sie steht dem ▶ Mythos entgegen.

Maat (gesprochen Ma-at): Vorstellung der Ägypter von Gerechtigkeit und Ordnung: Die Welt sei am Anfang gerecht gewesen. Die Menschen gefährden durch ihre Schwächen diese Ordnung. Nur der ▶ Pharao kann wegen seiner Abstammung von den Göttern die Gerechtigkeit wiederherstellen. Beim ▶ Totengericht wird die Maat als Feder dargestellt. Die Sünden der Menschen werden gegen sie aufgewogen.

Massenmedium: ein ▶ Medium, das viele erreichen kann (▶ Kommunikation). Frühe Massenmedien waren ▶ Zeitungen und ▶ Flugblätter. Noch größere Verbreitung erreichen „elektronische Massenmedien": Rundfunk, Fernsehen und ▶ Internet.

Medien (lat. *medium*: Mittel): alle Mittel zur ▶ Kommunikation („Kommunikationsmittel"). Wir unterscheiden zwischen Medien für die Kommunikation zwischen Personen (Brief, ▶ Telegrafie, Telefonie) und Medien für die Verbreitung von Nachrichten an viele (▶ Massenmedien).

Metöke (griech. *meta*: inmitten; ▶ *oikos*: Wohnung, Haus): In griechischen ▶ Stadtstaaten ein zugezogener Bürger, ein „Fremder". Er hatte gegenüber den dort geborenen Menschen weniger Rechte, er durfte nicht in der ▶ Volksversammlung abstimmen.

Mittelsteinzeit: Zeitabschnitt der Ur- und Frühgeschichte, der auf die ▶ Altsteinzeit folgt. Die M. dauerte etwa von 10 000 v. Chr. bis 5500 v. Chr., in Norddeutschland bis 4300 v. Chr. Sie ist eine Epoche des Übergangs: Die letzte Eiszeit war beendet, die Menschen lebten aber noch als ▶ Jäger und Sammler. Erst in der ▶ Jungsteinzeit wurden sie sesshaft und betrieben ▶ Ackerbau und Viehhaltung.

Monarchie (griech. *mon-archia*: Allein-Herrschaft): Herrschaft eines Königs oder Kaisers. Monarch wurde man in der Regel durch Erbfolge oder Wahl.

Mumie: Leichnam, der durch Kälte oder Hitze oder besondere Verfahren (Mumifizierung) vor dem Verfall bewahrt wurde. Eine natürliche Mumie ist die Eismumie des „Ötzi". Bei den Ägyptern war die Mumifizierung Teil des Glaubens: Nur wer mumifiziert war, konnte vor das ▶ Totengericht treten.

Mythos (griech. Rede, sagenhafte Geschichte): Erzählung, mit denen sich Menschen die Welt durch das Handeln von Göttern erklären. Die Griechen der Antike glaubten, ihr höchster Gott Zeus sei verantwortlich für Regen, Donner und Blitz. Im Gegensatz zum Mythos steht die ▶ Logik.

Naturalwirtschaft: Wirtschaftsweise in den frühen ▶ Hochkulturen, bei der Waren oder Arbeitsleistungen gegen andere eingetauscht werden. Gegensatz: Geldwirtschaft. Hier gibt es ein Maß für den Wert von Waren und Arbeit: Münzen aus Edelmetall.

Neandertaler: ausgestorbene Art des ▶ Urmenschen. Neandertaler lebten vor etwa 100 000 bis 30 000 Jahren in Europa und Teilen Asiens. Ihr Körperbau war an kaltes Klima angepasst. Eine Zeit lang lebten sie gemeinsam mit ▶ Jetztmenschen.

„neolithische Revolution": Bezeichnung für den Übergang vom Leben als ▸ Jäger und Sammler zu ▸ Ackerbau und Viehhaltung. Dieser Wandel beim Übergang von der ▸ Altsteinzeit zur ▸ Jungsteinzeit gilt als wichtigste Veränderung in der Geschichte. Er erstreckte sich über mehrere Tausend Jahre und geschah in verschiedenen Räumen zu unterschiedlicher Zeit. Deshalb wird heute nicht mehr von „Revolution" gesprochen, denn Revolution heißt „schneller, tief greifender Wandel".

Nilschwemme: jährliches Hochwasser des Nils. Das Wasser stieg von Juni bis Ende August um 1-5 m an und ging im September wieder zurück. Um es auf Äckern zu verteilen und länger nutzen zu können, erfanden die Ägypter die ▸ künstliche Bewässerung.

Oikos (griech. Haushalt, Wohnung): Gemeinschaft von Menschen, die in einem Haus oder auf einem Hof lebten. Dazu gehörten der Hausherr und seine Frau, ihre Kinder, bei erwachsenen Söhnen auch deren Frauen, sowie Diener und ▸ Sklaven. Der Oikos war die Grundlage der griechischen ▸ Gesellschaft.

Olympische Spiele: Seit etwa dem 11. Jh. v. Chr. fanden in Olympia Feiern zu Ehren der Götter statt, zu denen Sportwettkämpfe wehrfähiger Männer gehörten. 394 n. Chr. wurden die Spiele von den Christen als heidnisch verboten. 1896 fanden die ersten Olympischen Spiele der Neuzeit in Athen statt.

Orakel (lat. *oraculum*: „Sprechstätte", Götterspruch): Ort, an dem durch eine Person die Zukunft gedeutet, Unbekanntes erklärt und Verborgenes aufgedeckt wird. Durch Orakelpriester sollen die Götter selbst gesprochen haben. Orakel wurden befragt, um in unsicheren Lagen die richtige Handlung zu finden.

Papyrus: Material, das man beschreiben kann. Ägypter stellten es aus dem Mark der Stängel der Papyrus-Staude her. Auch Griechen und Römer verwendeten es. Das Wort „Papier" kommt von „Papyrus".

Pater familias (lat. *pater*: Vater, *familia*: Hausgemeinschaft, Familie): Oberhaupt der römischen familia. Er hatte große Macht über seine Ehefrau, seine Kinder und deren Ehefrauen sowie seine Sklaven (▸ Patriarchat), vertrat die Familie nach außen, stand dem ▸ Kult vor und durfte Kinder verheiraten oder töten.

Patriarchat (lat. *pater*: Vater, griech. *archè*: Herrschaft; wörtl. „Vaterherrschaft"): Ordnung von Familien und ▸ Gesellschaften, in der die Väter alle Entscheidungen über die Familienmitglieder treffen dürfen. Die römische Gesellschaft war patriarchalisch: Der ▸ Pater familias hatte in der Familie das Sagen, nur Männer konnten politische Ämter übernehmen.

Patrizier (lat. *patres*: Väter): die Nachkommen der ältesten adligen Familien, die zu Beginn der Römischen ▸ Republik allein regierten. Sie übernahmen wichtige Staatsaufgaben und stellten die Priester. Gegen die Macht der P. kämpften seit dem 5. Jh. v. Chr. die ▸ Plebejer („Ständekämpfe").

Patron und Klient: Ein Patron war ein angesehener, reicher römischer Bürger (▸ Patrizier), der für abhängige Personen (seine Klienten) als Schutzherr auftrat. Der Patron verteidigte sie bei Streit und vor Gericht. Klienten unterstützten ihren Patron bei Geschäften oder bei der Bewerbung um ein Amt.

persisches Großreich: Großreich, das sich um 500 v. Chr. von der Küste Kleinasiens bis nach Indien erstreckte und Ägypten einschloss. Herrscher des Reiches waren ▸ Großkönige. Ihre Herrschaft umfasste viele früher selbstständige Königreiche.

Pharao: zunächst der Name des Königspalastes; seit dem 2. Jahrtausend v. Chr. einer der Titel des ägyptischen Herrschers. Pharaonen galten als göttlich.

Philosophie (dt. „Liebe zur Weisheit"): Wissenschaft, die sich um Erkenntnisse über die Natur, Religion und das Zusammenleben der Menschen bemüht. Die einflussreichsten Philosophen der Antike sind Sokrates, Platon und Aristoteles.

Lexikon zur Geschichte

Plebejer: römische Bürger, die keine ▶ Patrizier waren. Sie bekamen Ende des 3. Jh. v. Chr. nach den „Ständekämpfen" dieselben Rechte wie die Patrizier.

Polis ▶ Stadtstaat (Polis)

Polytheismus (griech. *poly*: viel; *theos*: Gott): Glaube an viele Götter. Ägypter, Griechen und Römer verehrten zahlreiche Götter. Gegenteil: Monotheismus.

Proletarier (lat. *proles*: Nachkommen): in der römischen ▶ Gesellschaft freie Römer, die – anders als ▶ Patrizier und ▶ Plebejer – über keinerlei Besitz verfügten. Sie zogen oft in die Städte, um für ihren Lebensunterhalt ihre Arbeitskraft anzubieten.

Provinz (lat. *provincia*: ursprüngl. „Aufgabengebiet"): Gebietsteil eines ▶ Staates. Das Römische Reich war in Provinzen eingeteilt, die von einem Statthalter verwaltet wurden. Die Provinzen des Römischen Reiches wurden mehrfach neu festgelegt.

Pyramide: Grabmal über einer quadratischen Grundfläche mit spitz zulaufenden Flächen, zwischen 3000 und 1500 v. Chr. für die ▶ Pharaonen erbaut.

Quelle: alle Texte, Gegenstände oder Tatsachen, aus denen wir Wissen über die Vergangenheit gewinnen können. Wir können schriftliche, bildliche und gegenständliche Quellen unterscheiden.

Region: Gebiet, in dem bestimmte Merkmale ähnlich sind. Die Merkmale können geschichtlich bedingt sein (z. B. Dialekte, Hausformen, Wirtschaftsweisen) oder von der Natur vorgegeben sein (z. B. Gebirgszüge, Küstenlage). Viele Menschen identifizieren sich mit ihrer Region und betrachten sie als „Heimat".

Republik (lat. *res publica*: öffentliche Angelegenheit): Staatsform mit jährlich wechselnder Regierung hoher Beamter, die nach der Vertreibung der ▶ etruskischen Könige in Rom um 500 v. Chr. entstand. Sie endete mit der Kaiserzeit (▶ Augustus; ▶ Kaiser).

Schrift: Verfahren, um Sprache aufzuzeichnen. Die älteste Schrift war ab 3300 v. Chr. die Keilschrift der Sumerer. Um 3000 v. Chr. erfanden die Ägypter ihre ▶ Hieroglyphen. Beide Schriftarten hatten viele Hundert Zeichen. Um 1000 v. Chr. dachten sich die Phönizier eine Schrift aus, die weniger Zeichen hatte: Jeder gesprochene Laut hatte einen Buchstaben. Aus ihr entwickelten sich alle späteren Alphabete.

Senat (lat. *senatus*: Rat erfahrener Politiker): Seine Mitglieder bestimmten die Politik. Senatoren stammten vor allem aus adligen Familien (▶ Patrizier) und waren vorher Regierungsbeamte. In der Kaiserzeit (▶ Kaiser) verloren die Senatoren ihre Macht.

Sklaven: unfreie und rechtlose Menschen. Die Eigentümer konnten über sie wie über Sachen verfügen. Kriegsgefangene wurden oft zu Sklaven gemacht. Auch bei Zahlungsunfähigkeit konnten Menschen versklavt werden (Schuldknechtschaft). Die Eigentümer konnten Sklaven freilassen.

Spartacus-Aufstand: Aufstand Tausender römischer ▶ Sklaven und ▶ Proletarier im Jahr 73 v. Chr. Er wurde vom Gladiatorensklaven Spartacus angeführt. Nach anfänglichen Erfolgen gegen die römische Armee wurde der Aufstand blutig niedergeschlagen.

Spartiaten: Bewohner des Staates Sparta, die volle Bürgerrechte hatten. Sie waren in der Minderheit gegenüber den Periöken und den Heloten, über die sie herrschten. Spartiaten waren nur Krieger, keine Bauern oder Handwerker.

Staat: Menschen, die in einem Gebiet unter einer Herrschaft leben.

Stadtstaat (Polis): zunächst die griechische Bezeichnung für eine Burg mit einer Siedlung, ab etwa 800 v. Chr. für einen Ort, der aus einer Stadt und ihrem Umland bestand. Das Zentrum war geschützter Wohnort, Sitz der Regierung und Mittelpunkt der religiösen Feiern (▶ Tempel). Im Umland wurde die Nahrung angebaut.

Telegrafie (griech. *tele-*: fern; *gráphein*: schreiben): Verfahren zur Übertragung von schriftlichen Nachrichten durch elektrischen Strom. Die Buchstaben wurden vom Sender in eine Abfolge von kurzen und langen Stromstößen übersetzt. Über ein Kabel kamen sie zum Empfänger. Dort wurden sie hörbar gemacht oder auf einem Papierstreifen als Punkte und Striche aufgezeichnet (daher Telegrafie). Dann konnten sie in Text zurück übersetzt werden. Bei der drahtlosen Telegrafie wurden die Signale mit Funkwellen versendet. Erste Telegrafenkabel wurden in den 1840er-Jahren verlegt, erste Tiefseekabel um 1860. Die drahtlose Telegrafie begann um 1900.

Tempel: meist aufwändig gebaute Gebäude zur Verehrung von Göttern (▸ Kult).

Tochterstadt (Kolonie): Siedlung ausgewanderter Griechen einer ▸ Polis an einem anderen Ort.

Totengericht: Vorstellung in der Religion der alten Ägypter: Jeder Mensch muss sich nach seinem Tod einer Prüfung unterziehen. Dabei stellen die Götter fest, ob der Verstorbene nach den Gesetzen der ▸ Maat gelebt hat. Wenn er besteht, darf er in das ewige Totenreich.

Troja: Ort in Kleinasien, den der Grieche Homer im 8. Jh. v. Chr. in seinen Dichtungen „Ilias" und „Odyssee" beschreibt. Um diese Stadt habe ein jahrelanger Krieg getobt. Ob er wirklich stattfand oder ein ▸ Mythos ist, ist unsicher. Der Deutsche Heinrich Schliemann entdeckte Troja durch Ausgrabungen wieder.

Tyrannis: Herrschaft eines Einzelnen (Tyrann), der mit Gewalt an die Macht gelangt ist und sie eigennützig und grausam ausnutzt. Viele ▸ Stadtstaaten erließen Gesetze gegen den Versuch, eine Tyrannis zu errichten.

Urmenschen ▸ Vormenschen – Urmenschen – Jetztmenschen

Volksversammlung: Zusammenkunft von Bürgern eines ▸ Staates (in Athen Männer ab 20 Jahren), um zu beraten, abzustimmen oder Personen in Ämter zu wählen. Viele griechische ▸ Stadtstaaten hielten V.en ab, auch Rom zur Zeit der ▸ Republik.

Vormenschen – Urmenschen – Jetztmenschen: Unterteilung der Entwicklungsstufen des Menschen: Die Vormenschen unterschieden sich von Menschenaffen durch den aufrechten Gang und ein größeres Gehirn. Urmenschen fertigten Steinwerkzeuge an und nutzten das Feuer. Zu ihnen gehörte der ▸ Neandertaler, der als erster Tote bestattete. Der Jetztmensch trat etwa vor 100 000 Jahren auf.

Vorratshaltung: Zurücklegen eines Teils der Nahrung für später. Dies setzt voraus, dass eine Gemeinschaft Überschüsse besitzt, die sie nicht sofort benötigt. Der Vorrat sichert das Überleben in Zeiten, in denen Lebensmittel knapp sind. Erste Hinweise auf Vorratshaltung gibt es aus der ▸ Altsteinzeit. Üblich wurde sie bei ▸ Ackerbau und Viehhaltung seit der ▸ Jungsteinzeit.

Warm- und Kaltzeiten: Lange Abschnitte der (Erd-) Geschichte mit höheren oder niedrigeren Durchschnittstemperaturen. In Warmzeiten sind Nord- und Südpol frei von Eis, in Kaltzeiten vereist. In einer Kaltzeit gibt es längere kalte und kürzere wärmere Phasen. Die kalten heißen „Eiszeiten", die warmen „Zwischeneiszeiten". Seit etwa 2,6 Millionen Jahren befindet sich die Erde in einer Kaltzeit. Seit der letzten Eiszeit vor etwa 10 000 Jahren leben wir in einer Zwischeneiszeit.

Zeitung: regelmäßig erscheinende Veröffentlichung, die über aktuelle Ereignisse in aller Welt informiert. Zeitungen als ▸ Massenmedium kamen nach der Erfindung des ▸ Buchdrucks auf. Sie stehen heute im Wettbewerb mit dem ▸ Internet. Die meisten haben Online-Ausgaben.

Lexikon zur Geschichte: Namen

Alexander „der Große" (356–323 v. Chr.): König des nordgriechischen ▶ Staates Makedonien, Feldherr und Herrscher über ein Reich auf den Kontinenten Europa, Asien und Afrika. Alexanders Vater Philipp hatte fast alle griechischen ▶ Stadtstaaten unter makedonische Herrschaft gebracht. Alexander selbst eroberte in nur elf Jahren, 334 bis 323 v. Chr., mit einem makedonisch-griechischen Heer ein riesiges Reich bis nach Indien. Nach seinem Tod zerfiel es in zahlreiche Nachfolgestaaten.

Augustus (63 v. Chr.–14 n. Chr.): geboren als Octavian, Adoptivsohn ▶ Caesars. Nach Caesars Ermordung verbündete sich Octavian mit dessen Anhängern und verfolgte die Mörder. Alle römischen Feldherren, die über Truppen verfügten, besiegte er nach und nach. 31 v. Chr. war er in Rom der „erster Mann im Staat" (Princeps). Der ▶ Senat verlieh ihm 27 v. Chr. den Ehrentitel „Augustus" („der Erhabene"). Er wird als erster römischer ▶ Kaiser angesehen und vererbte die Macht in seiner Familie. Damit endete die ▶ Republik und begann die römische Kaiserzeit.

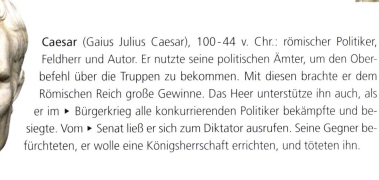

Caesar (Gaius Julius Caesar), 100–44 v. Chr.: römischer Politiker, Feldherr und Autor. Er nutzte seine politischen Ämter, um den Oberbefehl über die Truppen zu bekommen. Mit diesen brachte er dem Römischen Reich große Gewinne. Das Heer unterstütze ihn auch, als er im ▶ Bürgerkrieg alle konkurrierenden Politiker bekämpfte und besiegte. Vom ▶ Senat ließ er sich zum Diktator ausrufen. Seine Gegner befürchteten, er wolle eine Königsherrschaft errichten, und töteten ihn.

Jesus Christus (ca. 6 v. Chr.–ca. 30 n. Chr.): Jesus wurde in Israel geboren. Mit etwa 30 Jahren begann er, als jüdischer Wanderprediger vom Reich Gottes zu erzählen. In Jerusalem wurde Jesus von vielen als Erlöser (Messias) begrüßt. Weil seine Lehre den Priestern des ▶ Tempels nicht gefiel, wurde er verhaftet und von den Römern gekreuzigt. Die Bibel berichtet, dass Jesus am dritten Tag ins Leben zurückkehrte und später in den Himmel aufstieg. Seine Anhänger, die Christen, sehen in Jesus den Sohn Gottes, der für alle Menschen starb.

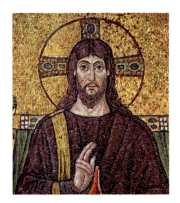

Lexikon zur Geschichte: Daten

vor 6 bis 7 Mio. Jahren	In Afrika leben Vormenschen.
vor ca. 40 000 Jahren	Jetztmenschen verbreiten sich von Afrika aus über Europa.
vor ca. 10 000 Jahren	Die Menschen werden sesshaft und gründen Siedlungen.
um 1800 v. Chr.	In Mitteleuropa beginnt die Bronzezeit.
um 1000 v. Chr.	In Mitteleuropa fängt die Eisenzeit an.

um 3000 v. Chr.	In Ägypten entsteht eine Hochkultur; Schriftzeichen werden erfunden und Pyramiden gebaut.
30 v. Chr.	Ägypten wird römische Provinz.

um 800 v. Chr.	In Griechenland entstehen Stadtstaaten (Poleis).
8. bis 6. Jh. v. Chr.	Die griechischen Poleis gründen Kolonien.
Mitte 5. Jh. v. Chr.	In der Polis Athen setzt sich die Herrschaft des Volkes (Demokratie) durch. In dieser Zeit entstehen bedeutende Werke der Kunst, Literatur und Philosophie.
334 - 323 v. Chr.	Alexander der Große erobert das Perserreich.

753 v. Chr.	Rom wird der Sage nach gegründet.
um 500 v. Chr.	Rom wird Republik.
1. Jh. v. Chr.	Die Herrschaftsordnung ändert sich: Rom wird allmählich zur Monarchie.
44 v. Chr.	Caesar wird von Anhängern der Republik ermordet.
31 v. Chr. - 14 n. Chr.	Octavian / Augustus herrscht über das Römische Reich und begründet ein Kaiserreich.

Sachregister

Die hervorgehobenen Seitenzahlen verweisen auf wichtige Begriffe, die in der Fußzeile des Darstellungstextes genannt und im Glossar erläutert werden.

Abgaben   54, 56, **66**, 74, 92, 114, **152**
Ackerbau und Viehhaltung   24, **34**-36, 38, 46, 50, 52, 66, 72, **152**
Actium   140
Ädil   124
Agora   80, 95, 108
Ägypten   48-75, 78, 146
Akademie   108
Akropolis   95, 105-107
Alexandria   112-114, 146
Alphabet   90 f.
Altsteinzeit   24 f., **28**-35, 46 f., 146, **152**
Amphitheater   21, 118
Arbeitsteilung   28, **66**, 72, 74, **152**
Archonten   96 f.
Areopag   96
Aristokratie   **94**, 114, **152**
Astronomie   52, 74
Athen   80, 82, 90-97, 99-109, 114 f.
Atlas   148
Attischer Seebund   92 f.
Auswanderung (Migration)   78, 88 f., 114

Babylon   72 f., 90, 110, 146
Barbaren   90, 114, **152**
Bauern   24 f., 34-36, 38, 46, 50, 52-54, 64, 66 f., 70-72, 74, 89, 102, 134 f., 142
Beamte   66 f., 69 f., 74, 94, 96 f., 122
Bergbau, Bergwerk   44 f., 66, 104, 128
Bibliothek   112, 146, 150
Bohlenwege   36 f.
Bronze   **38**, 40 f., 46, 50, **152**
Bronzezeit   25, 40-43, 46 f.
Buchdruck   **148** f., **152**
Bundesgenossen   130 f., 133, 142
Bürgerkrieg   92 f., **134**, 138 f., **152**
Bürgerrecht   86, 112, 138

Cloaca maxima   120
Computer   150

Darstellung   **14**, 20, **152**
Delphi   83, 85, 89, 106
Demokratie   78, **94**-97, 100 f., 106, 114 f., 124, **152**
Diadochen   110
Diktator   124, 138 f., 141

Einbalsamierung ▶ *Mumifizierung*
Eisen   38, 40, 46, **152** f.
Eisenzeit   25, 40, 43-45, 47
Eiszeit ▶ *Warm- und Kaltzeiten*
Etrusker   120-122, **153**

Familie   16, 70 f., 80, 98, 102 f., 126, 134
Fernsehen   150 f.
Feuerstein   28, 30, 34 f., 38 f.
Flugblatt   **148**, **153**
Fossilien   26
Fotografie   150
Frauen   41, 44 f., 69-71, 86, 94, 98, 102 f., 114, 126 f.
„Fürstengrab"   **40**, 46, **153**

Gallien   138
Gastmahl (Symposium)   **102** f., 114, 121, **153**
Geldwirtschaft   90
Geometrie   78, 108, 112
Geschworenengericht   94
Gesellschaft   **70** f., 74, 102-105, 126-129, **153**
Gesetze   56, 72 f., 95 f., 122
Getreideverteilung   134, 136-138, 140 f.
Glaube (Religion)   58-65, 72-74, 84-87, 108, 112, 114, 140, 142
Götter   24, 50 f., 54 f., 58-60, 64, 69 f., 72-75, 78, 84-88, 102, 106, 108 f., 112, 114, 119, 126, 142
Grabbeigaben   **40**, 46, 60, **64**, 74, **153**
Griechenland   76-115
Großkönig   **92**, 110, 114, **153**
Großsteingrab   21, 24 f., 36 f., 46
Gründungssage   **120**, 133, 142, **153**

Handel 40f., 44, 46, 72, 80, 88, 90f., 102, 104, 112-114
Handwerker 38, 40, 43, 46, 58, 66-68, 74, 80, 102, 122, 128
Harmonie **106**, 114, **153**
Heiligtümer 83, 85-87, 89f., 107
Hellenismus **112**-114, **153**
Heloten 98, 114
Heros (Held) **84**f., 106, 111, 114, 142, **153**
Hetären 103
Hierarchie **70**f., 74, **153**
Hieroglyphen 50, **56**, 73f., **153**
Hochkultur 50, **52**, 56, 66, 72f., 78, **153**
Höhlenmalereien **32**, 46, 146, **153**
Holzschnitt 148f.
Hominiden **26**f., **154**

Iden des März 138
„Ilias" 84
Internet **150**f., **154**
Isonomie 97

Jäger und Sammler 24f., **28**f., **34**f., 46, 50, **154**
Jetztmenschen ▸ *Vormenschen – Urmenschen – Jetztmenschen*
Jungsteinzeit 21, 23-25, **34**-37, 40, 47, 72, **154**
Jüngstes Gericht 62f.

Kaiser 138, **140**, 142, **154**
Kaltzeit ▸ *Warm- und Kaltzeiten*
Kanalisation 118, 120
Karthago **130**, 132f., 142, **154**
Keilschrift 72, 146
Kinder 32f., 36, 44f., 70f., 98f., 102-104, 126
Kino **150**, **154**
klassisch **106**, 114, **154**
Klient ▸ *Patron und Klient*
Kloster 146-148
Kolonie ▸ *Tochterstadt*
Kolonisation **88**f., 114, **154**
Kolosseum 21, 118
Kommunikation **146**, 150, **154**
Königsherrschaft ▸ *Monarchie*
Konsul **124**, 137f., **154**
Kriegsgefangene 70, 90, 104f., 128
Kult **58**, 70, 72-74, 106f., **154**
Kunst, Kunstwerke 24, 32f., 46, 75, 106f., 146

künstliche Bewässerung 52-54, 66, 72-74, **154**f.
Kupfer **38**-40, 50, 66, **155**
Kupferzeit 38

Landreform **134**f., 137, 142, **155**
Lexikon 147f.
Limes 119
Linienbandkeramik 34f.
Logik **108**, 114, **155**

Maat **54**, 60, 62f., 66, 74, **155**
Magistrate **124**f., 130, 142
Makedonier 110, 112, 114, 130
Marathon 92, 97
Massenmedium 136, **148**, 150, **155**
Mathematik 78, 108
Medien 144f., **146**-151, **155**
Mesopotamien 72f.
Metallzeiten 25, 38-47
Metöken **104**f., **155**
Migration ▸ *Auswanderung*
Milet 92
Mittelsteinzeit 25, **34**f., 47, **155**
Monarchie (Königsherrschaft) 54, 72, **94**, 96, 98f., 110, 114, 120, 122, 130, 142, **155**
Monotheismus 75, 140, 142
Mumien 49, **60**f., 63f., 69, 74, **155**
Mumifizierung 60f., 64, 74
Münzen 66, 80, 90, 112, 115, 136f., 139
Museion 112
Mythos, Mythen **84**, 108, 114, **155**

Naturalwirtschaft **66**, **155**
Neandertaler 25, **30**f., 46, **155**
„neolithische Revolution" **34**, **156**
Nilschwemme 52-54, 64, 74, **156**
Nobilität 124, 141
Nomaden 28, 52
Numismatik 136

Oberägypten 54f., 73
„Odyssee" 84
Oikos **80**f., 114, **156**
Olympia 77, 83, 86f., 106f.
Olympische Spiele 29, 77, **86**f., 114, **156**
Opfer 54f., 58-60, 75, 86f., 89, 102, 106f., 126
Orakel **84**f., 88f., 114, **156**

Sachregister

Ostrakismos ▶ *Scherbengericht*
„Ötzi" 38 f.

Papier 148 f.
Papyrus **52**, 56 f., 63, 146, **156**
Parthenon 21, 106 f.
Pater familias **126**, 128, 142, **156**
Patriarchat **126**, 142, **156**
Patrizier **122**-124, 142, **156**
Patron und Klient **124**, 142, **156**
Pax Augusta 140
Peloponnesischer Krieg 92 f., 100 f.
Pergament 146-148
Periöken 98
Perserkriege 92-94, 114
persisches Großreich 92 f., 110, 114, **156**
Pharao 50 f., **54**-59, 64-71, 74 f., **156**
Philosophie 108 f., 114, **156**
Plataiai 92
Plebejer **122**-124, 137, 142, **157**
Plebiszite 122
Polis ▶ *Stadtstaat*
Polytheismus **58**, 73-75, 142, **157**
Prätor 124
Priester, Priesterin 54, 58, 64, 70, 72, 74 f., 84 f., 89, 102, 112, 120, 122, 126, 140
Princeps 140 f.
Proletarier **134**, 142, **157**
Provinz 66, **130**, 134, 138, 142, **157**
Punische Kriege 130, 132 f.
Pyramiden 21, 50, 54, 61, **64** f., 74, **157**

Quästor 124, 138
Quellen **14**, 20, **157**

Radio 150 f.
Region 16 f., **157**
Religion ▶ *Glaube*
Republik **122**, 138, 140, 142, **157**
Rom, Römisches Reich 116-143, 146

Salamis 92, 97
Scherbengericht (Ostrakismos) 94, 97
Schichten 70 f., 74, 119
Schiffe ▶ *Seeschifffahrt*
Schreiber 56 f., 67, 69
Schrift 24, 50, 56 f., 72-74, 78, 90, **146** f., **157**

Schriftsteller 148
Schuldknechtschaft 122
Schule 70, 102, 108, 148
Scriptorium 147
Seeschifffahrt 80 f., 88-93, 112-115
Senat 122, **124** f., 134, 138, 140-142, **157**
Sesshaftigkeit 28, 34 f., 50, 52
„Sitten der Vorfahren" 126
Sklaven 86, 89 f., 93 f., 98, 102, **104** f., 114, 121 f., 126, 128 f., 135, 142, **157**
Sparta 92, 98 f., 101, 114
Spartacus-Aufstand **128**, 142, **157**
Spartiaten **98** f., 114, **157**
Spezialisten 40, 46, 74
Sphinx 54, 64
Staat 70, **72**-74, **157**
Stadtstaat (Polis) 72, **80**-84, 86, 88, 94-97, 114, 118 f., **157**
Ständekämpfe 122 f.
Statthalter 66, 130, 134, 138, 142
Strategen 94
Symposium ▶ *Gastmahl*

Tal der Könige 51, 64, 68 f.
Telefon 150
Telegrafie **150**, **158**
Tempel 54 f., **58**-60, 64, 66, 69 f., 72-74, 80, 86-88, 106 f., 112, 120, 122, **158**
Tischgemeinschaft 98
Tochterstadt (Kolonie) **88**-90, 105, 114, 130, 135, 138, **158**
Toga 124
Totengericht **60**, 62 f., 74, **158**
Totenreich 60, 63, 65, 74
Tribut 134
Trichterbecherkultur 34
Triumphator 138
Triumvirat 138
Troja **84**, 112, 114, 142, **158**
Trojanischer Krieg 84, 112, 114
Tyrannis **94**, 96 f., **158**

Unfreie 70 f., 74
Unterägypten 54 f., 73
Ur- und Frühgeschichte 22-47, 146
Urmenschen ▶ *Vormenschen – Urmenschen – Jetztmenschen*
Uschebti 65

Volksherrschaft ▸ *Demokratie*
Volkstribun   122, 134f., 137, 140
Volksversammlung   **94**f., 97, 99, 104f., 122, 124, **158**
Vormenschen – Urmenschen – Jetztmenschen   25, **26**f., 30, 46, **158**
Vorratshaltung   29, **36**, 42, 54, 56, **158**

Wagen   36f.
Warm- und Kaltzeiten   21, **28**, 30, 46, 52, **158**
Welfen   16
Wesire   70
Wildbeuter   34f., 46

Zama   133
Zeitung   **148**, 151, **158**
Zensor   124, 140
Zwölf-Tafel-Gesetz   122

Personenregister

Die hervorgehobenen Seitenzahlen verweisen auf wichtige Personen, die in der Fußzeile des Darstellungstextes genannt und im Glossar erläutert werden.

Alexander III. von Makedonien („der Große")
    19, **110**f., 112, 114, **159**
Alkidamas   104
Amenophis I.   69
Amenophis IV. ▸ *Echnaton*
Amulius   120
Anaxagoras   109
Antonius, Marcus   140
Apollodotos   112
Appian   135
Apuleius   127, 19
Archimedes   112
Aristoteles   81, 95, 108f., 115
Aspasia   103
Augurinus, Gaius Minucius   137
Augurinus, Lucius Minucius   137
Augustus (Gaius Julius Caesar Octavianus)   **140**f., 142f., **159**

Berliner, Emil   151
Bernward, Bf. von Hildesheim   21
Brutus, Marcus Junius   138f.

Caesar, Gaius Julius   9, 137, **138**f., 140f., 142f., **159**
Carter, Howard   64
Cato   133
Cavelier, Pierre-Jules   135
Cheops   55, 60, 64
Cicero   129
Cornelia, Mutter der Gracchen   135
Crassus, Marcus Licinius   138

Daguerre, Louis   150
Dareios I.   92
Dareios III.   110f.
Diodor   111, 121, 133

Echnaton   75
Edison, Thomas   150f.
Eje II.   69
Epihaltes   97

Epiktet   107
Eratosthenes   112
Ernst August von Hannover   16
Euklid   112
Euripides   95

Frank, Anne   14

Gauß, Carl-Friedrich   150
Goethe, Johann Wolfgang   14
Gombrich, Ernst H.   18
Gracchus, Gaius   134f.
Gracchus, Tiberius   134f.
Gutenberg, Johannes   148f.

Hamilkar   133
Hammurapi   73, 146
Hannibal   130, 132f.
Harkhuf   57
Hatschepsut   54, 69
Heremheb   71
Herodot   85, 89, 93
Hertz, Heinrich   150
Hipparchos   97
Hippias   97
Homer   81, 84f.
Horemheb   69
Hunefer   62

Isagoras   97
Isidor von Sevilla   147
Isokrates   87

Jesus Christus, Jesus von Nazareth   18, **140**, 142, **159**

Kallikrates   115
Kleisthenes   97
Kleon   109, 115
Kleopatra VII.   54f., 140
Kleophon   115
Kroisos   84
Kyros   103

Livius 121, 123, 131
Luther, Martin 20
Lykurg 99

Macer, Publius Sepullius 137
Marconi, Guglielmo 150
Mark Aurel (Marcus Aurelius) 129
Menenius Agrippa 122 f.
Mentuhotep I. 69
Merenptah 69
Metellus, Lucius 125
Metellus, Quintus 125
Morse, Samuel 150
Moses 147
Myron 106

Nepos, Cornelius 135
Niépce, Joseph 150
Nikias 104, 115
Nofretete 12, 75
Numitor 120

Octavianus, Gaius ▸ *Augustus*
„Ötzi" 38 f.

Peisistratos 97
Pepi I. 65
Pepi II. 55, 57
Perikles 100 f., 103 f., 107, 109, 115
Phidias 106 f.
Philipp II. von Makedonien 110 f., 114
Platon 89, 105, 108 f.
Plutarch 89, 99, 103, 109, 135, 139
Polybios 131
Pompeius 138
Protagoras 108 f.
Pudentilla 127
Pythagoras 108 f.

Ramses II. 54 f., 56, 67, 69
Ramses III. 55, 68 f., 70
Ramses IV. 69
Rea Silvia 120
Reis, Philipp 150
Remus 120, 133, 142 f.
Romulus 120, 133, 142
Ruma (Etruskerkönig) 120

Schliemann, Heinrich 84
Scipio 133
Seneca, Lucius Annaeus 111, 129
Sethos I. 69
Siptah 69
Sokrates 108 f.
Solon 96 f.
Spartacus 128 f., 142
Strabon 113
Sueton 139

Tacitus 131, 141
Tais 71
Tausret 69
Teti II. 55, 61
Thales von Milet 108 f.
Thieme, Hartmut 29
Thukydides 93, 99, 100 f.
Thutmosis II. 55, 69
Thutmosis III. 54 f., 59, 68 f.
Thutmosis IV. 69
Tiberius Julius Caesar Augustus 140
Tutanchamun 50 f., 54 f., 64 f.

Unas 52, 55

Xenophon 103
Xerxes 92 f.

Bildnachweis

© 2014 Woods Hole Oceanographic Institution, Massachusetts – S. 115 (2) • © 2015 Museum of Fine Arts / Henry Lillie Pierce Fund, Boston – S. 87 • Ägyptisches Museum, Kairo – S. 51, 70 • akg-images, Berlin – S. 73, 75, 108; - Bildarchiv Steffens – S. 105, 130; - De Agostini Picture Library – S. 133; - De Agostini Picture Lib. / S. Vannini – S. 54; - / Erich Lessing – S. 85, 109, 111; - / Francois Guénet – S. 19, 66; - / Hervé Champollion – S. 55; - / John Hios – S. 85, 106; - / Nimatallah – S. 104; - / Werner Forman – S. 65 • © Antikenmuseum Basel und Sammlung Ludwig / Andreas F. Voegelin, Basel, Schweiz – S. 92 • Aquarelle de Jean-Claude Golvin. Musée départemental Arles Antique © Jean-Claude Golvin / Éditions Errance, Arles – S. 59, 87, 113 • Archäologische Staatssammlung, München – S. 140 • Archäologisches Zentrum, Hitzacker – S. 42, 43 (2) • Isaac Asimov, Futuredays. A Nineteenth-Century Vision of the Year 2000, Virgin Books / Lucy-Carroll Ltd., Toronto 1986, S. 44, 66, 72, 76, 78 – S. 144/145 • Norman Bancroft-Hunt – S. 102, 104, 107, 119 • Gabriele Beyerlein, Steinzeit. Die Welt unserer Vorfahren. Mit Bildern von James Field, arena Verlag, Würzburg 2008, S. 42 - 44 – S. 25, 34, 35 • Bildarchiv Preußischer Kulturbesitz / Grand Palais Hervé Lewandowski, Berlin – S. 79; - / The Metropolitan Museum of Art / Schecter Lee – S. 81 • BLUMAMMU / Steinzeit-Projekt, Stolberg – S. 35 (7) • © Bone Clones, Inc., California – S. 27 • Braunschweigisches Landesmuseum / Sammlung Judaica, Braunschweig – S. 13 • bunterhund / Atelier für Illustration, Zürich, Schweiz – S. 40 • © Mark Cartwright / ancient.eu – S. 115 • Citadeller & Marenad, Paris – S. 126 • Dagli Orti, Paris – S. 84 • Deutsche UNESCO Kommission e.V. / PM Arch., Bonn – S. 25 • Deutsches Archäologisches Institut, Rom – S. 121 • © Deutsches Archäologisches Institut, Berlin – S. 98 • Deutsches Salzmuseum, Lüneburg – S. 13 • © digitales-forum-romanum – S. 122 • dpa Picture-Alliance, Frankfurt – S. 17; - / akg-images – S. 149; - akg-images / Winfried Rothermel – S. 22/23; - / AP / Aris Saris – S. 76/77; - / Lad Esslingen / Muehleis Yamt – S. 33; - / Mary Evans Picture-Library – S. 31; - / Susannah V. Vergau – S. 52, 55; - / Tim Brakemeiert – S. 78; - / Uwe Anspach – S. 48/49, - / Volker Minkus / NLD – S. 25 • © Edition Bordas, Paris – S. 78 • Fernsprechtechnik / © Roland Meier, 2014, Münster – S. 150 • © Flemming Bau / Museum Moesgård, Aarhus – S. 37 • flickr / © Steve Greaves – S. 116/117 • Harald Focke, Bassum – S. 12 • Dr. Martin Fortmann, Hitzacker – S. 17 • Getty Images / DEA / A. Jemoldo / Agostini, München – S. 67; - / J. D. Dallet Therin-Weise – S. 52 • Ernst H. Gombrich, Eine kurze Weltgeschichte für junge Leser, DuMont Buchverlag, Köln – S. 18 • HBO, New York – S. 125 (2) • http://bibelausstellung.eduxx-irs.de/home/IBA_BA_ABT6_MAIN_PRACHT.php – S. 147 • © Imhotep Museum, Saqqara, Ägypten – S. 52 • © Hilde Jensen, Universität Tübingen, Tübingen – S. 33 • JUMBO Neue Medien & Verlag GmbH, Hamburg – S. 12 • © Regina Kaphan-Herzfeld, Waddeweitz – S. 42 • Michael C. Katzer, Arlington, Vermont – S. 90, 115 • Kunsthistorisches Muesum, Wien – S. 119 • © laif / Martin Kirchner, Köln – S. 68 • © Landesmuseum, Hannover – S. 41. 47 • Landesmuseum für Natur und Mensch, Oldenburg – S. 19, 37 (2) • © Le Méridien Pyramids, Kairo, Ägypten – S. 50 • Leben in der Jungsteinzeit. Römisch-Germanisches Museum, Köln 2004, S. 40 – S. 36 • Pierre Marchand und Christophe Barbotin, Die Zeit der Ägypter und Griechen, Illustrationen von Philippe Biard, Bertelsmann Verlag, Gütersloh 1992 – S. 53 • © Mit freundlicher Genehmigung von PLAYMOBIL. PLAYMOBIL ist ein eingetragenes Warenzeichen der geobra Brandstätter GmbH und Co. KG, Zirndorf – S. 21 • Musée Du Pays Châtillonais / © Alfredo Dagli Orti, Paris – S. 99 • Museen der Stadt Nürnberg / Stadtmuseum Fembohaus, Nürnberg – S. 10/11 • Museo Archeologico, Rom – S. 123 • Museo Historico de Mallorca, Palma de Mallorca – S. 90 • © Museum für Urgeschichte, Zug, Schweiz – S. 36 • © Museum Zitadelle, Jülich – S. 30 • © Naturhistorisches Museum Wien / Hans Reschreiter, Wien – S. 44, 45 (7) • NDR / © Max Kohr, Hamburg – S. 9 • H. Neumann / Neanderthal Museum, Mettmann – S. 31 • © Ostfriesische Landschaft / Christina Kohnen – S. 47 • Ostfriesisches Schulmuseum Folmhusen, Westoverledingen – S. 12 • paläon GmbH, Schöningen – S. 29 • Photo courtesy Israel Antiquities Authority – S. 115 • Dietmar Plewka / Imagebroker / F1online – S. 16 • © Karl-Heinz Raach, Sölden b. Freiburg – S. 62/63 • © Römer- und Palizaeus-Museum / Sh.Shalche, Hildesheim – S. 61 • Rosengarten-Museum, Konstanz – S. 30 • Scala group, Florenz – S. 138; - / De Agostini Picture Library

– S. 118 • © Dieter Schmudlach, Kasendorf – S. 9, 47 • © Stephan Schön, Sächsische Zeitung, Dresden – S. 26 • © Südtiroler Archäologiemuseum / www.iceman.it / Bozen – S. 38; - / A. Ochsenreiter – S. 39; - / L. Aichner – S. 38; - / Paul Hanny – S. 38 • TECHNOMUSEUM, Foto Klaus Luginsland, Mannheim – S. 151 • © The British Museum, London – S. 51 (2), 62/63 • © The Metropolitan Museum of Art, New York – S. 79, 103; - / Gift of Edward S. Harkness 1917 – S. 51 • Hans Peter Thiel und Marcus Würmli, Das alte Ägypten, Bertelsmann Verlag, Gütersloh 1995, S. 16, 18 – S. 58, 60 • Hartmut Thieme, Die Schöninger Speere, Theiss Verlag, Darmstadt, S. 146 – S. 28 • Ullstein-Bild / Schellhorn, Berlin – S. 40 • Universität Leipzig / Archäologisches Institut, Leipzig – S. 69 • Ulrike Wels-Weyrauch, Im Grab enthalten, im Leben getragen – Tracht und Schmuck der Frau. In: Albrecht Jockenhövel / Wolf Kubach (Hrsg.), Bronzezeit in Deutschland, Theiss Verlag, Stuttgart 1994, S. 62 – S. 41 • Westfälische Nachrichten / ak, Münster – S. 14 • www.elchkinderbuch.wordpress.com – S. 9 • www.wendland-archiv.de – S. 17, 19 • www.wikimedia.org – Umschlag, S. 75, 79 (3), 80, 101, 106, 119; - / Anagoria / CC BY-SA 3.0 – S. 34; - / Acquired by Henry Walters, 1924 – S. 65; - / Carole Raddato / CC BY-SA 2.0 – S. 106; - / CC BY-SA 3.0 – S. 119; - / Daderot – S. 115; - / damian entwistle / CC BY-SA 2.0 – S. 132; - / Dr. Günter Bechly / CC BY-SA 3.0 – S. 27; - / fi:Käyttaja:kompak / CC BY-SA 2.5, 2.0, 1.0 – S. 58; - / Gbaotic / CC BY-SA 3.0 – S. 57; - / Godlinski / CC BY-SA 3.0 – S. 13; - / Graulocke / CC BY-SA 3.0 – S. 12; - / HTO – S. 32; - / Jeff Dahl / CC BY-SA 4.0, 3.0, 2.5, 2.0, 1.0 (6) – S. 58; - / José Braga; Didier Descouens / CC BY-SA 4.0 international – S. 27; - / Locutus Borg – S. 27; - / Marie-Lan Nguyen – S. 101, 112; - / Marsyas / CC BY-SA 3.0 – S. 115; - / Matthias Kabel / CC BY-SA 3.0 – S. 115; - / Miguel Hermoso Cuesta / CC BY-SA 3.0 – S. 97; - / mimova – S. 118; - / Norbert Nagel / CC BY-SA 3.0 – S. 89;- / Rama / CC BY-SA 3.0 – S. 135; - / Thomas Fries / CC BY-SA 3.0 de – S. 24; - / Wapondaponda / CC BY-SA 3.0 – S. 27; - / yuichi / CC BY-SA 1.0 – S. 80 • zoonar / © ArTop – S. 17